中央民族大学优秀博士论文文库
The Outstanding Doctoral Dissertation Library

神坛女人：大理白族村落“莲池会”女性研究

◎张翠霞 / 著

Shentan Nvren:
Dali Baizu Cunluo *Lianchihui*
Nvxing Yanjiu

Zhang Cuixia

中央民族大学出版社
China Minzu University Press

图书在版编目（CIP）数据

神坛女人：大理白族“莲池会”女性研究/张翠霞著．—北京：中央民族大学出版社，2015.9

ISBN 978-7-5660-1010-0

Ⅰ．①神… Ⅱ．①张… Ⅲ．①白族—女性—研究—大理市 Ⅳ．①C913.68 ②D442.9

中国版本图书馆 CIP 数据核字（2015）第 140842 号

神坛女人：大理白族“莲池会”女性研究

著　　者　张翠霞
责任编辑　杨爱新
封面设计　布拉格
出 版 者　中央民族大学出版社
　　　　　北京市海淀区中关村南大街 27 号　邮编：100081
　　　　　电话：68472815（发行部）　传真：68933757（发行部）
　　　　　　　　68932218（总编室）　　　　68932447（办公室）
发 行 者　全国各地新华书店
印 刷 厂　北京宏伟双华印刷有限公司
开　　本　880×1230（毫米）　1/32　印张：11.625
字　　数　300 千字
版　　次　2015 年 9 月第 1 版　2015 年 9 月第 1 次印刷
书　　号　ISBN 978-7-5660-1010-0
定　　价　36.00 元

总 序

高等学校的重要职能之一就是培养人才。博士研究生是高校人才培养的最高层次，不仅代表了学校的办学水平，也关系着学校的未来。

从1978年恢复研究生招生和1981年实施学位制度以来，中央民族大学的研究生教育逐步形成了以人文社会科学为主体，以涉及民族类学科为特色，涵盖哲学、经济学、管理学、法学、教育学、文学、历史学、理学、工学、医学、艺术学11个学科门类的较为完整的学科体系，其中民族学、中国少数民族语言文学、宗教学等学科具有雄厚的实力和特色优势，不仅在全国居于领先地位，而且具有较大的国际影响。许多少数民族的第一个硕士、第一个博士都诞生于此。培养的研究生中，涌现出大批优秀人才，有的已成为本学科的杰出专家，有的已成为地厅级、省部级甚至国家级的领导干部，有的已成为大型企业的高级管理人才，他们以实现中华民族伟大复兴为使命，以弘扬中华文化、维护民族团结为己任，在自己的工作岗位上脚踏实地、开拓创新，为国家的物质文明和精神文明建设作出了突出贡献，为我国少数民族地区的发展提供了巨大的支持。

当前，在新的形势下，中央民族大学的研究生教育紧紧围绕高水平研究型大学的建设目标，积极探索创新型人才培养模式，优化培养环境，引导研究生尤其是博士生做前沿性高水平研究工作，采取各种措施，保证研究生培养质量；强化世界观、人生观、价值观以及马克思主义民族观、宗教观和祖国观的教育，注重研究生在实践能力、创新能力、国际视野等方面的养成和培育。

为配合推动学校高层次人才培养，激发导师和研究生多出成果，出高水平成果，同时也为新思想、新视野提供高起点和全方位的展示平台，为学校和学者搭建交流和学习的平台，学校决定筹集资金，从博士研究生的毕业论文中挑选优秀论文予以支持出版，建立中央民族大学优秀博士论文文库。

应该说，这一选择是一个艰难的过程。这一是因为毕业生较多，而支持出版的经费和论文篇数有限；二是因为经过多年的教育改革和探索，学生的培养水平有了较大程度的提高，从众多优秀的毕业论文中选出很少几篇，实在是难事。当然，每一个导师都认为自己的学生很优秀，这也是人之常情。但我们相信外审专家和我校学位评定委员会的各位专家能发扬“大无畏”的奉献精神，优中选优，挑选出有代表性的论文。行将出版的第一批8篇论文正是专家们精挑细选的结果，也代表了我校博士研究生培养的水平。

中央民族大学优秀博士论文文库的出版，不仅得到了广大博士研究生的热烈响应，也有赖于校内外专家的积极支持，还要感谢中央民族大学出版社的鼎力配合。这一工作将继续进行下去，请各位读者批评指正。我们将再努力。

青觉

2015. 5. 18

序　言

张翠霞是白族的民俗学博士。大理的苍山洱海和父老乡亲培育了她对民俗学的情感，中央民族大学本科教育和研究生深造使她步入了民俗学研究的殿堂。她的博士论文《神坛女人：大理白族村落“莲池会”女性研究》是她呈现给云南大理的乡亲、奉献给中央民族大学民俗学学科的一份令人满意的回报。这篇学术论文为“女性民俗志”的书写提供了一个成功的案例，同时也为“女性民俗学”的理论建树提供了非常有益的思考。

我国传统的村落社会不仅包括汉族村落，同时也包括云南、贵州等区域的少数民族村落。少数民族村落民俗文化是民俗学、社会学微型研究的一个重要对象。作者对大理龙龛村妇女及女性组织“莲池会”的研究和书写，经历了一个把自己土生土长的家乡从“熟悉”变得“陌生”，又从“陌生”变得“熟悉”的过程。当然，前一“熟悉”与后一“熟悉”迥然而异。

如果只是一般地书写村落女性民俗文化志，可能难度还不是很大，作者书写的是在白族村落中延续了几百年甚至更长时间的女性组织——“莲池会”，她把民间信仰群体纳入自己的研究中，以“女性民俗学”的视角窥视村落中的女性及其信仰群体。其难度在于：其一，长期以来被极左思潮视为“迷信”的民间信仰的研究本身就是一个棘手的问题；其二，由于我国“女性民俗志”的研究和书写尚处于初期阶段的探索之中，有关“女性民俗学”的理论也尚在研讨之际，这样的选题无疑给作者加大了难度，同时也加大了论文的学术容量和学术价值。

《神坛女人：大理白族村落“莲池会”女性研究》是在长期深入的田野作业中完成的。新时期以来，走向田野成为不同学科的认知和践行，但是由于理念不同，存在质的差别。民俗学学者的田野作业不同于新闻工作者的田野调查，也不同于文艺工作的田野，它摒弃一般性描述，对民众“在做什么”和“怎么做”做了深度的描绘和书写，即书写民众“习俗化”的动态过程及“习得”之后的约定俗成的展现和传承。这篇博士论文对白族农耕村落社会中女性群体组织“莲池会”的书写和阐释主要集中于两点：其一，作为个体家庭成员的女性在白族农耕村落生活的语境中，受到家庭及村落传统礼俗的规制和引导，以其角色实践习得民间信仰的知识体系并实现对自己村落文化的认知和认同，逐渐成长为女性民间信仰组织“莲池会”的参与者和践行者的过程；其二，作为“莲池会”成员的妇女，她们如何在白族农耕村落生活的语境中，在日常生活世界的世俗生活和神圣生活的互动中维系着家庭的礼仪规范和村落礼俗生活的秩序。

作者在苍山洱海独特的田野环境中书写出妇女群体约定俗成的行为方式和表情形象，它不同于文艺的描述，而是学术的分享；它不同于新闻调查，因为它不只是在现代社会事件的层面上互动，而是透过现代层面的互动找到了与传统的衔接点和契合点。这说明作者娴熟地掌握了田野民俗志的书写要旨，正如有的学者所说，民俗学的现代田野作业是很本土化的，也是很国际化的。谓其本土化，是其通过本土的田野作业书写了当代那方乡土那方人的生活方式与传统的联系；谓其国际化，是指凡介入田野作业的民俗学者和其调查的民众群体，都在以自己独特的生活方式和生活情景与世界对话。《神坛女人：大理白族村落“莲池会”女性研究》对白族村落妇女现代女性民俗志的书写开辟了一条白族村落妇女从传统走到现代的轨迹，它不仅带有历史的文化记忆，更注入了现代走向未来的信息。同时，白族村落妇女的现代民俗志也沟通了地方一隅的民族与其他地域、其他族群的文化平等对话的渠道，从书写的“独特”中不仅使得其他地域的其他族群能理解这方水土这方人的文化足音，也会引起当前人类社会在步入现代化过程中的种种反思。

民俗学田野调查的进入与其他学科不同，其他学科进入田野调查可能只是孤立事件的关注，民俗学的田野调查要求在关注“人”的文化行为背后的文化心理，其描述的结果是客观事实的文化景象而非想象和夸张。作者有关白族村落妇女及其女性组织“莲池会”的书写，严格地实践民俗志整体调查和研究的方法，其一，作者准确地把握了对白族农耕村落妇女生活的整体调查，论文不仅关注村落妇女的神圣生活和仪式生活，同时也关注女性日常的家庭和社区生活，正是在其日常生活世界的两个方面，即世俗生活与神圣生活的互动中完成了对“走上神坛的白族妇女”的描述。应该肯定地说，论文自始至终都关注了“人”，关注了白族村落的妇女，在具体的时间和空间中的描述中完成了对“人”的文化表述，从而使得其论文具有意义。其二，在社会生活中，性别角色是一种互相关联的存在，作者在书写白族妇女民俗志的时候，不仅关注女性话语，同时也关注男性话语，在白族农耕村落整体生活的语境中，在乡土文化的女性话语和男性话语的对应中，深描出白族农耕村落女性群体组织“莲池会”妇女的日常生活的行为。当前，我们民俗学学科的多个女博士，她们感受到田野民俗的魅力，同时受西方女性学的影响，涌现以“女性民俗志”这一新视角进行研究的成果，但大多存在过分强调女性话语和权力表达而忽视两性对话及整体语境表述略显不足。社会是在男女两性话语和权力的对应和竞争过程中发展的，这篇论文实践了民俗学“写文化”的突破和创新，“莲池会”的存在一定程度上是两性日常生活的合理分工及性别权力实践的产物，作者力图在不同女性年龄群体的日常生活实践中展示村落社会男女两性社会性别角色实践的复杂语境，展现白族妇女“莲池会”在男女两性角色在村落生活的妥协与竞争中形成的动态过程。在这点上，显示了作者对于民俗学理论和田野实践研究高人一筹的理解和把握，对“女性民俗志”的书写具有启迪作用。

村落文化是我国传统社会文化传承的基本单位，在村落文化结构中，“男主外，女主内”是我国传统社会的生活模式，同时也成为我们研究时的一般思维模式，无论是在贤哲的训导中，还是在文化学研究亦或文艺学的创作上都认为这是一条定律。张翠霞以其亲历的田野民俗实践对这一传统的生活模式和研究思维定式提出了质疑。在她的田野实践及其研究中，固有的“男主外，女主内”的思维框架和“内”与“外”的二元结构划分被白族妇女个人及其群体组织“莲池会”妇女的日常生活实践所打碎。“莲池会”妇女具有家庭的和村落社会的双重身份。在家庭中“主内”固然是她们日常生活的一面，但是在村落社会中，她们能够突破家庭的拘囿，顽固而执着地显示着她们在“外部”生活即村落文化共同体中的话语权和操作权，这样的话语权和操作权不仅在村落社会中起到不容忽视的重要作用，而且展示了“莲池会”及其群体实践在村落社区中所扮演的公共角色及在村落社会构建中所具有的结构性意义，即她们在维系千百年来的白族村落社会中所起的支撑作用。

为书写白族村落民俗志，我曾带领张翠霞等同学在龙龛村进行过田野考察，受汉文化影响，这个村落如今依然要在生男孩的家门上贴“弄璋之喜”，生女孩的家门上贴“弄瓦之庆”，流传了几千年的传统仍旧在延续，这足以说明上层文化传统的根深蒂固。这篇论文“投石打破水中天”，作者对白族妇女走上村落中令人尊重和敬畏的神圣祭坛身份的书写，彰显了白族妇女群体的个性和在村落社会生活中作为女性性别整体存在的不可忽视的价值，为女性民俗学增添了不可或缺的浓笔重彩。

作者是在白族村落文化中成长起来的，按理说她对于村落老年女性是熟悉的，从田野定位来说，她以自己母亲、奶奶、姥姥参加的“莲池会”为研究对象，从这个角度来说，她自己是客位的，是边缘化的，但是同时民俗学者在对象化他者的同时，还要把自己作为研究对象。我是谁？我为什么要选择对她们的研究？民俗学学者的田野作业，是不断地边缘化自己而去近距离地理解和诠释他者，同时又不断地考量自己，竭力避免对于他者的误读，从而不断调整自己的描述形态。张翠霞的博士论文就是在这样错综复杂的矛盾交错和纠结中完成的。她追求的不是一次奖励、一次成功，追求的是对于研究对象描述的文化真实和研究成果的普遍性价值。博士论文写作期间，她将部分论文读给村里的女人们听，在与村里人的讨论中，论文前后修改多次，她的态度是真实和诚实的，没有丝毫的骄矜和伪饰。

“十年磨一剑”，这篇优秀论文从调查、写作到完成历经四年，其中包括张翠霞在美国俄勒冈大学（University of Oregon）作为公派交换学者研修的一年。“冰冻三尺，非一日之寒”，她拥有本科就读于中央民族大学的良好功底，那时心中就燃起了从事民俗学研究的美好愿望。之后，她以第一名的成绩入选了民俗学研究生，长达八万字的优秀硕士论文增加了她奋然前行的信心和勇气。她熟练地掌握白语南部方言，又积极向我校的白族语言学专家李绍尼教授学习白语。在美国俄勒冈大学的学术经历又一次铸造了她。她把这一切“给予”都熔铸在超乎一般人的勤奋学习上，一方面，她参与了国内外的 10 个项目，勇于实践；另一方面，她勤于笔耕，在读博士期间，共发表论文 21 篇，其中 6 篇发表在核心期刊，1 篇发表在中央民族大学认定的权威核心期刊。

“莫问收获，但问耕耘”，她的收获是沉甸甸的，她的汗水也是无法考量的，她是在不断反思自己的不足的过程中，从一个本科生步入了民俗学研究的高大殿堂。在此我表示诚挚的祝贺，也感到由衷的欣慰。

目前，民俗学学科虽然获得长足的发展，但有关“女性民俗”、“女性民俗学”、“女性民俗志”等学理性问题的研究和探讨还处于初始阶段，“女性民俗学”如果要成为民俗学的一个分支学科，还需要众多学者的努力。

现已深夜，在她的前面是一片霞光。

邢　莉

2015 年 7 月 6 日于中央民族大学自宅三足乌书屋

目　录

导　论 …………………………………………………… (1)
一、"家乡"、女人和"我" …………………………… (1)
二、研究对象与问题 ………………………………… (5)
三、研究手段及路径 ………………………………… (10)
四、研究背景及文献 ………………………………… (13)
五、理论与研究方法 ………………………………… (25)
六、本书的写作框架 ………………………………… (34)

第一章　回到田野："莲池会"女人们的生活世界 ……… (37)
第一节　大理："莲池会"女人们生活的"地方" …… (38)
一、"文献名邦"：自然地理与历史文化 …………… (38)
二、"妙香古国"：传说记忆里的"地方" ………… (41)
三、"东西南北"：日常生活中的"地方" ………… (48)
第二节　龙龛："莲池会"女人们的生活"现场" …… (55)
一、空间维度：边界区分中的"地方" ……………… (56)
二、时间维度：口述的生活和"历史" ……………… (66)
三、"讨生活，过日子"：庄里一日 ……………… (84)

第二章　女人之"会"：地域社会中的"莲池会" ……… (92)
第一节　多元地域文化及"莲池会"的由来 ………… (92)
一、大理多元的地域文化 …………………………… (92)

二、“莲池会”的由来 …………………………………… (99)
第二节 村落“闲”风及村社组织 ………………………… (104)
一、“闲人”与“闲事” ……………………………… (106)
二、“闲”与“不闲”：村社组织的公共性 ………… (112)
三、“闲”：村落人观 ………………………………… (117)
第三节 “闲人走闲会”：村落妇女的“入会”历程 ……………………………………… (120)
一、由内至外：村落妇女的“入会”历程 ………… (122)
二、内外有别：“入会”前后的“身心”差异 …… (127)
第四节 “女人的神坛，女人的会”：“莲池会”本体研究 ……………………………… (130)
一、“莲池会”组织结构及日常运作 ……………… (130)
二、“莲池会”口承经文 …………………………… (135)

第三章 走向神坛的“女人们”：女性角色交替与“莲池会”代际知识传承 …………………………… (143)
第一节 “她”的降生：“做三桌”庆典 ………… (145)
一、生育偏好与“她”的出生 ……………………… (145)
二、“做三桌”：“社会化”的开端 ……………… (147)
第二节 初识神坛：“女囡子”日常经历中的“莲池会” ……………………………… (155)
一、玩里习得：“阿奶带我玩” …………………… (156)
二、做里学会：“阿妈让我做” …………………… (164)
第三节 初涉神坛：“小媳妇”的初婚生活及其祭祀操演 ………………………………… (170)
一、新妇到婆家 ……………………………………… (170)
二、“小媳妇”的祭祀：“学礼路，行规矩” ……… (182)

第四章 “她”的神坛：“莲池会”妇女家庭祭祀及其角色实践 …………………………（188）
第一节 初掌神坛：“掌家婆”的日常生活及其祭祀实践 …………………………（188）
一、“烧锅底”分家 …………………………（188）
二、“掌家婆”的祭祀：“做给人看的礼路” ………（194）
第二节 “老婆娘”的日常生活 …………………………（198）
一、“当家为人”中的家庭经营 …………………………（199）
二、“走会的日子”：新身份的家庭适应 ……………（206）
第三节 神坛操演：“老婆娘”的家庭祭祀及礼仪实践 …………………………（213）
一、“卡在命里头”的神坛：生命祭祀中的礼仪实践 …………………………（214）
二、“年节点儿上”的神坛：节日祭祀中的礼仪实践 …………………………（225）

第五章 “她们”的神坛：“莲池会”妇女村落祭祀及其女性群体实践 …………………………（236）
第一节 “老妈妈”们的日常生活 …………………………（236）
一、“老妈妈”家庭角色的调适 …………………………（237）
二、村落“闲人”身份的确认 …………………………（242）
第二节 “村里的”神坛：“莲池会”村落祭祀与社区礼俗的女性群体实践 …………………………（246）
一、“请客办事”：庆典祭祀中的村落人生礼俗 ………（246）
二、“上庙走会”：公共祭祀里的村落节庆传统 ………（260）
第三节 “村外的”神坛：“莲池会”朝拜祭祀与地域空间的女性建构 …………………………（274）
一、“做好事”：日常生活中的朝拜祭祀 ………………（274）

二、“赶会期”：会期里的朝拜祭祀 …………………… (282)
三、“出境”：“莲池会”朝拜实践与
地域空间的建构 ………………………………… (293)

结　语………………………………………………… (298)
一、女性：作为日常生活的行动者 …………………… (298)
二、“日常生活”及其研究策略问题 ………………… (306)
三、思考：女性民俗、女性民俗学、女性民俗志 …… (309)

参考文献……………………………………………… (321)

附录一　主要访谈人信息 …………………………… (337)
附录二　大理洱海周围村落“莲池会”分布图 …………… (343)
附录三　大理龙龛村“莲池会”部分经文选录 ………… (344)

后　　记……………………………………………… (355)

导　论

一、“家乡”、女人和“我”

民俗志不仅是一种文化表述的文本，同时也是一种研究方法。作为文化表述文本的民俗志是民俗学研究者在某地区经过长时期的田野调查之后写作而成的，可以呈现该地区文化主体日常生活及其所连带的社会事实的文本；而作为一种研究方法的民俗志则强调关注民俗志文本产生的动态过程，将民俗志看作一个充满了复杂主体间性的各社会行动主体自主发挥主观能动性的过程。在民俗志文本从无到有的知识生产过程中，所有与民俗志相关的“力量”和因素——包括调查者如何进入田野，如课题选择的背景（主动选择或被动接受任务等）、民俗志书写者的身份（性别、学历、民族等）、田野点的选择（通过政府部门的推介、朋友的帮忙、自己的家乡等）等因素；调查者进入田野点之后展开调查的过程，如田野调查者怎样被调查者所接受、调查者与被调查者之间关系的建立和维持、田野调查方法的运用（参与观察、结构性访谈、非结构性访谈、田野调查设备的运用）等；调查者完成田野调查之后整理调查材料并付诸成文的过程，如调查材料的筛选、访谈材料的运用等，都对最后民俗志文本的呈现起到了一定的作用。可以这么说，任何一位民俗学研究者都是社会知识生产的一员，而任何一部民俗志都不可能脱离社会知识生产的大背景，就此意义而言，民俗学研究者从他们研究伊始，就已经不可避免地“标签化”了。当民俗学研究者进入田野，其作为研究者的身份及其连带的自己所属社群的文化会潜在而持续地影响他在田野研究中的“视力”和“听力”；而“如何”及“怎样”进入田野并与当地人开始接触及建立田野关系，以及参与此过程的各行动主体的自我形塑和定位都会对田野关系发生影响，从而决定田野调查过程中对社会事实搜集的深度和广度，直接影响研究者对本土“地方性知识”的掌握和“生活世界”的“深描”。可见，作为研究方法的民俗志，是一个动态的诸多能动力量共同参与的过程。民俗志文本，尽管最后执笔并付诸成文可能只有一人，但在现实过程中却是多种力量共同协作完成的。所以，作为民俗志的最后书写者，我们应当尽可能地让参与其中的诸多能动性因素“发声说话”，展示它们在民俗志文本生产过程中所发挥的各种微妙作用，以呈现民俗志作品的“多声道”性。

这也就是为什么在正式进入“我写的”民俗志作品阅读之前，“我”要向本民俗志的读者们呈现“我”、“我的家乡”及“我所认识的女人们”的原因。在这里，“家乡”于我而言，既是我的故乡也是我的田野点，“我”由此具备了作为“大理人”、“龙龛人”的文化持有者的身份，同时也具备了作为“田野工作者”、“民俗志书写者”的文化研究者的身份。“我”的双重身份和由双重身份导致的“我”在田野调查中“局内人”和“局外人”身份的不时调适都会对“我”的调查产生影响，它们会直接影响“我”与访谈对象之间的关系，直接关系到田野调查时“我”所“看到的”和“听到的”，从而影响“我”调查资料的获得并对“我”即将呈现的民俗志文本产生重要影响。

我自幼在白族村落长大，儿时的很多记忆总是与身边的女性有关。母亲的勤劳，奶奶的慈爱，外婆的疼惜，还有那么多

“大妈”和“娘娘”们的关爱，至今让我心存温暖，铭记心间。村里的本主庙是村民活动的公共空间，诸多仪式都在那里进行，也是“老婆娘”、“老妈妈”、“老奶”、“老太”经常出入的地方。当然，作为村落的公共空间，本主庙也并不排斥儿时的我们去本主庙外的打谷场甚或庙子里耍玩嬉戏，于是“老妈妈”们在庙里头的“磕头”、“拜经”、“敲木鱼”就成了我对那儿最深的记忆。老奶奶们齐诵的经文成为我儿时嘴里的“童谣”，“童谣”的词记不清楚也念不明白，但是那“调儿”直至如今二十多年后我还能脱口而出。还记得年末“辞年”时遵照奶奶的吩咐向“本主老爷”磕头致意，看到奶奶表情严肃虔诚敬献，口中又念念有词，虽不懂其中道理但敬畏感油然而生，绝不在本主庙高声喧哗，让磕头就磕头，一直磕完了六位主神才罢，然后带着敬献后的祭品回到家里，再将灶神、祖先祭罢，才觉得一切完毕，惧意渐消，该吃该玩才又开始。

在大理，凡婚丧嫁娶、建房起屋、节日会期皆可见到“老妈老奶”们主持仪式、祭祀拜经的身影，她们就是此民俗志的主要研究对象——“莲池会”。“莲池会”，俗称“老妈妈会”、“老奶会”，是大理白族地区由中老年妇女自发形成的以地域崇拜及其祭祀活动为核心的女性村社组织。“莲池会”历史悠久，但在地方史志中鲜有记载，单纯依靠口传资料已经难以确定其具体形成时期。学界普遍认为至迟在唐南诏时期“莲池会”已经在大理地区兴起，至今仍以其强大的生命力在村落日常生活中发挥着重要作用。在大理，几乎每个白族村落都有“莲池会”，而村落里的每家每户都至少有一位“莲池会”成员。就笔者在大理地区所调查的大理海西大庄、城庄、星庄、小邑庄、南生久、北生久、上生久、上龙龛、下龙龛、上鸡邑、下鸡邑、马久邑等村，大理喜洲的庆洞庄、凤翔村、金圭寺、河矣城等村及大理海东挖色、海印等村落而言，村落“莲池会”规模及人数根据村落的大小又有所不同，分别在120～320人之间，而且每个家庭按辈分不同均有1～3位“莲池会”成员，但凡50岁左右的家庭妇女几乎都已加入“莲池会”。加入“莲池会”的妇女们，一般都不脱离家庭的日常生产劳作，在家庭生活和村落公共生活中发挥着重要的作用。

家乡——大理龙龛，是我生于兹、长于此的地方。我在那里生活了十八个春秋，熟悉那里的一切。十八岁的求学离开是一个“隔断”，虽然每年还是会回去，但是这个地方的人和事渐渐远离了我的日常生活，我只有在假期和与村里人的长途电话中才能知道些许家乡的消息。然而，作为“出了远门”十一年的人，在心底我却从不曾离开过这个地方，因为那里有我的父母、亲人，是我生命中最为牵挂的地方。2002年，我作为村里第一个女大学生来到北京求学。此后，在中央民族大学近十年的求学生活中，我从文学专业转到民俗学专业进行学习，专业的民俗学训练让我对自己民族的文化有了更加深刻的了解和认识，并开始了我“家乡民俗学”的调查和研究。每一次的田野调查，都不可避免地接触和感受村落“莲池会”妇女及她们所主持进行的仪式。而随着一次次调查的展开，我对白族妇女的兴趣也不断增加。同时，在调查中一些问题也不断困扰着我：“莲池会”作为村落中老年妇女组织在村落生活中起到什么样的作用？作为“从未中断过的会”，“莲池会”是如何在村落生活中实现代代传承的？村落妇女所具有的个体家庭成员和村落“莲池会”成员的双重角色是如何在她们的日常生活中被实践的？她们的双重角色实践在家庭和社区乃至地域社会中起到什么样的作用？这些问题不仅困扰着我，而且牵引着我不断走近村落“莲池会”，走近神坛祭祀妇女们的日常生活。

二、研究对象与问题

本课题属家乡民俗学研究，作为一个探讨女性“角色实践”的民俗志个案，课题以村落女性及女性组织“莲池会”作为研究对象。“莲池会”，俗称“老妈妈会”，广泛存在于大理白族地区，是由中老年妇女自发形成的以地域崇拜及其祭祀活动为核心的女性村社组织。“莲池会”自唐南诏时期在大理地区兴起，至今仍以其强大的生命力在村落日常生活中发挥着重要作用。在大理，几乎每个白族村落都有“莲池会”，而村落里的每家每户都至少有一位“莲池会”成员。

尽管很多学者认为，“莲池会”在唐南诏时期就已经开始在大理地区流行，至今仍在大理村落中普遍存在，但就现有可查的地方史志材料而言，均无对“莲池会”的相关文献记载。20 世纪 30 年代在大理做人类学田野调查的澳大利亚人类学家菲茨杰拉德曾这样描述当时大理地区的“莲池会”及其活动：

> ……在所有神案里，人们顶礼膜拜的只有大殿里的观音，在这里和尚们整天都在音乐的伴奏下念经，信徒来来往往磕头烧香。其他地方，在院子的拐角处，或在大树的树荫下，妇女们在香炉的边上围成了圈，炉里香火很旺，整天都燃烧着火焰。女信徒们围在香炉前，口里念念有词，或者简单地重复着观音和阿弥陀佛的名字，木鱼的敲打声此起彼伏。这些妇女属于一个团体，她们不食肉不喝酒，在观音会上集合后举行各种仪式。她们安排自己的祭桌，桌上放着菜、水果和甜点，祭桌前点上香。这些人不是尼姑，而是已婚妇女，通常年纪比较大，为了给自己积功德，她们自愿加入这种团体。

她们拜的神不只一个，在阎土节上（阎土是道教在地下的皇帝），还有在拜山神和龙王的会上，也是这些妇女在做相同的仪式。①

此番描述，可算是对“莲池会”的最为翔实的描述和记录。20世纪90年代，有关“莲池会”的记载和描述才开始在方志中出现。据《大理市文化志·经曲》载：

“莲池会”是大理地区分布最广、人数众多的民间宗教组织，遍及白族村村寨寨，其组织小村有一会，大村几个组织并存，互不统属。成员为中老年妇女，渊源尚难稽考，其信仰为儒、释、道三教合一，成员见寺庙烧香，见神佛跪拜，逢神佛诞日或农历初一、十五均斋戒素食念经，每会都有自发的经母或大经母，白族语称“节么”或“倒节么”，经曲经文由经母教授，历为口口相传。诵唱经文用汉语兼夹白语。②

又《鲁川志稿》载：

本川有常斋教，非佛非道，由乡间老妪组成。各村邑组成，大村邑按甲，其组织称“莲池会”，取人死后净上莲花化生之意，头人称“节陀么”（经头婆），凡神仙圣诞，佛祖寿辰，本主庙会等均参加，钱米香火共

① ［澳］C. P. 菲茨杰拉德：《五华楼——关于云南大理民家的研究》，刘晓峰，汪晖译，北京：民族出版社，2006年。

② 大理市文化丛书编辑委员会编：《大理市文化志》，北京：民族出版社，1996年。

同拼逗，长年忌食狗肉、泥鳅、大蒜，初一、十五吃斋，天地龙神，日月佛圣鬼均祭，迷信思想较重。①

尽管在近期出版的地方志材料中，我们可以找到有关“莲池会”的片段式描述和记载，但是相关研究还十分稀少。直至2000年左右，有关“莲池会”的田野调查和研究论文才渐渐出现。

段斌《莲池会查访录》与《续莲池会查访录》两篇文章在田野调查的基础上展示了“莲池会”的组织、会期、信仰神祇、莲池经文等并对“莲池会”的名称、产生背景等做了一定的探讨和分析；张明曾的《白族民间祭祀经文钞》一书收集了大理洱海周围村落“莲池会”近100种祭祀经文并对其进行了整理和汇编，为进一步研究白族女性“莲池会”打下了一定的基础。当然，除了田野调查报告之外，还出现了一些有关“莲池会”的研究。赵静的《白族妇女宗教信仰的社会功能》和《白族莲池会的社会功能》两篇文章认为，“莲池会”作为白族妇女本主崇拜活动的载体和民间组织形式，不仅具有特定的宗教功能，而且还具有明显的世俗社会功能。何志魁《白族母性文化的道德教育功能研究——以莲池会为个案》及《“莲池会”与白族母性文化关系探微》从“莲池会”的村社道德教育及母性文化传承的角度，分析白族文化中的二元伦理结构及其作用方式，解读白族母性文化长期存在的历史原因，探讨“莲池会”对白族母性文化的教育传承功能，进而思考白族母性文化的道德教育功能对汉族农村地区“重男轻女”价值观的纠正和解除构建和谐社会的隐患和危害的积极作用。另有《白族社会性别结社与族群认

① 王富：《鲁川志稿》，大理州南诏史研究会研究资料汇编，2003年，第246—247页。

同》一文从性别与族群认同的角度，讨论了白族村落的“打老友”、“十姊妹十兄弟”、“洞经会和莲池会”等农村男女两性在不同年龄阶段的社会性别结社组织，认为这三种结社组织不断强化着村民的白族认同。王萍《众神庇佑——剑川白族中老年女性宗教群体“妈妈会”研究》、木薇的《地域社会中的女性结社——云南大理白族下关镇大关邑“莲池会”个案研究》两篇文章分别对剑川和下关大观邑的“莲池会”组织进行了调查研究，从性别角度探讨了莲池会在白族地区妇女生活中的影响。

以上论及的有关“莲池会”的研究，大多以“莲池会”仪式活动现象描述的形式分散在有关白族民间信仰，尤其是本主崇拜研究的论文中。尽管也有以“莲池会”为专题研究的论文，但是又多集中于对作为性别结社组织的“莲池会”社会功能、道德教育等方面的探讨，极少涉及对“莲池会”妇女本身的研究。尽管有些论文在宗教信仰仪式的探讨中也注意到了宗教女性角色和地位的分析，但是研究多注重妇女在仪式信仰活动中的角色探讨，均未涉及对“莲池会”妇女家庭和村落日常生活的研究。

“莲池会”是由大理白族地区中老年妇女自发形成的以地域崇拜及其祭祀活动为核心的女性村社组织。村落妇女是地域信仰最主要的实践者，而女性村社组织“莲池会”则是本土信仰实践的基层组织。村落女性和“莲池会”围绕着当地各式庙宇和神坛举行的一系列祭祀活动和仪式庆典构成了人们日常生活中最为重要的内容之一。笔者着力关注这样一个问题：大理白族地区这样一方充满着众多“神坛”祭祀仪式的满怀“野性”的土地，怎样通过女性日常实践与“礼俗教化”和“礼仪文明”之间发生勾连？

本研究以白族村落女性及村社组织“莲池会”为研究对象，采用个案研究的模式，通过田野调查资料的运用对两个相互关联的问题展开讨论：（1）作为个体家户成员，村落妇女如何在其

“社会化”过程中，尤其是在家庭及社区礼俗的规制和引导下习得各种具有“礼”之意义的神坛祭祀知识并逐渐成长为一个“莲池会”成员；（2）作为“莲池会”成员，村落妇女作为一个日常生活的行动者和实践者如何凭借其神坛祭祀实践构建着家庭礼仪和社区礼俗。第一个问题主要关注社会文化结构之于个人的作用：“莲池会”妇女的祭祀知识在村落社会被赋予了“礼”的意义，是每一个女人成长历程中必须习得和遵守的“规矩”和“礼路”。其中，女性长辈们在日常生活中对具有“礼”之意味的家庭和社区祭祀知识的传授过程及子辈们对这些家庭“规矩”和社区“礼路”的习得过程是同时完成的，这个过程的通达是“莲池会”在村落社会得以代代相传的原因。与第一个问题强调社会文化结构之于个人的作用不同，第二个问题主要关注个人在社会文化结构中的能动性：一方面关注村落妇女如何凭借和使用具有“礼”之意义的祭祀知识以寻求她/她们在不同角色阶段在家庭“私领域”与村落“公领域”中的权力和价值；另一方面关注村落妇女如何凭借其作为家庭及村落“莲池会”成员的双重角色实践在家庭、村落甚至地域社会的构建中起作用。由祭祀仪式和节日庆典构筑的村落生活，不仅体现了以女性神坛祭祀实践为中心的本土地域信仰，同时也蕴含着具有家庭礼仪和社区礼俗寓意的“规矩礼路”，为村落社区乃至地域社会中的居民铺陈了一个“兼备文野”及“文野相就”的生活世界。各式神坛祭祀及仪式庆典不仅反映了村落社区及地方社会自身走过的历史过程，同时也呈现了“人之教化”如何凭借女性文化主体的日常生活实践在村落及地方社会得以展开的历程，并作为“礼仪”与“礼俗”参与到自身社会和文化的塑造过程之中。

三、研究手段及路径

本研究属家乡民俗学研究，论文的叙述和分析主要依靠田野调查所获得的资料，这基于：第一，与白族妇女及“莲池会”研究的相关文献材料比较缺乏；第二，本研究更多关注当下民俗文化主体，即村落妇女及“莲池会”女性的现实生活及日常话语，力图凭借女性主体的行动实践及话语表述呈现地方社会对村落“女人”及“莲池会”的本土性理解和阐释。作为家乡民俗学研究者，笔者不存在调查过程中的语言障碍，拥有“入乎其内”与“出乎其外”的双向交流沟通优势。本研究有关村落妇女及“莲池会”的调查，不仅是针对村落妇女及“莲池会”家庭和村落祭祀仪式、组织民俗等民俗事象的调查，而是使用民俗志整体调查和研究的方法对村落日常生活进行总体社会事实的调查。在调查过程中不仅关注女性话语，同时也关注男性权力；不仅关注村落妇女的神坛祭祀仪式，同时也关注女性日常的家庭和社区生活，力图在地方文化土壤及整体性的文化表述中呈现村落妇女及“莲池会”妇女的日常实践，在整体民俗调查基础上以研究对象村落妇女及“莲池会”为中心继续深入展开田野调查。参与观察和深度访谈是田野调查中最主要的方法，其中深度访谈所获取的个人口述史材料是本论文资料获取的重要来源，而田野调查资料的运用也贯穿论文写作的始终。在具体的田野调查过程中，主要关注：（1）文化表述的情境性。民俗文化在不同的情境下被解读，任何仪式或话语表述都有其一定的“语境”，一旦离开了事件发生的情境性，将民俗文化主体的行为与话语从“语境”中剥离或抽取都会丧失民俗文化的生命力，致使研究显得毫无意义，因此本研究将尽可能地展示民俗文化所具有的鲜活情景。（2）文化主体的行动力。“民之不存，俗将焉附”，“人”

是民俗文化中最为灵动和鲜活的因素。作为具有行动力的个人或群体，文化主体以其日常生活实践成为自我民俗文化的遵守者和破坏者、继承者和建构者，因此本研究将在村落民众的日常实践行动中展现鲜活的充满行动力的“个人”。

第一，在民俗志书写上，以“一个女人”的“社会化”历程为视角，在村落女性日常生活的不同角色实践中展现村落民众，尤其是村落妇女个人及群体行动力的丰富性和复杂性。研究试图展示在不同角色的多维实践中妇女如何通过个人和群体行动寻求自身在家庭私领域与地域社会公领域中的价值，并在她们的行动与实践中呈现村落“女人”存在之意义。在具体的民俗志写作中，首先采用整体式呈现的方法，将研究者本身及研究对象同时置于村落生活的现场加以考察，以民族志“写”文化的方法展现田野点民众的生活世界，整体鲜活地呈现村落妇女的日常生活及其实践；其次强调“莲池会”妇女在村落生活中所具有的双重角色，在家庭角色，即“小花童”—“小女囡子”—“大女囡子”—“新媳妇”—“小媳妇”—“掌家婆”—“老婆娘”—“老妈妈”；及村落公共角色，“入会前”和“入会后”的日常生活角色实践中，将村落妇女看作一个鲜活并具有行动力的在不同情境下进行个人和群体实践的“人”。“人”之行动力及意义不仅在不同的情境下被解读，而且作为行动主体的个人也会因情境不同而产生不同的行动和实践。

第二，在“人”的研究上，突破以往家庭妇女研究模式，不再因袭“男主外，女主内”的分析框架，即只在单一的家庭生活中考察妇女的角色和地位。故有的“内”与“外”的二元划分并不能解释“莲池会”妇女的日常生活实践。“莲池会”妇女具有双重身份，这意味着她们能够突破家庭“内部”的限制而实现她们在“外部”村落共同体甚或更大的地域共同体中的公共价值。此外，“内”与“外”的区分并不是完全隔离、不可沟通的。家庭“内部”角色实践会影响其村落公共角色的扮演和发挥，同时妇女村落公共角色的实践同样会影响到其在家庭“内”的地位和角色。本研究将在村落妇女“内”与“外”的交错实践中，揭示村落妇女在家庭和村落日常生活中的性别实践和个人能动性，展现村落生活中生动而不是僵化的“人”的行动力，探讨妇女在家庭和村落中的地位和作用。

第三，在民间结社研究上，不仅关注“莲池会”的组织民俗，而且更着力在“动态”和“过程”视阈下关注“莲池会”的日常运作及女性群体实践。首先从结构功能论的视角出发，作为性别组织，“莲池会”不仅在村落生活中扮演着重要角色，而且在家庭礼仪、村落礼俗及村落共同体建构和认同中具有其结构性意义；其次以社会过程论的观点来看，“莲池会”形成于男女两性角色在村落生活妥协与竞争的动态过程之中，其存在一定程度上是两性日常分工及性别权力实践的产物。村落妇女在村落社会中被显而易见地赋予了神坛祭祀者的身份，也正是凭借这种村落社区神坛祭祀者的角色实践，村落女性突破了其在家庭和村落日常生活中的角色限定，不仅承担着为家庭成员和村落民众谋福祉的责任，也承担着家庭礼仪和社区礼俗实践及传承的重任。本研究将着力展示“莲池会”及其群体实践在村落社区以至地域社会构建中所具有的结构性意义，同时也将在不同女性年龄群体的日常生活中，展示村落“莲池会”存在的男女两性社会性别角色实践的复杂语境。

四、研究背景及文献

（一）中国女性研究

1. 国外中国女性研究

20 世纪 60 年代，受女性主义思潮影响，女性研究在国外逐渐兴起。其中，中国女性研究由于受 20 世纪 50 年代至 80 年代初内地田野调查准入政策的限制，研究主要集中在中国台湾、香港等地，田野访谈有时也在海外大陆移民中进行，但此时期研究大多都依靠历史文献、文件及杂志资料等来展开。

20 世纪 80 年代中期，海外中国女性研究则大多建立在或长或短的田野调查基础上，研究多聚焦于在家庭家族亲属关系及中国政治经济变迁中来讨论中国妇女的生存状态。此后，受实践理论和女性主义思潮影响，人类学领域的妇女研究呈现出新的研究取向：首先，开始强调妇女个体主观能动性，改变了以往妇女被动及从属角色的研究范式。玛格瑞·沃尔夫（Margret Wolf）《台湾农村的妇女与家庭》将女性作为能动的实践个体来考察，认为妇女采取加入女人社团（women community）和建立“子宫家庭”（the uterine family）等实践策略，逐渐在夫家宗族中确立地位并享有权威；此外，研究也开始关注实践中姻亲关系的重要性。阎云翔的《私人生活的变革：一个中国村庄里的爱情、家庭与亲密关系（1949—1999）》关注妇女在女性自身婚姻缔结中的主动角色和她们在保持娘家与婆家两个家族间友好关系方面的主动性。而在中国政治经济变迁背景下对中国妇女的研究，大部分都是围绕妇女与国家之间的关系展开的，主要探讨中国一系列政治、经济政策的实施对妇女的影响，研究重点在于通过考察妇女在各种社会关系中的位置及妇女在资源获取方面的变化来讨论在这个发生巨大变迁的社会环境中妇女地位的变化。

近年来的研究成果呈现出两个取向：

第一，在历史研究领域放弃了男女两性对立及女性被动适应制度及文化的传统研究模式，强调主观能动性，指出妇女主动参与历史创造过程。伊佩霞（Patricia Buckley Ebrey）的《内闱：宋代的婚姻和女性生活》被誉为海外中国妇女史研究的开山之作，指出中国古代历史构筑了妇女的弱势，但是妇女并不是简单的弱势牺牲者，她们的挣扎、竞争、努力同样或多或少地改变了自身的命运，女性并不是生活于国家、经济、宗教和文化发展的影响之外，她们也是历史的一部分，还是其中的即兴表演者，她们参与了她们生活于其中的社会和历史的进程并呈现出女性魅力。高彦颐（Dorothy Ko）的《闺塾师：明末清初江南的才女文化》一书，主要以明末时期江南地区上层妇女创作的诗文对妇女生活状况和当时的社会风貌进行了描述和分析。从妇女的自我表述中，作者认为中国妇女在漫长的历史中都是受害者的概念是现代人为了某种需要建构的。明末清初巨大的社会经济和文化变迁，促进了“才女文化”的繁荣。所以那时的江南闺秀不是受压抑和无声的，她们在男性支配的儒家体系中创造了一种颇具意义的文化生存方式，从而重构了自己的社交、情感和智力世界。曼素恩（Susan Mann）的《缀珍录：十八世纪及其前后的中国妇女》考察了清代长江下游地区的社会性别关系。研究将社会性别关系同时代的经济、政治和社会文化变迁密切相连，力图表现妇女在社会生活中的能动作用以及丰富多彩的妇女生活。作者认为，在中国社会，家庭是政治的基础和道德权威的中心，公私之间没有如同西方学者所界定的那样存在一条明确的界线。白馥兰（Francesca Bray）《技术与性别：晚期帝制中国的权力结构》在分析从宋至清科技如何有力地传播和塑造中国传统文化中的性别规则与女性角色时，也说明了妇女并非男权社会的被动牺牲品，而是传统文化形态与社会秩序的有力参与者。

第二，在具体研究中运用后结构主义、后殖民主义等理论方法，将妇女置于中国现代化的背景之下加以考察，揭示女性与现代性之间的复杂关联。美国贺萧（Gail B，Hershatter）的《危险的愉悦：20纪上海的娼妓问题与现代性》的研究探讨了中国娼妓话语所反映出的社会变迁以及其中的权力结构关系，是运用后结构主义理论进行中国妇女研究的典范之作。加拿大学者朱爱岚（Ellen R. Judd）《中国北方村落的社会性别与权力》一书认为，改革开放以来妇女在农村生活中的作用举足轻重，但男性在国家结构中的主导地位阻碍了妇女在社会结构中的作用，男性中心主义的组织形式又使得妇女在获得管理资源方面并不拥有类似于男性的权利；传统观念强调官方政策和农村男性话语，往往对妇女的实际作用并不强调。在这一结构性社会中，国家权利、社会组织同日常生活交织在一起，在社会性别方面起着重要作用。美国罗丽莎（Lisa Rofel）的《另类的现代性——改革开放时代中国性别化的渴望》以文化人类学的研究方法调查了一家杭州纺织厂的女工，以微观个案展现了社会性别内涵在不同时代（20世纪50年代、“文革”时期和“改革”时期）的变化以及这个变化同政治经济变迁的关系。加拿大宝森（Laurel Bossen）的《中国妇女与农村发展——云南禄村六十年的变迁》对费孝通20世纪20年代的田野点云南禄村进行了再调查。作者重访该社区，并进行了为期十年的田野考察，对中国西南的禄村社会进行有关社会性别问题的挖掘，作者考察了禄村贸易与审美，主要探讨了缠足在禄村的消失以及在农地制、农作和就业中的社会性别关系，在对20世纪30—90年代的婚姻、家庭及国家政治的考察中展现了禄村村落社会的深刻历史变迁历程。

综上所述，无论是在历史学研究领域还是在社会学、人类学、民俗学等研究领域，国外中国妇女研究的突出特点是将社会性别作为核心概念来分析。社会性别是一个动态概念，妇女的身份亦是在实践和表述中获得的。研究者们不满足于妇女/性别研究的单一化，将社会性别看作是一个动态发展的概念并加以强调，在他们的研究中，我们看到妇女研究并不是孤立的女性研究，而是将妇女置于广阔的社会、文化、政治、经济的整体中，在社会文化历史变迁的过程中加以考察，不仅考察社会历史变迁对妇女人生的影响，也注重妇女在历史中的作用和地位，研究特定时期的社会性别话语对妇女的制约以及妇女的反向挑战。

2. 国内女性研究

中国文化对妇女问题的理解和认识有其独特模式。有关妇女与习俗的研究，在中国起步于20世纪初期。新文化运动和妇女解放运动的兴起，使得妇女问题开始受到社会重视，“五四”时期女性解放问题尤其受到关注；20世纪20年代，民俗研究的兴起和发展，又推动了对妇女生活的研究。然而，这些对女性问题的研究和关注，大多杂揉在“文学革命”、“思想启蒙”等问题里，尚未形成一门独立的学问。

中国早期史学家多从社会史角度探讨与妇女相关的婚姻、家庭等问题，如陈顾远的《中国婚姻史》、陶希圣的《婚姻与家庭》、吕诚之的《中国婚姻制度史》及吕思勉的《中国婚姻制度小史》等。20世纪30年代出版的《女性论》是我国一部较早全面研究妇女问题的著作，作者冯飞以翔实的史料、独特的见解，对妇女之能力、女性之地位、女性与男性之差异、女性与未来等问题分别作了精辟的论述。早期研究者以严谨的态度、广博的学识和科学的思维方法，分别在自己熟悉的领域对妇女生活的某一侧面或某一习俗作了系统的研究，取得了显著成果，如陈东原的《中国妇女生活史》、王叔奴的《中国娼妓史》、贾伸的《中华妇女缠足考》、谭正璧的《中国女性的文学生活》等。以上研究虽然未能形成体系，但其历史意义在于，它们有力地说明对妇女历史的研究是中国研究不可或缺的重要部分，对中国妇女史缺乏了解就不可能对中国社会的发展有真正的了解。高洪兴主编的《妇女风俗考》是晚近妇女习俗研究的成果集，该书汇集了20世纪40年代前后在国内各种中文报刊杂志上发表的关于妇女生活与习俗的论述，包含服饰、缠足、婚礼、性民俗、贞操、娼妓、社会生活等篇章。但是以上论文大都是从我国卷帙浩繁的史志研究出发，致力于对档案、文件、正式与经典文学作品等传统文字史料的整理和解析，着力于对某一妇女习俗源与流的分析与探讨。

妇女研究在中国的广泛开展始于20世纪80年代初期。改革开放后，随着整个社会对妇女问题的重视及女性意识的觉醒，妇女研究达到高潮。邢莉主编的《中国女性民俗文化》以民俗学学科理论为指导，对中国女性民俗文化进行了较为细致的分类和研究，涉及民间节日、生产活动、民间工艺、服装服饰、面妆首饰、生育礼俗、婚姻习俗、妇女与家庭、民间文学、文化娱乐、民间信仰、风流人物等内容，将灿烂的中国女性民俗文化展示在世界面前。该书意在构建中国女性民俗文化的整体框架，几乎涉及中国女性民俗的各个方面。该书是世界妇女大会第四次会议的献礼之作，此次大会在北京召开，表明了中国对妇女问题的关注以及世界对中国妇女状况的关注及其研究成果的肯定。此后，有关中国妇女研究的成果也不断涌现。

马庚存《中国近代妇女史》叙述了从鸦片战争到“五四”运动时期的女性生活，结合历史语境叙述了不同时代的妇女形象、妇女运动的发展及其现实生存状态。定宜庄的《满族的妇女生活与婚姻制度研究》和《最后的记忆——十六名旗人妇女的口述历史》借鉴社会学和民族学研究方法，利用大量的清代档案，通过满族早期婚俗及其在清代的遗存、八旗制度下满族妇女的生活与婚姻以及满族和其他民族的通婚与融合，揭示了16

至19世纪满族妇女生活和婚俗的历史变迁。以上研究虽在一定程度上对我国的妇女研究进行了一定学术实践，但是研究还是停留于先前妇女研究的传统中，没有实地的田野调查，而且对现代妇女生存状态关注不够，在学术上缺乏现实意义。

1992年，美国哈佛大学费正清东亚研究中心召开了中美学者共同参加的“用性别观念分析中国：妇女、文化与国家”国际学术研讨会。会议的议题将妇女研究与中国研究、历史研究、文化研究熔为一炉，从不同方向和领域出发，将中国妇女研究推向深入。会议的重要成果之一是由李小江等主编的论文集《性别与中国》一书。该书涵盖三个专题，即妇女与国家、政治；妇女与文化；生育、人口与性，收入的大多数文章“用性别分析的方法解构中国”，它突破了民族、国家、革命、战争乃至家族、家庭、婚姻这一类社会范畴和传统设置的判断尺度，以“女人”的名义推举出一系列“人”的问题，使得一整部中国史因此焕然一新。这次会议可视为中西妇女研究领域的一次对话，美国学者评价它是“开创了中国研究中以性别为研究对象的新领域，而且也为西方的与会者提供了关于妇女自我觉醒的另一种定义。它标志着中国妇女解放运动已经在国际社会上出现，表明一些觉醒的、有活动能力的中国妇女在众说纷纭的妇女之声中，发出了强有力的自己的声音。

近年来，中国女性研究多在实地调查的基础上进行，关注当下妇女真实的生存状态，涌现出许多优秀的研究成果，主要集中于对生育文化、妇女角色、女性与宗教、社会变迁与女性地位等问题的研究及探讨：（1）生育文化是妇女研究的重要话题。费孝通的《生育制度》可谓我国第一部研究生育文化的专著，此后民族学、民俗学、社会学、人口学等领域相关研究不断出现，如李银河《生育与村落文化》，彭希哲、戴星翼主编的《中国农村社区生育文化》等。杨筑慧《中国西南民族生育文化研究》

通过田野调查对我国西南民族的婚姻家庭、生殖崇拜，尤其是对涉及生育的仪式活动等进行了考察，探讨西南少数民族的生育观念，并对妇女生育健康进行了思考；（2）有关妇女角色及地位的研究，大多基于对少数民族妇女及其个案的村落调查展开，如《农耕社会中哈尼族妇女角色地位的演变——对元阳县箐口村的个案分析》、《仪式嬗变与妇女角色——元阳县箐口村哈尼族苦扎扎仪式的人类学考察》、《元阳县箐口村哈尼族日常生活实践中的妇女角色》、《现代语境中的妇女地位与箐口哈尼族村寨中的妇女角色》、《乡村女性自我的再认识：一项来自恩施土家族双龙村的研究》、《华北村落民俗宗教活动中的女性参与——L村的社会人类学研究》等；（3）妇女与宗教的研究成果，其内容除女性与世界三大宗教即佛教、基督教和伊斯兰教方面的研究以外，还涉及和扩展到我国传统宗教道教、儒教以及各民族宗教和民间信仰中的女神、女始祖等女性崇拜的内容；（4）在现代性及社会转型背景下探讨女性地位的研究成果较为丰厚，研究论文有《社会转型期妇女社会地位的边缘化》、《妇女、全球化和社会变迁》、《性别意识的缺席与在场——改革时期妇女回家论争透视》、《依附者还是构建者——关于妇女亲属关系的一项民族志研究》、《以力治理、性别偏好与女性参与——基于妇女参与乡村治理的地位分析》等，其中也不乏对女性组织的探讨，如《女性公共安全空间探析——以中国西北地区不同民族妇女民间组织为例》等。其中，针对大理白族地区妇女的研究成果也不少，主要有：《平地女性与山地女性——大理地区不同生态环境下女性地位变迁》、《宗教文化中的社会性别建构——白族女性与本主崇拜》、《大理白族女性择偶标准的时代与地域变迁》、《村民自治视野下边远地区农村白族妇女的政治参与研究——以云南省大理白族自治州云龙县诺邓镇诺邓村为例》等。

（二）大理乡村研究

1. 国外大理乡村研究

20世纪30—40年代，许多高校和科研机构因抗日战争爆发向西南地区内迁，成就了中国西南乡村研究的辉煌时代，出现了“云南三村”等著名的中国西南乡村研究著作。许烺光（Francis. L. K. Hsu，1909－1997）的《祖荫下：中国乡村的亲属、人格与社会流动》（Under the Ancestor's Shadow：Kinship，Personality and Social Mobility in China，以下简称《祖荫下》）[①]和《驱逐捣蛋鬼：魔法、科学与文化》（Exorcising the Trouble Maker：Magic，Science and Culture，以下简称《驱逐捣蛋鬼》）[②]就是此时期云南大理地区乡村研究的最重要的作品。1940年，受费孝通邀请，许烺光加盟设在云南呈贡魁阁的“燕京大学—云南大学社会学实地工作站”，《祖荫下》、《驱逐捣蛋鬼》就是他根据在云南大理喜洲的调查在美国用英文写作而成的。许烺光的田野点位于大理城北、一个他自己称作“西镇”（即喜洲）的小镇。他最初关注的是当地人如何应对沿滇缅公路扩散而来的霍乱疫情，之后扩大到对心理人格和社会流动方面的研究。《祖荫下》用文化人格理论考察喜洲小镇，关注喜洲人的家庭及家族繁衍，对喜洲人日常生活中几乎所有涉及祖先崇拜的仪式和观念进行阐述，由此展现喜洲民家的家族观念及文化性格。研究认为，喜洲民家人的家族文化充满了“大家庭观念”，喜洲文化是中国文化的缩影，是一个理解中国人的很好案例。《祖荫下》描述的大理

---

① 许烺光：《祖荫下：中国乡村的亲属、人格与社会流动》，王芃，徐隆德译，台北：南天书局，民国90年（2001年）。

② 许烺光：《驱逐捣蛋鬼：魔法、科学与文化》，王芃，徐隆德，余伯泉译，台北：南天书局，民国86年（1997年）。

喜洲人具有中国人的典型性格，是中国文化的缩影。许烺光的阐述虽能自成一体，但亦受到不少批评。他的研究将大理地区喜洲民家的“地方特色”隐藏，在其笔下，喜洲没有了西南民家人的特点，完全是地道的“汉人社区”。利奇在评论许烺光著作时认为其欠缺社区史观，没有注意到大理文化共同体与外界的关系，为了用人格心理理论解释整个中国文化，他把民家人当汉人研究，有些勉为其难。尽管如此，《祖荫下》依然不失为英语表述中国文化的先驱著作。同样以喜洲为背景的《驱逐捣蛋者》则展现了许烺光的另一面。1942 年 5 月霍乱侵袭西镇（即喜洲），为应付社区危机，西镇安排了一场“打醮”仪式。当地人认为霍乱的发生是因为社区遭遇了“捣蛋者”的侵袭，原因在于社区成员的道德生活违反了旧的规范。所以，人们要通过谈经、撒米粥、阿叱力诵咒等方式，驱逐“捣蛋者”以求社区安全。许烺光以西镇的案例反驳了马林诺夫斯基有关魔法和宗教的划分，认为魔法与宗教之间不存在绝对的界限，科学无法消除人们对超自然的崇拜；但有关喜洲人用道德批判应付社区危机的做法，是一种社会工具类的论述，却又承袭了马林诺夫斯基功能论的观点。然而，许烺光对西镇社会的研究，忽视了当地乡村文化与外部社会的交流，在他的论述中看不到地方文化与一个更大的文化体系之间的勾连，忽视了“内与外”、“历史与当下”的关系，将喜洲单纯地描述为一个没有历史的孤立的乡村社会，而这正是乡村社会整体研究中不可忽视的地方。

1937—1938 年间，与许烺光几乎同时期的澳大利亚人菲茨杰拉德（费子智，C. P. Fitzgerald）的研究却与之大相径庭。1935 年，他在其所在的伦敦经济学院人类学系主任塞里格曼（C. G. Seligman）的建议下去做“一项社会人类学意义上的，对云南的一支非汉人群的研究”。菲茨杰拉德于 1938 年开始在大理地区做了长时期的田野作业，他的研究《五华楼——关于云南大理民家的研究》（The Tower of Five Glories：A Study of the Min Chia of Dali，Yunnan，以下简称《五华楼》）于1941年发表，该书对大理民家人的生活地域、农业耕作、节日、服饰、建筑、宗教、家庭、社区交往、商业经济等作了十分细致的描述。菲茨杰拉德虽受马林诺夫斯基功能论的影响，但是在其论述中功能论的取向并不是十分明显，此书更多是在描述20世纪30年代民家人的生活。其中，将民家人归入“泰”族的观点亦是后来很多学者批评的焦点。《五华楼》一书尽管学术理论性不是很强，却为我们展现了20世纪30年代民家人生活的真实面貌，是大理乡村研究不可多得的资料。

《大理丧仪——“祖先崇拜”研究》（Dali Funeral Rites：A Study of Ancestor Worship，以下简称《大理丧仪》）一文是蔡詠春于1947年申请哥伦比亚大学神学硕士的学位论文。蔡詠春曾经师从吴文藻，具有扎实的人类学功底。1939年随广州神学院入滇在大理喜洲地区逗留三年半。1940年，因其房东尹家老人去世得以参加并记录了喜洲的丧礼，由此写作而成《大理丧仪》一文。该文对大理喜洲地区的丧礼仪式作了较为细致的描述和分析，以丧仪为切入点，对大理地区的祖先崇拜作了较为深入的阐释。

在此后的近30年时间里，大理作为西南边陲小镇，外国人的进入长期受到国家监管和限制，这在一定程度上也影响了海外学者对大理乡村的研究。1988年，澳大利亚格里菲斯大学（Griffith University）的马克林斯（Colin Mackerras）在《现代中国》（Modern China）上发表《白族文化大观：云南民族的变迁和传承》（Aspects of Bai Culture：Change and Continuity in Yunnan Nationality）一文，依赖汉文文献，从宗教信仰、女性婚姻、山歌、大本曲等民间艺术、风俗等方面，考察了大理白族1949年以来的变迁。然而，马克林斯的研究以西方价值观来评判白族文化，在文中有意无意地流露出对1949年以来新中国政策的不满和怀疑，没有站在文化相对主义的立场上，缺少对白族文化的理解。

日本国立民族学博物馆的横山广子是20世纪80年代以来有关大理历史和乡村研究的最主要的学者之一。她在大理周城做过很长时期的田野调查，主要关注大理地区的本主信仰，发表了《离开土范畴：关于白族守护神总称的研究》和《白族的本主信仰——从地狱守护神中能看到的汉化和民族独特性》等研究成果。横山广子的研究承袭日本民族学研究传统，研究具有翔实的田野调查基础，对大理地区周城白族村的本主寿诞仪式做了详细描述，着力探讨本主文化的历史和传播。但是，横山广子对大理地区本主信仰的研究主要关注本主历史及其在地域文化中的传播，对本主文化所具有的深层文化内涵并没有更多研究。

1994—1995年密歇根大学人类学系的女博士生贝斯·纳佩斯（Beth Notar）对大理地区的三个村庄进行了为期一年的田野调查，并在1999年完成了她的博士论文《野史：中国西南的民众文化、地方和过去》（Wild History：Popular Culture，Place and the Past in Southwest China）。该论文在扎实的田野作业基础上写作而成，关注文化表达与表述这一问题，认为必须将文化表述纳入到实践中去考察，文化表述是在我者和他者的互动性中完成的。纳佩斯主要以《五朵金花》、《天龙八部》为考察中心，认为传媒表达构建了“他者”对大理的理解和话语，而之后纳佩斯对村落仪式、“绕三林”朝圣仪式的分析则力图从当地人的角度去关注本地人的表述，并展示他们的阐释和理解。纳佩斯关注他者的表述和当地人表述之间的差异性，认为在地方文化研究中应当注意两种表述的不同，这一点是十分有意义的；但是对于主位表述与客位表述之间的张力以及在文化研究中二者之间的关系如何，研究者又该怎样理解和阐释这种关系及其表述与认同之间的关联等诸多问题，纳佩斯的研究并没有给予回答。其后，纳佩斯的《对云南大理白族的表述与自我表述的再思考》一文，又探讨了大理村落白族民众认同的多重性，在一定程度上解释了为什么20世纪40年代许烺光做研究时喜洲人认为自己是汉人这一问题，强调在族群差别或相似性研究中要强调情境性，对我们当前的研究具有一定意义。

2. 国内大理乡村研究

20世纪以来国内学者对大理地区的乡村研究，笔者主要论及民俗学视野下的大理村落研究成果，相关研究涉及村落民间信仰及仪式、村落节日、家庭与家族等方面。徐嘉瑞《大理古代文化史稿》一书是较早对大理文化进行研究的论著，但因其写作目的主要是构建大理文化的主要发展脉络，因此尽管论及本主信仰、观音崇拜、乡村木刻版画等民俗文化事象，但是均未对其展开深入探讨，也没有翔实的调查记录和报告。杨政业《白族本主文化》一书是20世纪90年代最早对白族本主崇拜进行研究的专著。作为大理本土学者，他在书中对当时存在于大理白族中的本主神祇的神灵系统、传说故事、祭祀仪式等进行了梳理和探讨，并对本主文化的历史及特征以及本主文化的相关文化内涵进行了探讨。此后有关大理白族本主信仰研究的专著不断涌现，出现了如《和谐的社会：中国白族本主文化》、《白族本主崇拜——银苍玉洱间的神奇信仰》等一系列的研究成果。除本主信仰之外，白族村落民间信仰研究还涉及观音、祖先崇拜、鬼魂信仰、民间巫师“朵兮簿”、白族甲马神灵等研究，对存在于白族村落中的民间信仰形式及相关祭祀仪式进行了探讨，但是均缺乏文化研究的整体视野，主要着力于对信仰仪式的源流、功能、特征等的简单探讨，未将信仰置于村落民众的日常生活中加以关照，忽视信仰文化群体的实践性和能动力。近年来，民间信仰及仪式研究成为民俗学及相关学科研究的热点之一，出现了大批有关大理白族民间信仰和仪式的研究成果。梁永佳《地域的等级——一个大理村镇的仪式和文化》对人类学家许烺光《祖荫之下》的研究地点——云南大理喜洲镇进行了再研究，是一部详细的社会人类学民族志报告。作者在田野工作基础上，描述了大理喜洲地域之内的本主、非本主及其朝圣仪式活动，采用结构主义的视角，展现了地域崇拜现象的等级结构；舒瑜《微“盐”大义——云南诺邓盐业的历史人类学考察》基于对云南大理盐井村落诺邓村的田野调查，以物为视角力求呈现“盐”这样一种司空见惯的物品在特定地方所连带的历史过程及文化图景，是一份关于“盐”的历史民族志作品。大理地区的乡村节日研究主要关注对绕三灵、火把节、石宝山歌会等节日的研究，出现了许多研究成果，但早期的相关研究多关注对节日起源、文化象征等意义的探讨，缺乏田野考察，不仅忽视对节日文化空间的探讨，也缺乏对节日文化主体“人”的关注。近年来，大理乡村节日研究出现了关注节日在村落社会中的历史变迁的研究成果，研究者多受过人类学、民族学、民俗学等专业学科训练，对村落节日的整体性研究做了有益尝试。此外，近年来的大理乡村研究也开始关注对村落民俗文化及其村民主体性的研究，相关研究成果有《石龙新语：剑川县沙溪镇石龙村白族村民日记》、《一个白族村寨的民俗文化实录》等，是20世纪90年代民俗学学科研究范式转换以来大理白族乡村研究的主要成果。

五、理论与研究方法

（一）常人方法学

“生活世界”是民俗学研究应有的领域和范畴，然而日常“生活世界”作为一个抽象的整体性概念在具体研究过程中难免遭遇困难。生活世界研究归根结底是对“人”的实践活动及其所连带的社会事实的研究，常人方法学（Ethnomethodology）相关理论及研究方法对民俗学的日常生活研究尤其是日常生活世界中作为民俗文化主体的“人”的研究具有一定启发。

20世纪60年代末，美国学者加芬克尔（Harold Garfinkel，1917—）提出常人方法学（Ethnomethodology），这一理论与研究方法在其《常人方法学研究》一书中得到系统阐释[①]。“Ethno”指的是普通人，而“Ethnomethod”指的是普通人在生活中为了解决各种日常问题而运用的方法，即常人方法。[②] 传统社会学研究认为，社会通过个人对社会文化规范的内化及遵守而得以确立和维持，社会结构及社会秩序具有先验性、外在性，行动者通过社会化将社会规范内化并恪守执行这些规则，因此，行动者，或者说日常生活中的个人不过是一个“规则和秩序的傀儡”，个人服从规范并在社会文化的规范中行动，行动者在结构与秩序中是被动服从而不是主动创造的。[③] 而在常人方法学研究者看来，传统结构功能主义的研究是一种“结构规范至上主义理论”。它不但歪曲了社会秩序的存在方式，还使社会成员沦落为“丧失了判断力的人”（judgmental dope）并在规则和秩序面前显得无能为力，完全忽视了日常生活社会行动复杂的组织过程和行动者的主观能动性以及行动者大量的权宜性的行为和努力。常人方法论主张，由这种缺乏判断力而只能遵守规范的人类模式所构成的社会秩序结构纯粹是一种假设，研究者必须正视一个事实，即那些普通社会成员可以毫无障碍地处理日常琐事，并习以为常，他们

① Garfinkel, H. Studies in Ethnomethodology, Englewood Cliffs, New Jersey: Prentice - Hall. 1967.

② 杨善华：《当代西方社会学理论》，北京：北京大学出版社，1999年，第45页。

③ 李猛：《常人方法学四十期：1954—1994》，《国外社会学》，1997年第2期，第109页。

正在亲自构成和维持日常社会生活的秩序。[①] 在这里，一个秩序井然、结构严密同时功能齐备的社会结构消失了，在抽象的规则体系退去之后，人的主动性、创造性成为鲜明的主题，既有的秩序，或者说整个世界在被行动者每时每刻地创造出来，而所谓的"生活世界就是不断被我们的行动所修正并不断修正我们行动的世界"[②]。

常人方法学是一种针对社会群体的研究方法，社会群体中的普通人是常人方法学关注的对象。常人方法学所关注的根本问题是某一社会群体的成员在其日常生活中为完成他们的实践性行为所使用的策略及方法。[③] 常人方法学者认为，行动者日常生活实践具有如下内在特点：（1）行动的权宜性（contingency）。行动并非按照事先规则进行，而是行动者根据实际情况及场景条件，依赖自身"永无止境"的努力完成的；（2）行动的场景性（scene）。任何社会行动都处在一个场景中，行动在场景中进行，是"场景特征的临时性构成体"[④]，而场景本身也是行动的一部分，是行动的结果；（3）行动的索引性（indexicality）。索引性是常人方法学最核心的概念。所谓"索引性"指的是沟通结果以及所有社会行动都"依赖对意义的共同完成且未经申明的假设和共享知识"。"索引性"特点是"无尽索引性"，一项表达（或行动）的意义必须诉诸其他表达（或行动）的意义才可理

① 宋林飞：《西方社会学理论》，南京：南京大学出版社，1997 年，第 316 页。

② 渠敬东：《缺席与断裂：有关失范的社会学研究》，上海：上海人民出版社，1999 年，第 107 页。

③ 西村真志叶：《日常叙事的体裁研究——以京西燕家台村的"拉家"为个案》，博士学位论文，北京师范大学民俗学博士学位论文，2007 年，第 11 页。

④ Zimmerman, D. and M. Pollner, "The Everyday World as a Phenomenon", in Ethnomethodological Sociology: *Classical Studies*, *ed. Jeff Coulter* (1990), Edward Elgar, London, 1971, pp. 55 – 84.

解，而这些被涉及的表达（或行动）本身也具有索引性。任何一个表面上孤立的“表达”和“行动”都是一个“无穷无尽”的“索引链”上的一环，索引无尽头，就像“契约中未言明的条款”，永远不能达到一个最终的、不受索引性问题困扰的基础[①]；（4）行动的反身性（reflexivity）和可说明性（accountality）。“可说明性”，指的是行动者行为是可观察的，行动的某些部分可以被参与者或旁观者向他人描述，因此可以被理解[②]。“反身性”的是指行动者行动和说明的不可分性，也就是说人们通过主观反思说明行动的意义并形成交往互动的规则，此后又经由规则采取进一步的行动，二者的辩证关系构成了反身性。[③]

基于以上主张，常人方法学研究形成了一套系统的研究方法。在加芬克尔看来，日常生活具有其“想当然性”，普通人将维持行动进行的努力、方法和过程都看作是“理所当然”的，见怪不怪的。因此，要对这一“想当然”的日常生活及其行动者的日常行为进行研究，就要破坏这种“想当然性”，因此，加芬克尔在其研究中引入“破坏性试验”（Breach experiment）的研究方法，即在日常生活中引入或造成局部混乱，造成局部失范，以此来发现社会行动的内在组织过程。在具体研究中，常人方法学认为要改变自己对日常生活采取的自然态度，对寻常的日常生活进行解剖，以期重新发现民间社会的日常生活知识体系。为了达到这一目的，常人方法论者采取了“陌生化”（Ethno-

---

① 李猛：《常人方法学四十期：1954—1994》，《国外社会学》，1997 年第 2 期，第 116 页。

② Garfinkel，H.，Studies in Ethno methodology，Englewood Cliffs，1967，p. 1.

③ 李猛：《常人方法学四十期：1954—1994》，《国外社会学》，1997 年第 2 期，第 118—120 页。

methodological indifference）策略。[1] 所谓“陌生化”就是指研究者主体在调查过程中舍弃自身原有的普遍的常识性评价和判断，而去真实地关注被研究者的真实日常生活，并从中发现研究主体的日常实践逻辑。[2] 此外，由于行动有无止境的索引性，常人方法学使用“会话分析”（Conversational analysis）研究方法，从不试图为行动提供一个终结性的理论说明，将之作为日常行动遵循的模式，认为只有这样才能体现日常生活的真实面貌，在研究中常人方法学主张应当尽可能地显示日常生活的索引性。以上论及的常人方法学有关日常生活及行动者研究的理论及其主张的“会话分析”、“破坏性实验”、“索引表达”及“陌生化”研究策略于民俗学俗民主体的日常“生活世界”研究也具有十分重要的理论意义。

（二）社会角色分析

“人”的行动力和个人实践是本研究在日常生活研究中关注的重点。在对具体“莲池会”妇女的家庭和村落生活实践的分析中，本研究将主要运用社会角色的理论。实际上，社会学理论对微观层次的现象只是给予了粗略关注，直到20世纪初，欧洲和美国的理论家们才开始转而分析微观过程。实际上，社会结构最终是由个人的行为和互动所构成和维持的，他们因而开始致力于发现人际互动的基本过程，这便是“互动论”研究的开始，社会角色理论就植根于“互动论”的理论探讨之中。

---

① 李猛在《常人方法学四十年：1954—1994》一文中将“ethnomethodological indifference”译为“陌生化”，西村真志叶博士论文《日常叙事的体裁研究——以京西燕家台村的“拉家”为个案》将“ethnomethodological indifference”译为“异己化”，笔者沿用李猛“陌生化”译法。

② 西村真志叶：《日常叙事的体裁研究——以京西燕家台村的“拉家”为个案》，博士学位论文，北京师范大学民俗学博士学位论文，2007年，第12页。

哈佛心理学家詹姆斯（William James）是第一个注意到“自我”（self）概念的社会科学家。他发展了一套“自我”类型学，将“自我”分为：物质自我、社会自我和精神自我。詹姆斯的“社会自我”认为，人们关于自我的感知来自于社会的互动，这成为所有互动论者理论建构的一部分。库利（Charles Horton Cooley）发展了对“自我”的分析，认为自我从他人的观点中看到自身，并将之定义为“镜中我”（the looking glass self）：他人的姿态充当了镜子的角色，从中人们可以看到并衡量自身。库利还认为，自我是以群体为背景，在互动中产生的。他提出“首属群体”（primary group）的概念，用以强调以某些群体为参照之镜比投入另一些群体里，对于自我概念的产生和保持更为重要。

美国芝加哥大学的社会学家米德（George Herbert Mead）融合人类心智、社会自我、社会结构等相关概念，对社会互动的基本特征的理解做出了巨大的开创性贡献，提出了著名的“角色扮演理论”和“符号互动理论”。他通过对儿童游戏的潜心研究，在对个体如何获得心智的过程分析中，提出了想象性预演（imaginative rehearsal）、常规姿态（conventional gesture）等概念。他认为，通过接受和理解常规姿态，人们就可以对那些必须通过协作以求生存的姿态进行透视；通过私下解读和解释常规姿态，个体能够想象性预演有利于适应他人的行动方案。也就是说，通过将自身置于另一个人的位置，或通过角色领会，即“体味而理解他人的角色”的私下行动预演可以达到一个新的高度并进而增加与他人合作性互动的可能。米德认为，当一个有机体能（1）懂得常规姿态的意义，（2）通过这些姿态来领会和理解他人，并（3）想象性地预演可选择的行为，那么这一机体便获得了某种行动的“心智”。米德指出自我的发展有嬉戏（play）阶段、团体游戏（game）阶段和能够体味和理解“一般他人”的角色或“共有态度”三个阶段。在最后一个阶段中，随着“他人”总量的不断扩大，个人角色领会的能力也不断提高。每一阶段不仅意味着某一个体从角色领会中所得的短期自我想象的演变，而且标志着一种更为稳定的自我概念在进一步明确化，正是这个过程表征着自我发展的阶段。米德在运用社会角色这一概念时，旨在说明在人们的交往中可以预见的互动行为模式以及个人与社会的关系。以儿童游戏为例，米德认为儿童角色意识的形成主要经过三个阶段：1. 模仿阶段。米德认为，在孩子刚出生时，他们并未意识到自己与他人有区别。但随着对符号的理解，孩子开始简单地与他们的父母进行“手势交谈”，模仿父母的动作。有时会出现被父母拒绝受到挫伤的情况，这时他就会发现，他自己的思想和愿望同其父母的思想和愿望之间存在着差距。作为反应，孩子就开始“角色借用”——即想象自己处于他人的角色或地位，从而发展起从他人的角色看待自我与世界的能力。尤其是开始扮演“重要他人”，如父母、兄弟、姐妹、家里的亲戚朋友等角色。2. 游戏阶段。在二到四岁之间，孩子们开始做扮演他人角色的游戏，并通过游戏来实验重要他人所期待的态度和动作。在这些游戏中，孩子们开始把自己看作社会客体，即社会环境对个人的要求及个人对这种要求的领悟，“客我”在此阶段已产生，但孩子们并未把游戏中的角色看作是真的——他们仅仅是在做社会生活角色的游戏。3. 博弈阶段。发生在四岁以后，在此阶段，孩子们开始与家庭以外的许多人和团体发生联系，而且开始从外部把家庭看作一个自己生活其中的群体。孩子们开始关心自己在非家庭以外的整个社会中所扮演的角色。在他们的头脑中开始形成社会要求和期待的概念，即米德所谓的“概化他人”。当儿童能做到这一步时，他们已经将“社会”内化了，“客我”的形成过程就完成了。总的看来，米德认为角色是在与他人的互动过程中形成的，角色的表演并没有一个先定的剧本，文化只能为角色表演规定大致的范围。尽管米德对概念和理论的综合取得了很大的突破，但是他的理论未能令人满意地解决社会结构的参与如何影响个体行为这一问题。米德之后的社会学探索之一便集中于角色这一概念，个体被看作是在一个社会网络中扮演着与某一位置相联系的角色。基于这种观点，从20世纪20年代到30年代，深入理解社会结构和对个体在其中运作的研究和探索最后形成了角色理论。米德使得社会角色的研究成为社会学一个非常重要的研究领域，随后帕克（Robert Park）、默雷诺（Jacob Moreno）、林顿（Ralph Linton）、特纳（Ralph H. Turner）、戈夫曼（Erving Goffman）等学者也对社会角色进行了深入细致的研究。

罗伯特·帕克（Robert Park）是最早以强调角色来发展米德思想的学者之一。他曾指出：“无论何时何地，每个人都有意无意地扮演着某种角色。”帕克认为，角色与社会的结构位置相联系，自我则在人们多重角色的扮演中呈现，而各种角色又与社会结构中的位置相联系。默雷诺（Jacob Moreno）是最早形成角色扮演这一概念的学者。默雷诺认为角色和角色扮演的概念有助于将人际关系中的个人系统置于有意识的状态，他认为每个人都在扮演着具有高度创造性的角色，角色扮演具有社会性。默雷诺把角色划分为三类：一是“身生角色”，在其中，行为与一定文化条件下人们的基本生理需求相联系，角色设定是典型的无意识的；二是“心理角色”，在这种角色中，个体按照社会背景的具体期望行事；三是“社会角色”，在其中，个体要遵从各种常规社会类别（如工人、母亲等）的更一般的期望。在此，默雷诺将社会结构概念化为有组织的、要求个体按角色行事的期望网络。拉尔夫·林顿（Ralph Linton），美国文化人格学派的主要代表之一，他认为社会角色可以定义为“在任何特定场合作为文化构成部分提供给行为者的一组规范”。他区分了角色与地位，指出一个人占有的是地位，而扮演的是角色。角色扮演是一个身份或地位所代表的权利和义务发生实际效果的过程。林顿将社会结构置于个人行为之上，视社会结构为一个行为规范体系，个人则必须接受和遵循这些规范，越轨将受到惩罚。在每一次高度结构化的社会互动中，社会都为其提供了一个“剧本”，用以指导分配给不同社会成员的不同角色的扮演。角色的学习就是要领会某一特定身份被期待的或是必需的行为，换而言之，即把握好对具有某种身份的人的“规范”。可见，林顿特别重视社会文化因素在塑造社会角色中的显著作用。社会为个人提供了一个“剧本”，它全面地规定了各种成员要扮演的角色，学习一个角色就要了解对一个特殊身份所期待和要求的行为是什么。

特纳（Ralph H. Turner）认为早期的“结构角色理论”强调规范、社会地位和规范预期的设定，对于社会世界的看法基本上是结构泛化的，而且先前的研究也多将研究置于角色冲突与角色紧张的“失范”社会过程中，忽视了对人类互动常态过程的分析，并认为前期的角色理论与其说是理论还不如说是一系列前后不相连接、彼此之间没有联系的命题和经验的概括。特纳认为前期的研究没有将米德的角色领会作为核心概念来研究，基于此，他试图建构一种系统化的理论。在20世纪中叶的几十年中，特纳的研究提供了强调互动过程而不是受社会结构和文化脚本支配的角色论述。特纳对社会角色的构成过程进行探讨，认为行动者建构角色，并在与他人的交往中告知对方自己扮演何种角色。个人可以主动暗示自己正要或正在扮演的角色。对特纳而言，角色领会也就是角色建构，人们一般在三种意义上建构角色：（1）他们通常面临一个松散的文化结构，人们必须建构一个角色以扮演之；（2）他们假定他人也在进行角色扮演，所以努力建构隐藏在一个人行为背后的角色；（3）在所有的社会情境中，人们都试图寻求为自己建构一个角色，主要是通过向他人发出暗示，确认某一角色来实现。

欧文·戈夫曼（Erving Goffman）是20世纪后半叶在社会角色理论中最具创造性的理论家。戈夫曼把人类的互动比做剧场：人们是演员，他们通常愤世嫉俗地、欺骗性地相互演出节目，他们操作脚本、舞台、道具和角色以达到自己的目的。戈夫曼的主要著作《日常生活的自我呈现》注意到了文化脚本，或者说是标准化的规范；极大地强调了个人如何控制他人的印象并扮演角色；注重舞台和道具；强调上演（on stating）时的姿态、空间、道具。环境及各种其他物质的运用；自我是有条件的，他更多取决于文化脚本、舞台和观众。人们按照社会剧本的需要扮演角色，而他们的演出又受到对可能表露演员真实性格的疏忽十分警觉的观众的鉴定。在他看来，人类互动的主要特点是“印象处理”——即如何表现自己，使得人们能按自己的愿望看待我们。戈夫曼认为一些规则决定着我们在大庭广众之下表现自己的方式，强调了个人经验结构在角色扮演中的作用，详细地研究了人们制造印象以及别人根据自己的印象做出反应的过程。

社会角色理论给本研究以诸多启发。村落“莲池会”妇女是具有行动力和实践性的“人”，其在日常生活的“舞台”中因为社会情境不同扮演着不同的社会角色。本研究认为角色获得之后，不是一成不变的，其在不同“人”的表演和行动实践中获得不同的意义。角色在日常生活中通过个人行为以及个人应对得以自然呈现，本研究将首先展示“莲池会”妇女的多重角色实践，并进而着力在主位话语中展示其角色实践的复杂逻辑。虽为分析过程，但于文化主体实践者而言，这就是她们真实的日常生活实践。

六、本书的写作框架

本书是家乡民俗学的研究，作为一个探讨女性“角色实践”

的民俗志个案，选择笔者的家乡大理龙龛村为田野调查点，以村落女性及女性组织“莲池会”作为研究对象，采用个案研究的模式，通过对田野调查资料的运用，试图对两个相互关联的问题展开讨论：（1）作为个体家户成员，村落妇女如何在家庭及社区礼俗的规制和引导下以其角色实践习得各种祭祀知识并逐渐成长为一个“莲池会”成员；（2）作为“莲池会”成员，村落妇女如何作为一个日常生活的行动者和实践者构建着家庭礼仪和村落礼俗生活。具体的研究分五个章节展开：

第一章以村落妇女的日常生活实践为中心，从时间和空间两个角度交错展示本土概念中的“地方”及女人们的生活世界。通过对村落妇女口头神话传说、口述中“早些年”的个体生活史及当下村落生活的日常实践的描述呈现一个女人们日夜生活其中并凭借日常实践时刻构建着的多维动态“空间”中的“地方”。

“莲池会”作为植根于“地方”乡土生活之上的村社性别组织，对它的研究不能离开对地域及村落文化的探讨。第二章首先呈现“莲池会”存在的地域文化背景，大理多元的地域文化是“莲池会”存在的文化土壤，并进而在此基础上探讨“莲池会”的由来问题；其次，在村落“闲”风，尤其是村落人观的描述分析中，对村社组织的公共性以及村落妇女“入会”这一实践行为进行阐释，并探求妇女“走会”这一行为实践所导致的妇女个人的身心差异及其连带的家庭和社区角色转变；最后，在“莲池会”妇女的日常实践中对“莲池会”的组织结构、日常运作及口承经文等进行本体性的分析。

第三章“女性角色交替与‘莲池会’代际知识传承”首先展示“入会”前的村落女性如何从自己出生开始，在“小花童”、“女囡子”、“小媳妇”等的角色实践中习得并操演被视为“规矩礼路”的祭祀知识，考察村落女性作为“俗民”群体在日常生活中“被俗所化”的“社会化”历程；其次，考察在此“社会化”过程中具有双重身份，即作为家庭成员的祖母或母亲及作为村社组织“莲池会”成员的女性长辈，她们双重身份的角色实践在村落女性“社会化”过程中的能动性作用。村落女性逐渐习得并掌握具有“礼”之意义的祭祀知识的过程也是“莲池会”代际知识实现传承的过程。

第四章“‘莲池会’妇女家庭祭祀及其角色实践”旨在展示以“烧锅底”分家为节点的“掌家婆”和“老婆娘”的角色转换及其日常生活，进而描述具有双重身份的“她”如何为家户及家庭成员进行生命祭祀和节日祭祀等家庭礼仪活动，并在家庭祭祀及其角色实践中实现她“当家为人”的家庭经营。

第五章“‘莲池会’妇女村落祭祀及其女性群体实践”描述了随着分家而“卸任”的“老妈妈”家庭角色及其日常生活的转变。家庭内部角色的转变使得“老妈妈”的外部角色，即作为村社组织“莲池会”成员的公共角色得以凸显，她们凭借村社组织“莲池会”的公共性在村落祭祀中实践着村落的人生庆典礼俗和节庆传统，并以“莲池会”妇女群体的朝拜祭祀实践构建了“家户—社区—地方—社会”的“由内至外”的地域空间格局，从中一个跨越“家户”及“村落”社区的地域共同体得以形塑。

第一章　回到田野："莲池会"女人们的生活世界

"回到田野"，那定意味着书写者曾经"离开"或已经"离开"，它意味着一种空间上的移动，不论是现实空间的，还是思维空间的。事实上，这非常符合民俗学田野工作者民族志书写状况，即民俗学田野工作者在某地从事长时间的田野调查之后，他们或回到书房，或回到自己原来的居住地，关起门来开始整理各种田野材料，如访谈笔记、田野录音及图片等等，此后拿起笔或敲打键盘开始去写"彼地的人"、"彼地的文化"。此刻，笔者正从事着这样一种工作，试图回望自己的经历并运用已经获得的田野调查材料，将自己也将本书的读者们一起带回到田野工作的地点，去感受和理解"那里的人"、"那里的文化"。就本书的研究对象和书写主体村落"莲池会"妇女而言，笔者在书写的同时也试图再次去认识和理解她们。村落女人们生活在"那里"，而笔者和就要阅读此民俗志的你，只有回到"那里"才能看见她们、听到她们、触摸和感受她们。而"那里"便是村落女人们的"生活世界"，是她们身处其中并时刻实践着的日常生活。

第一节　大理：“莲池会”女人们生活的“地方”

在有关大理的日常表述中，分别有“大理州”、“大理市”、“大理镇”、“大理县”、“大理城”、“大理”等六种说法，其中，前四种属地方建制的行政区划范围，它们经常性地被付诸文书，载入各种官方和地方文献，但事实上行政区划作为地域范围变动十分剧烈，且远离人们的日常生活。“大理城”，当地人称为“城里”（zethed ［ze^{31} he^{21}］），方圆十二里，是大理坝子各类货品交易的主要市场之一。作为市场活动空间的“城里”是一个较为固定的场所，作为一个具象的地理空间，是“大理人”日常生活空间组成中的一部分。然而日常生活中最常使用的“大理”一词，则是一个较为抽象的概念，是当地人认同的一个地域范围。事实上，它的范围很难被界定，却又真实地存在于大理人的日常生活中。

一、“文献名邦”：自然地理与历史文化

大理白族自治州地处云南省中部偏西，海拔 2090 米，东濒金沙江，与楚雄彝族自治州相邻；南有澜沧江与临沧、普洱相连；西隔怒江和澜沧江与保山市和怒江州交接；北枕老君山与丽江市接壤，地跨东经 98°52′～101°03′，北纬 24°41′～26°42′之间，总面积 29459 平方千米，辖 1 市 11 县，即大理市、漾濞彝族自治县、祥云县、宾川县、弥渡县、南涧彝族自治县、巍山彝族回族自治县、永平县、云龙县、洱源县、剑川县、鹤庆县。大理市是大理白族自治州州府驻地，地处云贵高原上的洱海平原，

苍山之麓，洱海之滨，是以白族为主体的少数民族聚居区，面积1468平方千米，下辖大理镇、湾桥镇、银桥镇、喜洲镇、双廊镇、上关镇、下关镇、凤仪镇、海东镇、挖色镇等10个镇和1个民族乡，即太邑彝族乡。大理地处低纬高原，昼夜温差小，四季温差不大，"四时之气，常如初春，寒止于凉，暑止于温"，气候温和，年平均气温在15℃左右，降水量1056毫米，非常适合农作物生长。水稻、蚕豆、玉米、小麦、马铃薯等是大理最主要的农作物。农业生产基本一年两熟，实行大小春轮种制，基本使用人力和畜力，工具比较简单，属于典型的精耕细作。近年来，大理旅游业蓬勃发展，至20世纪90年代旅游业已经成为大理最主要的支柱产业之一。

大理是我国西南边陲战略要地和滇西政治、经济、文化中心，素有"文献名邦"、"亚洲文化十字路口的古都"的美誉。远在4000多年前，大理地区的点苍山麓、剑川剑湖海尾和巍山一带，就已经生活着原始居民。自20世纪30年代以来，在以洱海地区为中心的200多千米范围内，已经发现或发掘出新石器、金石和青铜器遗址近百处，其中以白羊村文化遗址、大理佛顶、马龙等文化遗址、剑川海门口文化遗址、祥云大波那文化遗址等最为典型。据文献记载，早在先秦时期，大理地区已经出现了以从事农业生产为主的部落，出现了不同的族称，如僰，叟、昆明、白蛮、乌蛮等，大理的多民族性在此时已经形成。

西汉武帝时期，张骞出使西域，促使汉武帝探索从西南前往印度的"蜀身毒道"，开始经营西南边疆，公元前109年在大理地区设叶榆县，是中原王朝最早在云南设县的地区。公元67年，东汉设立"益州西部都尉"，管辖叶榆、云南等地区，属永昌郡。三国时大理地区臣服于诸葛亮的南征军，设立了蜀汉云南郡。南北朝时先后属河阳郡、西河郡。当时，白族已大致形成，并在洱海边建筑了多座城邑。

唐初，洱海周围的坝区居住着被称为“河蛮”的农耕部落，其中最大的有“六诏”：蒙巂诏（今巍山县北部至漾濞县一带）、越析诏（今洱海东部宾川县境）、浪穹诏（在今洱源县附近）、邓赕诏（在今洱源县邓川坝）、施浪诏（今洱源东北）、蒙舍诏（今巍山）。六诏之中，蒙舍诏居南，故称南诏。公元 737 年，南诏王皮罗阁征服了其他五诏，统一了洱海地区，建立了南诏国，将都城从蒙舍（今巍山）迁至太和城（今大理太和村），并以此为基地，继续征服周边地区，控制着今天云南省的大部分地区。南诏与唐王朝之间时战时和。750 年到 754 年，唐先后派大军攻打南诏国，南诏王阁逻凤与吐蕃结盟三次大败唐军，史称天宝战争。779 年（唐大历年间），南诏迁都羊苴咩城（今大理城）。唐德宗贞元十年遣节度使前往南诏，与南诏王异牟寻“点苍山会盟”以再度恢复和平。南诏国在大理境内统治时间长达 163 年之久。

公元 902 年（唐昭宗天复二年），南诏权臣郑买嗣夺权，建立“大长和国”。927 年，杨干贞扶持赵善政建立“大天兴国”，随后又自立为王，建“大义宁国”。公元 937 年，通海节度使段思平推翻杨干贞政权，建立了号称“大理国”的政权。大理国佛教极为兴盛，浮屠广布，甚至国王也避位为僧。大理国历经了 316 年后于公元 1253 年被元世祖忽必烈亲征所灭。1274 年，元朝在押赤城（今昆明市）设置云南行省，大理路及太和县隶属于云南行省，从此云南的政治中心便由大理转移到了昆明。

公元 1381 年，明朝朱元璋派傅友德为帅，蓝玉、沐英为副，调集 30 万大军进攻云南，攻占昆明、大理。大理路改为大理府，仍治太和县，并筑新的府城，即今大理古城，实行改土归流和军屯制度，随傅友德、蓝玉、沐英入云南的军队，大部分留戍云南，后又将军队家属也遣送至云南。公元 1659 年，清军攻占云南，沿袭明制。公元 1856 年，云南爆发杜文秀回民起义，起义军攻克大理城，在大理建立元帅府。1872 年，大理城被清军攻陷，农民起义政权坚持了 16 年之久。

1911 年，武昌起义成功。同年 10 月，昆明起义成立了大中华民国云南军政府，裁撤大理府，太和县则改名为大理县。1950 年大理县析置下关市。1956 年大理白族自治州成立，1983 年下关市与大理县合并设立了县级大理市，下关为大理州州府驻地。

大理白族自治州是一个以白族为主体的少数民族自治州，全州现有总人口 345.6 万人（2011 年末），少数民族人口 181.66 万人，占总人口的 51.22%，其中白族 119.8 万人，占总人口的 33.77%，汉族约占自治州人口的半数左右。大理市是以白族为主体的少数民族聚居区，境内居住着白族、汉族、回族、彝族、藏族、傈僳族等 25 个民族，全市总人口约 60.75 万（2010 年），人口比例为：白族 65.1%，汉族 29.0%；回族 2.7%，其余主要为彝族、傈僳族、纳西族等少数民族。大理白族人都称自己为"民家人"，称所操白语为"民家话"。大理地区是一个双语区，一般人都会说白汉两种语言。大理地区的白族人大多以白语为母语，汉语多在学堂、经商中习得。由于历史上大量汉族人不断融合于白族之中，而白族人又长期学习汉族文化，因而白语中有大量的汉语词汇，大部分白族人通晓汉语，而居住在白族地区的汉族人大多也能使用白语；白族曾一度使用汉字变体的古白文，白文"山花碑"就是其中的代表之作，但是没有长久流传下来，汉文一直是白族地区所习用并通行的文字。

二、"妙香古国"：传说记忆里的"地方"

上文论及的有关大理的详细行政建制和历史沿革，只有那些"上过学堂，读过书的人"才能知晓一些，他们被誉为村里的

“文化人”，能写对联、装裱“中堂”① 并在“照壁”② 上题字画画。而于大多数的大理人而言，在他们有限的地方史知识中却几乎人人都知道“南诏”、“大理”，尽管已说不清分不明年代的先后和久远，但是在他们的日常聊侃中每每会提起，或就在田间干活抬头看见“三塔”③ 的当儿，或就在走过大理古城城墙城门的时候。历史，于村里人来说，是遥远的，却又是时时经历着的。那些有关“地方”的传说和故事就是村里人对自己日夜生活的地方的理解和解释，那是村里人对地方历史的遥远记忆。

对于这“地方”的土地，村里人都说“地是观音赐的”。在大理，几乎人人知道《观音伏罗刹》传说：

> 很久以前，大理这个地方被罗刹占着，罗刹很坏，专门挖人眼睛，吃眼睛就跟吃海子里的螺蛳一样，百姓生活很苦……观音听说了，变化成僧人与罗刹很要好，时间久了就说向罗刹在大理借一块地立足。罗刹问观音要多少地，观音说只要自己身上的袈裟一铺，随身牵着的小黄狗跳三跳的地方就够了。罗刹一想地方不大，便答应了，在观音的要求下还请了证人张乐进求，写下了

① “中堂”是一幅悬挂于堂屋正中央的刺绣画轴。画轴大小长约为 2 米，宽约为 1.2 米，使用彩色丝线刺绣而成。图案一般为“福禄寿”三星、松鹤延年或仙女送祥等。画轴左右两侧分别配有长约为 2 米，宽约 0.3 米的毛笔书写的金粉对联。“中堂”刺绣画轴一般在房诞礼时由媳妇的娘家人作为贺礼赠送，在画轴对联的空白部分有金粉毛笔字书写的敬贺人姓名。

② “照壁”为白族建筑的重要组成部分，一般位于建筑中央堂屋的正对面。“照壁”具有采光和辟邪的双重作用。白族“照壁”装饰彩绘十分精美，正面一般用毛笔彩绘各种具有吉祥寓意的花草虫鱼鸟兽进行装饰，背面多用黑色毛笔书写大字以明家姓及家风。

③ 大理崇圣寺三塔，始建于南诏丰佑年间（824—859），为 1961 年 3 月国务院第一批公布的全国重点文物保护单位。

字据，以防反悔……殊不知，观音袈裟一铺就盖满了整个大理坝子，小黄狗跳三跳就从上关跳到了下关。罗刹想要反悔，观音就把他锁在一个石洞内，并用大石头封住了洞口。现在，湾桥上阳溪还有罗刹阁。如今"一街赶千年，千年赶一街"的"观音古市"三月街，相传就是当年观音制伏罗刹之后，人们聚集庆贺的地方。①

又有"观音开辟大理坝"的传说曰：

相传以前白族人住在山上，观音想帮他们住到坝子里来。观音老母找到洱海龙王想向他借地方。龙王提出要为他建一座由玉石砌墙的"五华楼"，观音答应了。观音把"五华楼"建在鳌鱼的背上，并在上面种了一棵玉白菜，玉白菜长得象一朵莲花托着袈裟，这便是观音借来的地。观音出了洱海龙宫，来到斜阳峰，看到自己借来的地还是一片片汪洋大海，于是就把岩石戳了一个大洞，海水从山洞涌出，淌了七七四十九天，终于露出了大理坝。人们搬到坝子，在这里建起了村子，定居下来，日子过得很好……只担心建不好玉石雕砌的"五华楼"。观音告诉人们，就地取材，只要苍山经过火龙来炼，就有永世都用不完的玉石。在鸡足山大睡佛的帮助下，苍山石头炼成了，这就是"大理石"。于是

① 被访谈人：ZGZ，男，白族，1953 年生，大理庆洞庄人。访谈时间：2011 年 4 月 23 日；访谈地点：庆洞庄 ZGZ 家中。

人们用大理石盖起了“五华楼”。[①]

这便是大理人口里常说的“观音让鳌鱼驮着大理坝子，并在它的鼻子里放了瞌睡虫，让它不醒来。鳌鱼动一动，大理地界就该地震了”[②]。

传说观音开辟大理坝之后，还为大理选了王：

……观音收服罗刹之后，为选择大理国王，来到巍山找到了细奴罗。细奴罗当时犁田去了，母亲正煮粥给他送去，观音化身成和尚向她讨吃的，两次煮好的饭都给观音吃了。第三次将饭送到田里，观音又来讨吃。细奴罗便又给了他。和尚说要细奴罗一根牛档，细奴罗想一根牛档没有什么的，回家还可以再做，于是便答应了。和尚从背上取下宝剑，叫细奴罗往牛档上砍，细奴罗便在牛档上随便地砍了十三刀。观音便说：“你从今就是白王了，要延续十三个朝代。你就在家等着，过两天妙香国的人会来接你的。”话说完就不见了。果然，三天以后有人便来迎接他们母子，细奴罗当了国王，他的后人在大理当了十三代的王。[③]

“地”是观音开辟的，“王”是观音选的，就连大理境内的“民”也是观音保的：

---

① 被访谈人：DSC，男，白族，1938年生，大理河矣城村人。访谈时间：2011年5月7日；访谈地点：喜洲河矣城DSC家中。

② 被访谈人：HZL，女，白族，1929年生，大理龙龛村人。访谈时间：2009年8月12日；访谈地点：龙龛村HZL家中。

③ 被访谈人：ZGZ，男，白族，1953年生，庆洞庄人。访谈时间：2011年4月23日；访谈地点：庆洞庄ZGZ家中。

相传古时有敌兵攻入大理，官兵到了半山腰，忽然看见一个老妇人用草绳背着房子大的石头从山坡上下来，就问："老大妈，你怎么背得动这么重的石头呢？"老妇人回答道："啊！这算什么？我老了，背不动了，我儿子背的比这大多了呢！"敌人吓得直打哆嗦。老妇人离开了，当晚敌军驻扎的地方就山洪暴发，敌军都被洪水冲走了。敌军就这样被消灭了。大理城南的七里桥却从此留下了老妇人背来的大石头。后来有人说，那妇人是观音老母，石头是她背来的。于是，人们在大石头上建了一座石阁，供奉观音菩萨。这就是现在的"大石庵"，也叫"观音堂"。①

就连"已经说不清从什么时候"开始的女人们的"会"，大理人也说"那是观音传下的"：

观音菩萨来到大理讲经说法，一开始的时候讲经，来听的人很少而且全是男的……后来观音大士便专为妇女们讲经，讲的就是"莲池经"，听的妇女非常多，渐渐的我们大理这里就有了"莲池会"，各个村子都有。②

村里人的传说，说到大理，总会谈到观音。在大理人看来，似乎这里的一切都和观音有关，大理的地、大理的王、大理的百姓，

① 被访谈人：WJZ，女，白族，1926 年生，龙龛村人。访谈时间：2009 年 8 月 14 日；访谈地点：龙龛村 WJZ 家中。

② 被访谈人：ZDD，女，白族，1943 年生，庆洞庄人。庆洞村 4 社"莲池会"的"经母"。访谈时间：2011 年 4 月 20 日；访谈地点：庆洞庄本主庙内。

以致于大理的庄稼①、大理下关的风②、苍山的雪③、洱海的月④

① “五十石村”的传说：相传观音化作一老人到洱源罗坪山化斋。起初人们不肯给她，后遇子母二人正吃晌午饭，见老人来，便请她吃饭。老人说：“你们请我吃斋饭，我自有补报。”吃完饭后将石块丢进田里，用白语说：“到秋天收谷子五十石。”说完就走到山中去了。到了秋天，那家人果然收了五十石。罗坪山后至今还有一个“五十石村”。讲述人：ZQ，男，白族，1943 年生，龙龛村人。大理地区远近闻名的塑佛匠人。访谈时间：2010 年 8 月 16 日；访谈地点：龙龛村 ZQ 家中。

② “下关风”的传说：相传罗荃法师把猎人打入洱海变成石螺子以后，公主化作一朵美丽的望夫云。她想用大风吹干洱海的水，救出她心爱的丈夫。但是到哪里去找这么大的风呢？观音娘娘十分同情公主，于是观音自己背上了干粮，找到了风仙，借来了九瓶大风。可是这件事情还是被罗荃法师发现了。他换上了又脏又破的衣服，装扮成一个可怜的渔夫，躺在下关的路边，拦住了去路。他对观音说自己是个渔夫，如今风浪太大，进不了海，生活没有着落，快要饿死了。好心的观音对他说，那就到她家去住吧。两人一前一后回到家里。观音把风瓶放下生起了火让他烤火，自己走进灶房做饭去了。就在这个时候，罗荃法师偷走了六瓶风，跑到房子外面把风偷偷地放了。这一来，下关从此就有了呼呼的大风了。观音听到风声，连忙从灶房出来，但是已经赶不上了。观音把剩下的几瓶风给了公主，但是因为风力不够，不能吹开洱海水，不能把猎人吹出来，只能使他稍稍露一点头出来，望望玉局峰上的公主，却再也不能和公主相聚了。讲述人：ZQ，男，白族，1943 年生，龙龛村人。大理地区远近闻名的塑佛匠人。访谈时间：2010 年 8 月 16 日；访谈地点：龙龛村 ZQ 家中。

③ “苍山雪”的传说：古时候，大理受到敌人入侵。大理四面山河险要，易守难攻。敌军的一个首领看到点苍山，就说只要从背面登上点苍山就可以居高临下，攻下大理。于是便把兵都调到了漾濞，妄想一夜之间翻越苍山攻占大理。大理国王已经预知此事，决定第二天调集兵力固守苍山顶。不料当天晚上，敌军抢先出动，纷纷从苍山背后爬上山来，而大理国的守军才到半山腰，眼看着敌人就要冲下来了。紧急关头，观音老母知道了，飞入天宫，请了雨师雪神，前来助战。顿时，大雨倾盆，敌兵寸步难行，只好歇宿在苍山顶上。到了半夜，大雪又纷纷飘下，盖住苍山，把敌人统统冻死在苍山的雪海里。就这样，大理城终于保住了。讲述人：ZQ，男，白族，1943 年生，龙龛村人。访谈时间：2010 年 8 月 16 日；访谈地点：龙龛村 ZQ 家中。

④ “洱海月”的传说：洱海里有一条大黑妖龙为非作歹使得渔民们有船不能进。观音老母看到这个情况就从天空扔下一只金盆子。盆子上有一条链子捆住了大黑龙，把它镇在海底。从此，金盆在洱海里就变成了一轮金月亮。后来有个渔夫打鱼的时候拉到了一条金链子，知道是用来捆大黑龙的，所以就把它放回来原来的位置。没想到这件事情一传十十传百。一个财主找到了渔夫，毒打渔夫让他答应为他打捞金月亮。一串串的金链子装满了一船又一船。财主还不满足，一直拉，终于拉动了大黑龙，大黑龙疼痛难忍，掀起巨浪，财主一家老小都被活活淹死在洱海里了。观音老母看清了人间财主贪婪的黑心肠，于是拿出了金银针，绣了三个月零三天，绣出了一幅美丽的花手帕，把金月亮盖住了。从此，金月亮只能映照海底，不再亮海面了。讲述人：ZQ，男，白族，1943 年生，龙龛村人。访谈时间：2010 年 8 月 16 日；访谈地点：龙龛村 ZQ 家中。

都与观音有关。或许，这就是大理人独有的对"地方"及其风物的认知和解释。他们对官方历史是"陌生的"，然而，不识汉文典籍、没有阅读和书写能力的"他们"和"他们的祖辈"，却用自己特有的方式述说着关于"地方"的另一段"历史"，这历史似乎已经离他们太过遥远，再也难以寻觅观音造物、沧海桑田的踪迹；却又似乎离他们如此之近，他们时时都能找到地方传说的影子，那或许就是苍山上的云雾①、坝子里的村庄②、田野里

① 例如"玉带云"、"望夫云"等。"望夫云"的传说：南诏阿凤公主与苍山上的一个猎人相爱，父王反对便请来了罗荃法师将猎人打入海底变为石螺，公主悲愤死于苍山玉局峰上。公主死后精气便化为一朵白云，发誓要将洱海海水吹开和丈夫相见。于是，后人便把这朵云彩称为"望夫云"。在大理，如果苍山玉局峰出现"望夫云"，洱海就会狂风大作。"望夫云"消散后，洱海又风平浪静。据说，这是阿凤公主已见到海底石螺苍山猎人。另一种情况则是狂风大作之时，苍山顶上乱云飞渡，涌出了更多的乌云与"望夫云"融为一体。于是，风雨交加，闪电雷鸣，这种现象要延续很长时间才会停止。有人说，这是因为阿凤公主一直未见到海底石螺而愤怒不止。是猎人石骡子被压在洱海海底之后，公主与丈夫再不能相见。公主天天在玉局峰上哭泣，最终化为了玉局峰上的"望夫云"。在大理，只要玉局峰上的巨大云团"望夫云"升起，那么渔民就不能到洱海捕鱼，因为洱海一定会起大风。讲述人：ZQ，男，白族，1943 年生，龙龛村人。访谈时间：2010 年 8 月 16 日；访谈地点：龙龛村 ZQ 家中。

"玉带云"的传说：观音借向洱海龙王借大理坝子时，答应要为他修一座用玉石建造而成的宫殿五华楼。大理坝子借来了，观音便请鸡足山的大睡佛帮忙炼玉石用来修建宫殿。大睡佛送给百姓两件宝物，一条红丝带和一面铜镜。他腰上的红丝带是一条火龙，用酥油在龙的头上点一盏灯，就有炼制玉石的熊熊烈火，但睡佛叮嘱一定要注意把油添足，千万懒不得，不能让火熄灭，否则玉石就炼不成；另一件是铜镜，它的作用是给玉石以各种色彩。睡佛说炼七七四十九天能出好石头，但是要炼一百天才能出玉石，所以千万不能大意。百姓们回到大理用丝带绕了苍山，点燃了油灯。忽然之间整座苍山的岩石都被染得通红，好看极了。大家让年轻力壮的小伙子把铜镜挂在十几丈高的树干上。炼啊炼，大家都累得要死了，一天要添三十六次油，多少人累得死去活来。熬到第九十八天，能点灯的人全部睡着了，而且酥油也全部用光了，人们只能眼巴巴地看着油灯燃尽。到第九十九天，太阳升起来，红丝带不再发光了，颜色越来越淡，然后变做了一条白云，缠绕在苍山的山腰，这就是人们所说的"玉带云"。一百天，人们怀着侥幸的心理开始开采玉石。人们惊异发现石头居然炼成了，是一种不同于玉石的又白又柔、又细又美的，其中还有很多的山水虫鱼图案的石头，这就是"大理石"。于是人们就用这种奇美的大理石盖起了象洱海龙宫一样精美的"五华楼"。讲述人：ZQ，男，白族，1943 年生，龙龛村人。访谈时间：2010 年 8 月 16 日；访谈地点：龙龛村 ZQ 家中。

② 在大理坝子几乎每个村落都流传有关于村庄来历或村落本主神的传说。

的巨石[1]……他们一遍遍讲述着传说，而传说也似乎就在大理人的日常生活中不断地被经历和实践着。

三、“东西南北”：日常生活中的“地方”

大理作为一个行政概念，对大多数的村里人来说都是模糊的，他们对大理没有明显的地理和方位界定概念，在他们看来，“大理坝子，西头到苍山，东头到洱海，而南边到了下关，北边出了上关就不是大理地界了”。在他们的观念里，大理从来都不是一个清晰的地理和区域的概念，而是他们在日常生活中时刻实践并构建着的“地方”。

在村里的女人们看来，大理的“西边”就是苍山。她们会指着夏日午后玉局峰顶升起的巨大云雾给自己的孩子和孙儿们讲述“望夫云”[2] 的故事，也会指着半山腰的“玉带云”讲述有关观音和“大理石”[3] 的传说。对她们而言，苍山是神秘的，那里不仅有变化莫测的天气和风景，而且也是她们已故的祖先和亲人安居的地方。苍山上埋着她们已故的家人，或是他们的父辈，或是她们的丈夫，有的还是小小夭折的孩儿。还能爬得了山的老奶奶每年都和自己的家人一起去苍山上坟扫墓，而再也走不动山路的老妇人便只能交代自己的儿孙们去“山上看

---

① 传说：大理马久邑村村民田中有块巨石，传说是观音制服罗刹开辟大理坝时，观音与罗刹书写合约时使用的砚台。罗刹反悔，一脚将砚台和毛笔踢翻，砚台落到了大理城北马久邑村的田里，毛笔则落到了北面更远的地方。因为巨石很占地方，村民试图将其移走，但传说参与者都因此病得不轻。因此，巨石一直还在原处。讲述人：ZGZ，男，白族，1953 年生，喜洲庆洞庄人。访谈时间：2011 年 5 月 5 日；访谈地点：喜洲庆洞庄 ZGZ 家中。

② 参见“望夫云”传说注。

③ 参见“玉带云”传说注。

看，清清坟头的杂草"，那就是她们熟悉的最西边的地方。在她们"没结婚，刚结婚的那些年头里"还是"大集体的时候"，她们三三两两的约着去为生产队"捞松毛"①，"那时候爬到半山腰也是很快的。比人还高的松针一会儿就'打'好了，到时候就是闲了"，各自拿出饭盒，吃着简单的饭菜，寂静的山林里充满了她们的歌声和笑声。至于苍山山顶是很少有人上去过的。因为山路艰险，年轻时候上去过的人，都会为自己平生只有一次或两次的经历夸夸奇谈，并成为她们此后一辈子值得夸耀的经历。

山脚下不远的地方便是大理城。这个被她们称为"城里"的地方方圆十二里，是她们日常赶集的地方。大理集市，七日一街，每逢初二、初九、十六、二十三便是"街子天"，她们能在那里买到平日里大理街上买不到的东西。田里劳作使用的锄头、铲子、镰刀等农具、时令蔬菜栽种的菜籽菜苗、家里圈养的猪仔鸡仔、牛犊马犊、家里清扫用的笤帚撮箕、日常缝补所需针丝绣线等等，一应尽有地能在"城里"的集市上买到。尽管现在大理经济发展，日常穿戴的衣物和日用品在不是"街天"的"城里"也能买到，但是女人们都习惯了有事没事儿的在赶集的日子里去逛逛，在那里或许就能碰到看了很久都没买到的商品，或者遇上自己外村的朋友。儿时朝夕相处的她们嫁到不同的村子，平时却难得一见，一聊便是半晌，喜不自禁。和家里老头一同赶集的女人们习惯去一个叫"文化馆"的地方，那里有宽阔的草地，还有亭台以供乘凉，是晴天里腿脚累的时候休息乘凉的好去处，也是下雨天里遮风避雨的好地方。"城里头的"老年人也喜欢在那里聊天下棋，很多时候还能碰上志同道合的聊上一会儿。

① "捞松毛"，大理地方土语。"松毛"即为成年松树落下的松针。大理苍山上有很多松树，当地人经常会到苍山上收拾松针，用于点火做饭等。

村里人从走路去“城里”，到搭乘“小马车”、“面包车”进城，如今都已坐上城乡公交专线车了。年老的妇人们有时会因为晕车而发牢骚，宁愿选择步行，而年轻一辈的女人们则即使再有空闲也不愿意跟着她们走着去。但无论如何，村里人白日里出去，太阳落山之前一定回到家里。

相对东边而言，西边是繁华的，那里是“城里”，交通方便，四通八达。而东边，只有静静的洱海。洱海东岸的村子在早些年还有船出来，他们在洱海西岸的村庄码头停靠，在附近的村庄或西头的“城里”做点小买卖。这些船每日清晨六七点到达，下午四五点左右离去。每日船来，都会带来海东花猪仔、洱海鱼、红薯、“火把梨”、“霉豆腐”、青梅子等海东特产，因为土地贫瘠蔬菜种植极难，因此，在每日下午西岸村庄的码头附近都会有各种各样的时令蔬菜售卖，海东人都会买一些回去。洱海东西两岸都是白族人，所以语言是互通的，但是村里人能从那么几个特有的词和发音中准确判断“哪个是海东的”。开船之前的生意是最红火的，村里人希望将所有带到海边的东西卖完，而海东人又想多买些菜蔬回去，或自己吃或送朋友。要开船了，艄公在船上叫唤，可是总有那么几个倒霉鬼上不了船，他们在“城里”或路上耽搁太久，已经搭不上回程的船了。有时幸运，经过几分钟的叫喊和呼唤，艄公终于回船搭了他，有时因为船已离得太远，他只能在村里借宿简单过一夜，搭第二天的船回家。但是，对他们而言这有时候是好事，他们因此和很多海西头的村里人成了好朋友，有时也成了“打老友”① 的“亲家”。但是这好似已经是早些年的事情了。大理环海公路已经在1995年通车，“海东人去大理下关都是坐汽车了，现在很少有船出来了。不过偶尔还

① 年龄相仿的同性男女结成兄弟或姐妹。

能买到海东婆娘的鱼，那可就贵着呢"①。而先前停靠船只的村庄码头也已经重新修建，而今已成了村里人洗涮东西，孩子们游泳玩乐和"外边人"看洱海景致的好去处。

对村里的女人们来说，东边便是洱海。每天清晨，她们到这里来担水，你来我往，村里通往海边的小路总是湿漉漉的，路边的石板长出了淡淡的青苔。而今，家家户户都通了自来水，但是很多女人还是习惯在日出的时候来海边挑水，她们总说"海子里的水煮的米饭颜色白"；而当她们同丈夫孩子一起将田里的菜蔬用手推车拉到海边清洗的时候，这里已经聚集了很多收拾菜蔬的同伴，她们或光脚入水或着长筒雨靴踩着带着青苔的石阶缓慢而有序地清洗着菜叶和菜根上的泥巴；午饭后孩子们便在海边玩开了，女人们招呼着不许他们往海子深处游泳，淘气且勇敢的男孩不管母亲和奶奶的招呼径直往前游，而胆小的男孩和女孩则卷着裤腿在浅海处慢慢捡拾水草和贝壳。村里的女人们会在闲暇的午后来岸边洗衣服或聊天，她们在这里聊着自家的和别人家的"那点儿事"，而如果有小孩在场，她们也会给孩子们讲述"洱海公主与石螺子"的传说。然而，东边的洱海，其实于她们而言，只是一个海边，她们没有往更深的地方去过。即使在孩童时代，她们中水性好的孩子也没有游得太远，"深处的海子是挺让人害怕的，你看着海是平的，但底下水流急得很"② 而在十五岁之后她们就几乎没再下水游过泳，她们都遵守着来自长辈的交代"女孩子家大了就不该随便去海子里疯了"③。因此，海子对她们

① 被访谈人：ZTB，男，白族，1956 年生，龙龛村人，龙龛村第 4 村民小组组长。访谈时间：2011 年 8 月 10 日；访谈地点：龙龛村 ZTB 家中。

② 被访谈人：ZYB，男，1953 年生，龙龛村人。访谈时间：2010 年 8 月 23 日；访谈地点：龙龛村 ZYB 家中。

③ 被访谈人：HJM，女，白族，1953 年生，大理龙龛村人。访谈时间：2011 年 7 月 6 日；访谈地点：龙龛村 HJM 家中。

来说是亲切的也是神秘的。她们中的大多数人都没有往洱海的更深处走过，即使去过也是同自己的男人一起。有时，即使对家里的男人们而言，海子都是很危险的。她们说“集体的时候”男人出海去临近的下关载货，海上起了大风，船来不及靠岸就被吹到了海的东面，海风一直不停，好几天没了音讯。那一次，她们担心坏了。在20世纪90年代，村里出海捕鱼的几个男人说是遇上了大风浪，船翻了就再也没有回来，每每提起此事，几个女人都是以泪洗面。村里的女人们对海子的感情是复杂的，相比每年仅去几次的西边的山，东边的海子让她们感觉更加亲切。她们经常说，“人穷水不穷，人欺水不欺”，海边就是女人们日常拾掇家务洗洗涮涮的地方。天黑的时候，还在海边浅水滩上洗涮的女人们时常会彼此讲起“洱海月”的传说，谈着笑着，通向村里的湿漉漉的小路上留下了一个个女人月光里的背影。

西边的山，东边的海，而至于“南头”和“北头”，村里人习惯性地称呼那里的人为“洱源人”、“剑川人”、“鹤庆人”等，或者就干脆一并简单地称为“外县人”。南北两头在村里人看来，总是没有大理那么“好在的”。他们总说“祥云坝子大，但是没水，宾川天气太热不能在……大理好啊，有洱海从不缺水，有海子在着，气候也好”。实际上，在村里人的日常生活中，他们很少使用“大理”这个地名，而更多代之以“城里的”、“村里的”、“南头的”、“北头的”、“山脚下的”、“海边上的”或者“XX村公所的”、“XX村的”等等这样的地方称谓，“大理”和“大理人”这样的词汇，只有在跟“外县人”、“外省人”打交道时才会使用。

“大理啊，好地方嘛，文献名邦。不是有首歌就唱《大理三月好风光》嘛。苍山洱海，我们白子白女的……你看老皇爷都住这里嘛，大理人在这点，气候好啊，风景也好，人也好！（笑）"①

"大理是个好地方啊，这里气候好，热也不怎么热，冷也不怎么冷。比那些大城市好多了，比外国也好，你看外国人都来我们这里过的。苍山洱海三塔寺的，你看那些外省人不都来我们这里旅游……恩，外边难在，外地人租房子都在这里住呢（脸上有掩饰不住的神气的表情）。"②

这是"大理人"对自己生活地域的一般描述。或许，在"大理人"那里，一个"好"字包含了太多的含义。也许，这也就能解释村里人所说的"大理人都是'家乡宝'，出去了的都会回来"。

大理是个好地方，苍山脚下好风光；大理洱海游一游，各个地方来串串。

大理城墙团团转，四个古城在中间；大理有个州政府，还有一条洋人街。

邓川有个奶粉厂，剑川有名石宝山；大理有名三塔寺，下关有个小团山。

大理有名崇圣寺，山清水秀人人夸，五朵金花在大理，各个地方来看她。③

---

① 被访谈人：ZDD，女，白族，1943 年生，现年 68 岁，喜洲庆洞庄人，庆洞村 4 社经母。访谈时间：2011 年 5 月 10 日；访谈地点：喜洲庆洞庄 ZDD 家中。

② 被访谈人：ZGZ，男，白族，1953 年生，喜洲庆洞庄人。访谈时间：2011 年 5 月 5 日；访谈地点：喜洲庆洞庄 ZGZ 家中。

③ 被访谈人：ZZW，女，白族，现年 76 岁，下鸡邑村人。访谈时间：2011 年 5 月 27 日；访谈地点：马久邑村外"花园子"。此曲据 2011 年 5 月 25 日下鸡邑村"绕三灵"中"莲池会"花柳树队伍所提供的现场歌词整理，歌词为鸡邑村"莲池会"ZZW 本人自编而成。

“大理人”经常与“外边的人”来往。村里的伙子大了，就要“到外地出门”，他们到洱源、剑川、云龙等县份上做“泥水匠”、“木匠”、“石匠”等盖房子的活计，因此南头北头的姑娘也就时有嫁到大理村里做媳妇儿的。“到外地出门时间久了，走的地方多了”，村里人从口音就能很容易知道“外地人”究竟来自“哪个县、哪个省”。嫁到村里和入赘“上门”的“外地人”大多是汉族或白族，“新人们”一般都很难用当地“民家话”和村里人交流，但是“日子长了，就都会了，不说的，也都能听懂了”，而“日子久了，外地媳妇儿、外地姑爷儿也成了大理人了”。

因此，大理，作为一个地方，既是抽象的，也是具体的。对村里人而言，有时是极大的，大到囊括了中国，囊括了世界。从20世纪80年代开始，大理就不断地有人前来旅游。他们到“城里”看古城，到城外看三塔、蝴蝶泉，也到海边游泳看风景，村里人操着“白普”[①]热情地和他们交流，现在来的人是越来越多了，几年前村里已经办起了小客栈和“农家乐”接待游人了。大理“城里”的“洋人街”有来自世界各地的“老外”居住。村里人也会时常“学学老外，在洋人街上喝点贵得要死的咖啡和吃吃甜不甜咸不咸的匹萨”，有时也会在菜市场的街头与老外操着彼此不懂的语言，双手双脚地比划艰难但又快乐地交流；而有时大理又是很小的，它只有12个县份，“大理人”在这里赶“三月街”[②]、逛“骡马会”[③]、过火把节，有时大理只是一个个村庄，村里人在这里挖地种田打渔晒网，而在更多的时候，大理就是那一个村里人日夜生活着的，在这里结婚生子、娶媳妇嫁闺

① 夹杂着白族口音的普通话。

② 三月街，又称为“观音市”，农历三月十五到三月二十二日在大理举行。

③ 骡马会，农历七月二十二前后在大理鹤庆松桂举行。

女的三间房一个院的家。

第二节　龙龛："莲池会"女人们的生活"现场"

民俗学是"感受之学"，作为其研究范畴的"生活世界"也不应当是一个抽象的概念。"生活世界"概念不仅包含了日常生活中的时间和空间两个维度，而且更重要的是将第三个因素，即人及其活动，囊括进生活世界研究范畴。这是20世纪90年代以来民俗学研究范式转换中一个重要的取向。民俗学日常生活及其"生活世界"研究不可能回避时间、空间和人，可以这么说，所有的研究都是围绕着这三个维度而展开的。就民俗学从业者从事田野工作的"彼地"而言，"那里"，无论是"地方"，还是"现场"，似乎都是一个较为固定的空间范围，却因为有时间、人的活动这两个维度的介入而显得具体多变。在一定程度上来说，正是因为"人"及"人的活动"这个最为活跃又最具主观能动性的行动主体的引入，才使空间得以被认知、生产和再生产。因此，在民俗学"生活世界"研究中，笔者赞同哲学家康德在"时空"讨论中主张使用的"阐明"式分析，即对一个概念里所属的东西作出清晰的介绍①，并试图从空间、时间、人的活动这三个维度去阐明那个"彼时"、"彼地"和女人们生活着的"地方"。

① ［德］康德：《〈纯粹理性批判〉指要》，邓晓芒译，北京：人民出版社，2001年，第75页。

一、空间维度：边界区分中的“地方”

“边界”一词本指地区之间的地理分界线，本为地理学名词，后以“差异”（difference）、“区隔”（distinction）、“界限”（border）等引申义在人文地理学、社会学、人类学等诸多学科广泛使用。具体说来，“边界”是区分的限度和界限，是“我者”与“他者”或“他事物”得以区分并表明差异性的尺度，它是社会共识性约定俗成的结果。人在分类认知活动中对人和物进行区分所形成的边界，有的是现实具象的，是有形的地理边界，如界山、界河、界碑等；但更多的则是概念性、符号性的象征边界（symbolic boundary）。象征边界，或者说符号边界（symbolic），“可界定为社会行动者在对人和物进行分类时所获得的概念上的区分，并且这种区分是社会共识性的，而群体符号边界就是社会实在中有关群际差异的共识性的概念区分，群体符号边界同时也就是群际符号边界”①。无论是有形的地理边界，还是无形的象征边界，其划定都具有概念性区分和现实性区隔的双重意义。第一，就概念性区隔来看，边界划定的“内/外”区分使得人和物各有归属，使得人或物有了种与类的概念区分。从一定程度上来说，划定边界表明差异性的过程就是有关人与物的分类过程，它是人类最基本的认知活动之一，“是人们把事物、事件以及有关世界的事实划分成类和种，使之各有归属，并确定它们的包含关系或排斥关系的过程”②。区分边界一旦划定，人或物

① 方文：《群体符号边界如何形成——以北京基督新教群体为例》，《社会学研究》，2005 年第 1 期，第 25—59 页。

② ［法］爱弥儿·涂尔干，马塞尔·莫斯：《原始分类》，汲喆译，上海：上海世纪出版集团，2005 年，第 2 页。

就有了类与种的范畴归属。第二，就现实性区隔来看，边界的划定使得边界有了"内/外"区分，而由"内/外"区分而界定的"内部/外部"空间的区分也得以确立。"内部/外部"的区分，不仅是概念上的归属区分，同时也是类群存在及活动范围的空间区分。因此，边界成为某一"空间"得以存在的维度。而作为"空间"，无论是具象的地理空间，还是抽象的象征文化空间，都应当有其较为确定的边界维度，而这个边界维度也就成为确立"此"空间存在并与"彼"空间相对举的"边界"。

图1-1　大理镇龙龛村村落调查点示意图

作为一个村落共同体，龙龛村具有不同类型的边界，由此也确定了不同的村落空间。

（一）边界一：行政划分确定的龙龛村

以行政划分为区隔，“龙龛”指的是涵盖上龙龛、中龙龛、下龙龛上登、下龙龛下登、南生久、北生久、上生久7个自然村落19个村民小组的行政村。龙龛行政村现有居民2014户，约7900人，其中白族居民有6952人，占总人口的88%；回族居民441人，占总人口的5.5%；汉族居民283人，占总人口的3.5%。①“龙龛村委会”所辖范围与“农村公社”和“集体化”

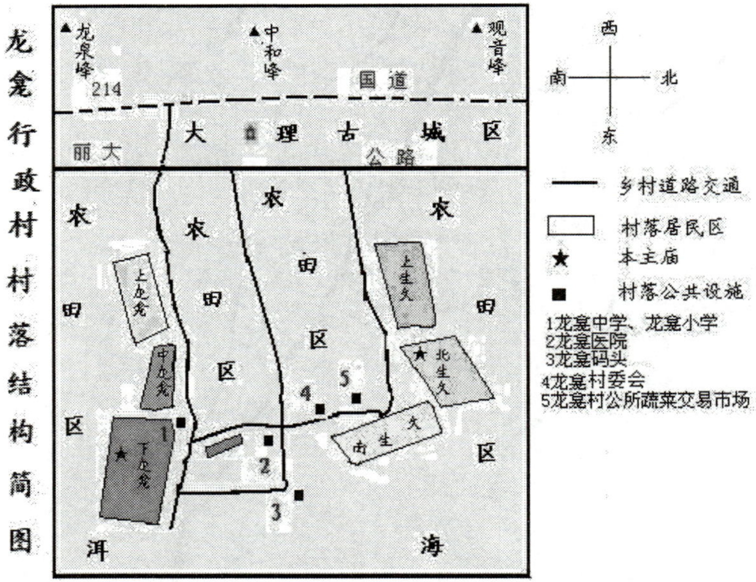

图1-2　龙龛行政村村落结构简图

① 据龙龛村村委会2011年6月26日《大理镇龙龛村委会户籍常住人口情况登记表》整理。

时期“龙龛公社”、“龙龛大队”相同，村民在日常生活中也多沿袭旧说。因从“农村公社时期”开始，生久和龙龛均被划归为一个“公社”、“大队”、“村委会”，因此，“别人问起的时候，我们一般就说自己是‘龙龛人’。这么说，别人就知道了，也不用解释了。有时候，说是生久的，他们反倒不一定知道的。说龙龛的，就明白了”①。作为一个大的行政村，龙龛村委会与其他村落的区分边界是行政划分的结果。作为“龙龛人”，他们不仅共享连接七个村庄的“龙龛专线”公交线路，而且共享相同的蔬菜交易市场、医院、学校等公共设施。

尽管龙龛行政村村民通称自己为“龙龛人”，且各自然村内部来往密切，但龙龛与生久，甚至龙龛内部皆有着明显的边界，因此也被认为是不同的村落，是“不一样的龙龛人”。

（二）边界二：以地理边界和仪式边界划分的龙龛与生久

中国村落之间的边界，一般依赖山、路、河、沟渠等人文或自然的“物质的”区分来完成，就生久和龙龛两个大村落而言，“生久大沟”，即苍山白鹤溪就是两村之间的地理边界。在地方信仰和仪式系统中，由信仰及其仪式构成的象征边界与两个大的自然村落的“物质的边界”不相重合，它们在村落共同体成员的日常信仰实践中自然呈现。

> 现在龙龛公社在的地方，本来是只有龙龛、生久两个村子了，我们在海边上住着。生久在北头，龙龛在南头，过了“生久大沟”就是两个村子了，一边是龙龛

① 被访谈人：LZX，女，白族，1958年生，南生久村人。访谈时间：2010年8月9日；访谈地点：南生久村文昌宫内。

一边是生久。[1]

“生久大沟”是当地人对流经龙龛、生久两村农田的大理苍山白鹤溪的地方性称呼。此段溪水长约两公里，沟水常年不断，由西向东流淌汇入洱海，是两村村民灌溉农田的主要水源之一。对南头的龙龛村人来说，“过了生久大沟就不是龙龛的地界了”。

> 村里办事办会烧送的那些东西，灰烬是不能乱扔的。办事后的第二天，家里的女人要好好收拾了“送”到村边的“生久大沟”里去，从那里到海子里去。[2]

“边界”在村民那里具有了特殊的意义和功能。就本主信仰而言，在村民看来龙龛和生久是两个村子。

> 龙龛公社这里有三个庙子，一个在上龙龛，一个在下龙龛，上龙龛的本主庙也是新建的，以前他们也是来下龙龛，后来路太远了，就又建了一座本主庙，不过本主都是一样的，都是景庄皇帝蒙世隆。另一个是北生久村的本主庙，那里是“三村本主”，和龙龛村是不一样的。三个村子的生久人都去那里拜去。[3]

此外，就节日仪式活动而言，生久（南生久、北生久、上

---

① 被访谈人：ZTB，男，白族，1956年生，龙龛村人，龙龛村第4村民小组组长。访谈时间：2011年8月10日；访谈地点：龙龛村ZTB家中。

② 被访谈人：HZL，女，白族，1929年生，龙龛村人。访谈时间：2010年5月13日；访谈地点：龙龛村HZL家中。

③ 被访谈人：ZQ，男，白族，1943年生，龙龛村人。访谈时间：2007年8月16日；访谈地点：龙龛村ZQ家中。

生久）每逢火把节都要在村落中央"竖大火把"，这是全村人都要参与的一个活动；然而，在龙龛（上龙龛、下龙龛），尽管也过火把节，却从不"竖大火把"，究其缘由，据说是因为龙龛村本主"是被火烧死的"。两个本主祭祀圈将广义的龙龛村，即龙龛行政村分为两个很明晰的仪式空间；两个节日和两个核心节日仪式，即火把节"竖大火把"和"七月十四"的"要香龙"也把一个广义的龙龛村分为两个边界分明的仪式空间。可见，由于行政区划的显性区分，村里人在表述中有了广义"龙龛人"的自称，但从本主信仰及其仪式层面而言，存在于村民日常生活中的空间界限十分分明，龙龛和生久不仅有天然的物理界限，而且有更为稳定的信仰和仪式的界限划分，它们分属不同的信仰和仪式空间。

（三）边界三：以民族划分的中龙龛

从地理位置上看，中龙龛位于上龙龛与下龙龛之间，是一个以回族为主的聚居村落，现有 131 户，两个村民小组，共 441 人，其中回族 367 人，占 83.2%，汉族 55 人，占 12.5%，白族 15 人，占 3.4%，纳西族 4 人，占 1%。[①] 龙龛行政村周围皆为世居白族，此回族村的出现，下龙龛村的白族村民是这么解释的：

> 龙龛在的地方是宝地福地，这从"龙龛"这个名字上就可以看出来，是一块虎踞龙盘之地。靠近海边，物产丰富，田地也多，很好的一块地方。历史上是皇帝赐给我们龙龛人的地盘……回子（当地对回族的称呼）是很厉害了，他们来之前我们就在这个地方生活了几百

① 据龙龛村村委会 2011 年 6 月 26 日《大理镇龙龛村委会户籍常住人口情况登记表》整理。

年了，他们是很聪明的，到处走，来到我们这里看到这里好在就搬到这里住下了……到底是什么时候住下的，倒是也说不清了……不过，回回杜文秀①在大理也是有势力，城里不是还有杜文秀元帅府。那时候回子在大理也是当大官的，所以想在我们这里住下就住下了，估计中龙龛的最少也是在那个时候搬来的了。②

中龙龛村的回民，日常生活中多使用大理本地方言，但村民大都能说流利的白语并与当地白族无障碍交流。马、周二姓是该村的回族大姓，日常饮食恪守着严格的禁忌。在服饰上，男子在日常生活中喜戴传统小白帽，年轻女子则用纱巾裹头。村落建筑与当地白族建筑风格保持一致，但大门上方均会绘制明显的穆斯林星月图案，有的村民还在房顶上建有圆顶小阁楼并在顶端镶刻星月标志。村内建有清真寺，是村民活动的公共空间，回民的葬礼也在此举行。中龙龛村村民的传统生计方式与当地白族无异，多从事农业生产，喜养牛、羊等牲畜。中龙龛村与周围的白族村落来往密切，回族男子娶白族女子的情况时有发生，但几乎没有回族女子嫁入白族家庭的情况。中龙龛村的适龄儿童也和当地白族孩子一起上相同学校，只是在假期和课余还需要到清真寺学习简单的阿拉伯文。凡逢婚丧嫁娶、逢年节庆，不论是回族还是白族都会邀请彼此亲朋前来参加，白族人去回族村落做客“挂彩礼”，在饮食方面无禁忌，但回族人到白族人家做客，为尊重亲友的饮食禁忌主人家多会准备些活鸡、活鱼等让回族朋友带回家

① 杜文秀（1827—1872），清代咸丰、同治年间云南回族起义领袖。攻占大理，建立政权，被推为“总统兵马大元帅”。1869年，清朝军队反攻，杜文秀军队失利。1872年，杜文秀于大理城自杀身亡。

② 被访谈人：ZQ，男，白族，1943年生，龙龛村人。访谈时间：2010年8月16日；访谈地点：龙龛村ZQ家中。

自行烹饪。中龙龛回族村尽管在地缘上位于上、下龙龛之间，但是因民族及信仰的不同与周围的白族村落有着明显的区隔。

（四）边界四：以仪式范围划分的上龙龛和下龙龛

上龙龛在龙龛的最西头，与下龙龛之间隔着一个回族村中龙龛。下龙龛村里人说：

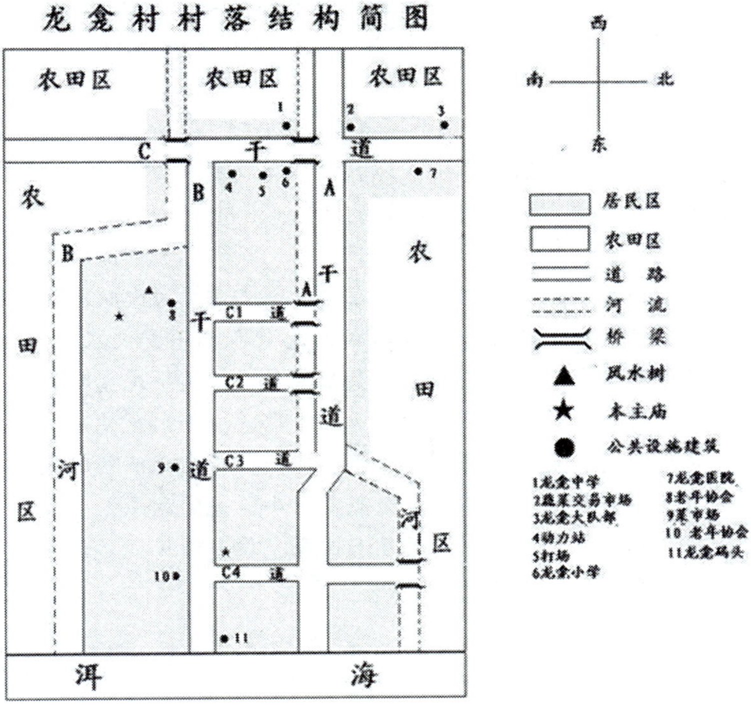

图1－3　龙龛村村落结构简图

上龙龛村人跟我们就是一样的本主了……不过现在有了自己的庙子就不下来拜了。相传，上龙龛村人的水磨是倒转的，村里的小伙子和小姑娘开玩笑，叫她们“倒转村里的姑娘”。不过，那里的人就是能看出来的，“倒转村里的”和我们是有点不像的……本主老爷蒙世隆当年逃出皇宫的时候，来到我们这里，还没有来到海边的村子。他到了现在上龙龛的地界，就忽然觉得肚子疼，于是就在上龙龛人的田地里撅着屁股解了下手。所以，你现在好好看看上龙龛村里的人，还可以看得出，他们走路的样子就是有那么一点撅屁股走路呢（笑开了）！①

在相同的本主信仰圈中，以村落仪式为边界，龙龛人对上、下龙龛村及龙龛人有着更为细致的区分：

因为我们的本主的儿子在火把节去看立大火把的时候，掉到井里淹死了，所以我们龙龛人都不立大火把，不过都耍龙。上龙龛和下龙龛都耍龙，但是下龙龛耍的是大黑龙，是火龙、香龙，晚上才耍的……上龙龛耍的是小黄龙，是一条黄色的布龙，他们都是在春节的时候耍，不一样的，这个就是大黑龙跟小黄龙的故事了。大黑龙和小黄龙斗法，打了几百回合，但是输了，估计也是不敢在白天出来了。②

下龙龛上、下两登在每年“七月半”夜间均有为期三天的

---

① 被访谈人：ZQ，男，白族，1943 年生，龙龛村人。访谈时间：2010 年 8 月 16 日；访谈地点：龙龛村 ZQ 家中。

② 被访谈人：ZYB，男，1953 年生，龙龛村人。访谈时间：2010 年 8 月 23 日；访谈地点：龙龛村 ZYB 家中。

村落祭祀“耍香龙”活动，且仪式边界十分清晰：以两条干道（A干道、B干道）和两条河流（A河、B河）形成的一个闭合的仪式空间。此外，就仪式而言，在下龙龛上、下两登的丧仪中，出殡队伍从亡者的家中出发，由东向西行一直要“送”死者的棺材到村落的最西端、下龙龛的尽头才返回，这里便是村里人人认定的村落的边界。

总之，边界具有不同的形态，即具象性的地理形态和符号性的象征形态，前者如村落之间的界碑、界石、界河等，后者则更多存在于村落共同体民众共识性的约定俗成的认知体系中，并在地方性知识的表述中得以呈现。不同的边界形态确立了不同的村落空间。就村落空间而言，在地方性表述中，一个地方（place）的行政、市场和仪式所界定的空间并不重合。[①] 就两种边界而言，一般说来，具象的地理边界变动性比较大，它很大程度上依赖于行政划分，某一时代的政治权利的变化都有可能导致地理边界及其辖区的变化。例如，就笔者上文提及的龙龛和生久而言，它们在“集体的时候”都属于一个“龙龛村公所”，现在同属一个“村委会”，但是在“集体”以前却是两个不同的自然村落实体，不具有行政上的意义。在以前“生久人不是龙龛人”，而自有“龙龛公社”以来，“龙龛人是龙龛人，生久人也是龙龛人”。此外，由于村落的扩大，传统龙龛村在行政上被划分为上龙龛、中龙龛、下龙龛上登、下龙龛下登四个自然村，“大家都是龙龛人，但是上龙龛人不是下龙龛人”，“村碑村界立在那儿”[②]，以标志性铭牌标明具有行政区分意义的“边界”所在。任何一次

---

① 梁永佳：《地域的等级——一个大理村镇的仪式与文化》，北京：社会科学文献出版社，2005年，第34页。

② 以前是水泥浇筑的村碑，近两年各村都用苍山巨型大理石铭刻了村名，立在各村出口处，用以标志村界。

行政上的调整，都有可能导致村落之间地理边界的变化。所谓“行政区划是显性的，经常付诸文书，但它不仅变动剧烈，而且远离当地人生活；仪式范围是隐性的，而且非常稳定。只有仪式范围才是被当地人真正认同的地域范围”[1]。可见，由信仰仪式构成的符号性象征边界十分稳定，一旦形成一般不会随意改变，因此其在村落共同体认同上也具有更重要的意义。

二、时间维度：口述的生活和“历史”

说起“经历”与“记忆”，不免让人产生一种“历史感”。相比现在而言，“经历”和“记忆”是一种过去，是一种已经发生的状态。“过去”或“已发生”并不意味着结束，时间向度永远是指向现在、朝向未来的。就如此时，当笔者试图使用村落个人口述资料回溯村落历史时，时间的箭头便指向了现在。现在的此刻蕴含着过去，又超越了过去以指向未来。笔者所谓的“时间维度”就是在这个意义上使用的。一般而言，“历史”和“过去”作为概念，往往可以被分解为客观的历史——事件发生的过程与主观的历史——个人或集体的“历史记忆”。在此，笔者将运用村落口述资料，试图在村落生活中“碎片化”地再现村落历史，并试图在对过去信息的呈现中，阐释村落所经历的“历史”如何作为一种“历史感”在村民的日常生活中自然呈现并由此继续走向未来。

（一）土　地

土地，于龙龛而言，是种植粮食菜蔬的田地，建房起屋的宅

① 梁永佳：《地域的等级——一个大理村镇的仪式与文化》，北京：社会科学文献出版社，2005 年，第 34 页。

基地和安葬祖先的坟地的统称。在村里人的记忆中，村里土地及使用状况已经发生过很大的变化：

解放前，龙龛村的地是不仅现在这些的。村里有钱的人家，像何家他们在现在的五里桥（地名）还有很多的田地，那些田没有我们村的田那么肥，经常就种种玉米、糜子和豆子之类的……他们就是我们说的地主了。他们租一些地出去收租子，村里人租的也有，外村租的也有，那些地产量低，租子也会轻一些。但是海边上的地，一般就不租出去了。他们都是请人去种，因为土好，收成好。①

……那时候的人有钱了，都是买地，买宅基地、坟地，买田地的。坟地是重要的，坟地要选好了，后代也好啊。那时候很多人都在苍山脚下买坟地，有钱没钱的都得买啊……解放前那段时间，出门的人回来，有钱的人也有，卖田卖地的也多，村里人到底有多少地是说不清了，你买了我又卖了的，那时候的田又不像现在，每人分多少，到处都有的，也就很难算的了……②

"集体的时候"印象最深的就是"抽水站"了。说是好几个公社一起建，要用电把洱海里的水抽到田里去，那样栽秧浇水的就不消愁啦……你看那么大的"抽水机坡坡"就是那时候我们一挑挑的土挑起来的。那时候苦工分，一起出工，好几个村子的人都来一起挑……一级

① 被访谈人：HZL，女，白族，1929 年生，大理龙龛村人。访谈时间：2009 年 8 月 12 日；访谈地点：龙龛村 HZL 家中。

② 被访谈人：ZWC，男，白族，现年 63 岁，1945 年生，龙龛村人。访谈时间：2011 年 7 月 15 日；访谈地点：龙龛村 ZWC 家中。

站，二级站，三级站一直可以把水抽到城底下的村子里了……你看，抽水站不就从“集体的时候”一直用到现在了，现在打秧苗、栽秧都还是用那个我们建的抽水站嘛！现在想想，“集体的时候”还真是干了不少活啊，现在的人再怎么样也做不了这样子的活了！①

“公社的时候”大家都是一起干活苦工分，去田里干什么、种什么都是安排好了的。劳动力强的人家就够吃了，劳动力弱的就吃不够……1982 年包产到户，家里有几口人就分几口人的田，一人一亩三分地，刚出生的孩子也算，没生下来的就赶不上分田了，按照粮田和菜地来分，梁子、青年队、大沟、小沟的田都是大块田，现在种粮食的多，也有的种蔬菜，自留地、找补地都是小块地，地势高不能种水稻的，只能种些蔬菜。②

现在，龙龛村常年从事农业生产与种植的人并不多，大多数的村里人还有自己的副业：

家里分的田又少，加上老二还没生，根本没分到地，他爷爷跟我们一起在（指分家分在一起），多了一份田，但是家里人又多，还要讨生活盖房子，光指着地里种菜是不行的。现在最不值钱的就是种菜了，赶上卖得好还好，卖得不好的几分钱一斤的白菜也卖过的，不想办法不行啊。勤劳致富嘛，政策好，我们出门可以做

① 被访谈人：HXZ，女，白族，1958 年生，大理龙龛村人。访谈时间：2011 年 7 月 5 日；访谈地点：龙龛村 HXZ 家中。

② 被访谈人：HJM，女，白族，1953 年生，大理龙龛村人。访谈时间：2011 年 7 月 6 日；访谈地点：龙龛村 HJM 家中。

点生意。那时候，媳妇儿就在家里种那点儿田，孩子也小，不能没人在家。我们男的出门的多，去盖房子，做手艺，贴补家里用的。①

……村里出去做活的，像做基建的，富起来的也多，回来就盖了新房，有的在城里也买了房子，他们在城里做生意，就不耙田挖地了！田就租给村里人种，每年只需要给他们一点吃的粮食就行了，这年头，粮食就是最便宜的了，种着也不划算，菜蔬倒是贵了，村里人多数都是种蔬菜，村公所边上的农贸市场每天都有人来装车的。水果也是贵的了，有几家人也在自家田地里种梨，收入也还是不错的。②

可是在村里人看来，即使是"在城里买了房，不怎么在村里住的人"，"都不能把自己的老宅的宅基地荒着的，老宅基地是必须要盖起来的"，对老宅基地的观念就如同村民对苍山坟地的观念一样，那是家族祖先曾经或正在安居的地方，"作为后人是必须好好拾掇的"，"老宅子旺、坟地发，我们的人家才能兴旺"，这是村里人亘古不变的对于土地的观念。在村里人的记忆里，尽管"在村口供着土地老公公的神龛在'破四旧'之后就再也没建起来"，但是在他们的日常生活中，"凡是动土之后，不论是修路还是建房，都必须要'谢土'③"，不仅"洞经会"

① 被访谈人：HXZ，女，白族，1958 年生，大理龙龛村人。访谈时间：2011 年 7 月 5 日；访谈地点：龙龛村 HXZ 家中。

② 被访谈人：LSF，女，白族，1953 年生，龙龛村人。访谈时间：2010 年 8 月 24 日；访谈地点：龙龛村 LSF 家中。

③ 请村里的"洞经会"和"莲池会"一起办会谈经。"洞经会"谈《安龙奠土经》，"莲池会"的女人们则在仪式中迎请"土子"、"土公"、"土母"、"土秀"、"土老"等土地神。

要谈《安龙奠土经》，而且村里的女人们还要拜诵《地母经》，而村里的姑娘小伙子出门去外地求学打工，也总会笃信母亲和祖母的叮咛，“村里的土可以治病，随身带着土放在枕头下，平日里吃饭喝水拈上点土渣，吃下去就不会生病”。

（二）庙　宇

龙龛村现有两个庙宇，一个是海晏庵，一个是本主庙。但村里人说，村里的庙不只这两个，“之前的庙子很多拆了就没有再建起来”：

现在村口小学在的地方，解放前是文昌宫，里面塑着关羽、文昌和孔子。解放后文昌宫就被拆了，庙子的北边建了学校，南边的地就作了晒场。晒场旁边是动力站，是村里人碾米、磨面、打糯米的地方……现在小学已经搬到西边的新楼了，一到六年级的孩子都在这里上。原来建的小学的房子用作学前幼儿园，村里三到六岁的孩子都在那里上学。晒场早就没有了，十多年前了，村里人生活好了，自家都有了打谷子晒东西的地方，村领导就把晒场卖给了村里没地盖房子的四家人，每个社员都分到了一点儿钱。①

而村里老人们经常提起的“姑奶龛”也早已不见踪影：

村里姑奶是很多的，有聋姑奶、哑姑奶、疮痘姑奶、疯姑奶，很多的。以前村头村尾，南边北边都好几个石

① 被访谈人：ZTB，男，白族，1956 年生，龙龛村人，龙龛村第 4 村民小组组长。访谈时间：2011 年 8 月 10 日；访谈地点：龙龛村 ZTB 家中。

> 头砌的小小的姑奶龛，大家都去那里拜，尤其是小孩子，最灵了。"破四旧"的时候全部都砸了，那时候也不敢去拜，后来也就没有再盖了。不过姑奶是在的，有时候村里人不顺，香火看出来了，就要去"送姑奶"的。[①]

海晏庵位于村尾洱海边上，临近村码头，供奉有"三世佛"、大黑天神和达摩祖师塑像。据"海晏庵重修捐资纪念碑"曰：

> 海晏庵始建于清末民初历经三个朝代距今已有一百多年的悠久历史。它的建筑古朴典雅雄伟壮观，实属鸡足山三十六庵之一也……以往乃是鸡足山过往僧尼歇脚下榻必经之要地也，村中善男信女修身养性之宝禅……解放前夕，一遭国民党的兵患之害将院内苍天古柏砍伐殆尽，二遭兴修水利之苦拆除池塘搬走石料，三遭"文革"劫难推倒佛爷淹没水中，四遭耳房大门通道拍卖形成眼下复修得不到直线畅通而遗憾，弄得古寺断墙破壁人畜通行车轮滚滚的嘈杂荒凉之场所，它不仅破坏了佛门清净地还影响了村容村貌乃痛哉惨矣。鉴于此情此景，在创建文明村寨和争取小康村的善举之中，村民们在张建春的倡导下捐资捐物筹资修复先后几次修建竣工。海晏庵复新超旧貌，龙龛村发展看今朝为序。特立此碑，邑人李春宇撰，邑人李曙敬书刻制。公元二零零一年九月九日。[②]

① 被访谈人：HZL，女，白族，1929 年生，大理龙龛村人。访谈时间：2009 年 8 月 12 日；访谈地点：龙龛村 HZL 家中。

② 依据龙龛村海晏庵内《海晏庵重修捐资纪念碑》整理。

图 1-4　龙龛村海晏庵

鸡足山位于大理宾川县，徐霞客曾写过《鸡足山志》，是大理佛教圣地，僧尼广布。

> 海晏庵是鸡足山三十六庵之一，以前从宾川来大理走水路的话，就要走洱海，鸡足山来的人坐船到大理就在我们村海边的码头靠岸，然后就到海晏庵里休息，然后再去城里或者其他地方……以前海晏庵是由鸡足山来的尼姑管着的，她每天打扫，如果有人来庙里拜的话还帮忙一下，人很好……“破四旧”那会儿，记得庙子里的塑像用大麻绳绑着，造孽啊！一直拖着就拖到海边，扔到海里去了，庙子也被弄得乱七八糟的。[①]

① 被访谈人：WJZ，女，白族，1926 年生，龙龛村人。访谈时间：2009 年 8 月 14 日；访谈地点：龙龛村 WJZ 家中。

龙龛村码头，在村里人的记忆中，是供海东客船、渔船和开往下关的客轮停靠的地方。村里的码头并不大，因此，停靠的船只并不多。清早六七点，海东的船只出来，海东人操着地方口音的白族话带着海东特产和货物在村里售卖或者拿到临近的大理城里，下午四五点钟便乘船回去。但随着环海公路的开通，1995 年来往于大理和海东之间的客船已经取消，因此极少有船只停靠在这个地方。而今，修葺一新的龙龛码头与古朴的海晏庵相映成趣，是村里女人们洗涮的好地方，也是孩子们游泳的好去处。而海晏庵外院荒废的空地也于 2009 年重新建设，与海晏庵正院相连，是村里的村民事务室和党员活动室。

图 1-5　本主景庄皇帝蒙世隆塑像

龙龛村本主庙位于村落中央村心主路上。村里人称本主为"武增"（vxzenx［v^{33}tʐən^{33}］）或"老谷"（laoguf［lau^{44}gu^{35}］），意为"我们的主人"，将本主庙称为"老谷孟"（laogufmenl［lau^{44}gu^{35}mən^{55}］，"孟"（menl［lau^{44}gu^{35}mən^{55}］）意为"那个地方"①。本主庙里的《功德碑·重修本主庙圣像记》曰：

本主景庄皇帝，功垂南诏，德著妙香。传说乃龙胎

① 在龙龛村，年末除夕"辞年"都会到本主庙祭祀。本主庙门口有两个圆形的石墩，那里是村民祭祀"老谷尼"的地方。

转世，生命苦旱，感而遂通。即祈年禳患，亦化险为夷，民依以安居乐业，是以村在龙龛焉。本主古庙相传殿阁完备，塑像雄伟，辅有戏楼廊厅，花花面栋，颇为壮观。四时香烟缥缈，灯烛辉映。每值火把节，摆供弹经，演戏唱曲，青老妇孺无不寓月怡情，喜笑颜开，历千年兴衰治乱而不废，集吾里风情览胜之粹维。惜乎沧桑多变，不幸一旦毁于“文革”，今春赵树藩君首倡献资修复圣像，两登子民齐心协力，凡劳资器物出自随心，执事诸君一体公忠，历半载而圣像成。大殿内部蔚然一新矣。因是勒名于石，以表彰今人而期待后来者，俾吾里文化遗迹与时代精神共光。公元一九八六年岁次丙寅季冬吉旦。①

据《本主碑记》载，龙龛村因本主而得名，而村里也有这样的传说：

本主蒙世隆原是南诏国的太子，当时狮子国进犯，大将段宗榜前往救急，正在此时，发生了宫廷政变，太子逃出了宫廷来到了村里，被村里人救下。在这里，太子苦练，最后在大将段宗榜的帮助下终于将坏人清除，夺回了政权。太子夺回政权之后，不忘记村人的救助，给他们赐了很多的良田，村里人十分感念太子的恩德，于是将其奉为本主。

① 据龙龛村本主庙《功德碑·重修本主庙圣像记》辑录。

图 1－6　龙龛村本主庙

"龙龛"，白语称为 nvdkv'et［$nv^{21}khv^{33}e^{31}$］，"nvd"［nv^{21}］是"龙"，"kv'et"［$khv^{33}e^{31}$］是"巢穴、窟"，合在一起可以理解为："龙穴"，即龙的住所。而与本主传说相对应，龙龛，作为村名，或许正是取当年太子蛰伏村里、勤学苦练之意。此外，村里流传着关于本主及其夫人的传说：

本主是一位很有作为的人，妻子好看贤惠。一次，本主和妻子一起去逛三月街，夫人太好看就被坏人给盯上了，想讨她做媳妇。有一天，坏人来请本主吃饭，夫人感到不好，就在临行前给丈夫戴上了一支铜手镯。坏人趁喝酒的时候去解手放火烧死了本主，本主就这样被烧死了。本主死后，妻子不停在灰烬堆里挖，手指都出

> 血了，才挖出了一支铜手镯，这才找到丈夫送回家安葬。那个坏人逼夫人嫁给他。她就应下了，但是提下了一个条件，要在将丈夫安葬完毕之后，让那个坏人沿水路来接她，而且要求结婚当日要穿一件白纸糊成的衣服作为嫁衣。坏人都答应了。结婚那天，锣鼓声可响了，大家都舍不得她走，船到海子的中央，本主的妻子就跳进了海子里，那坏人想去抓她，可是因为她穿的是一件白纸做的衣服，衣服是被抓破了，可是人却是跳进海子里死了。①

龙龛村的本主为蒙氏隆，谥号“景庄皇帝”，是龙龛本地本方的保护神，掌管着一村之人的生死祸福。龙龛村本主庙坐西向东，一分两院，正殿为本主殿，塑有本主景庄皇帝、新王太子和

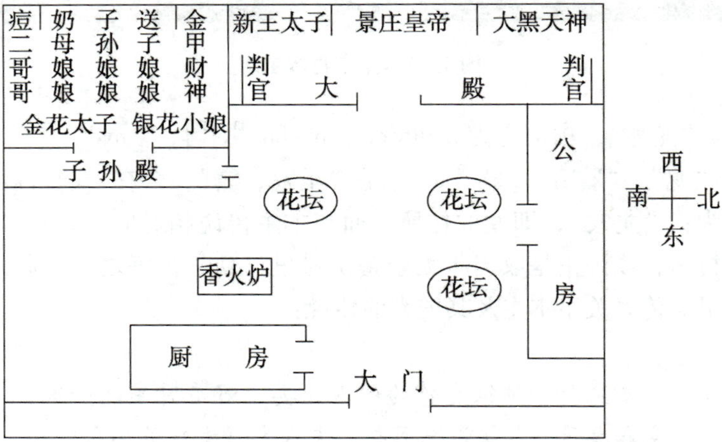

图 1－7 龙龛村本主庙形制图

① 被访谈人：WJZ，女，白族，1926 年生，龙龛村人。访谈时间：2009 年 8 月 14 日；访谈地点：龙龛村 WJZ 家中。

大黑天神，侧殿为子孙殿，塑有子孙娘娘、奶母娘娘、送子娘娘、痘二哥哥和财神像。

本主庙一直以来都是村里人活动的公共空间：

> 解放后，在本主庙南边建了民兵室。集体的时候，队里的东西都放在那儿，队里轮流派人去管。民兵室，包产到户以后就基本不用了，村里的人家有了矛盾向村干部反映了就到这里来开小会解决。召开村民大会也到庙子里来……现在南边的民兵室都是堆放着村里的东西，"耍香龙"的龙头、龙身子、灯笼什么的就都放在这里。现在老年协会的椅子板凳也堆放在这里，谁用谁自己来取，用完了再还回来。现在楼上经常漏雨就不用了……以前，楼下南屋住着村里一位孤寡老人，村里人来庙里祭拜也不忘记给老人留一些吃的。①

"破四旧"的时候本主庙中推倒的塑像在龙龛人的捐资互助下于1986年得以重塑，而在本主庙略微腐朽的木头、熏黑的墙壁和已经发黄的彩绘上我们依稀可以看到村里人手捧祭品在这里出出进进的每一幕。而今年（2013年），村里人在社长和村长的领导下正筹划再次捐资集物翻修本主庙。

（三）家　庭

龙龛村有何、赵、张、杨、王五个姓，分属五个大"本家"，其中赵姓又分大赵、小赵两个小"本家"：

---

① 被访谈人：YWC，男，白族，1945年生，龙龛村人。访谈时间：2011年7月15日；访谈地点：龙龛村YWC家中。

> 以前，何家是村里的大户人家，村里人经常说的“新院”大院都是何家的，据说那是何家做大官的人盖的。大赵住村头，生产队的时候归四队，小赵住村尾，是五队的。张家和杨家住得比较靠近，都在村心。王家本来是没有的，一个村也就只有一家人，解放后知识青年下乡的时候才来到村里的。①

“本家”是村落中最基本的社会组织，是一个以血缘为纽带的父系大家庭，凡同一姓氏的都可以看作是“本家人”：

> “本家”里，修坟、迁坟，是“本家人”最重要的事，不过迁坟的情况少，修坟也是好几年才一次……“本家人”就是亲戚，平日里，没事的时候都是各自忙自己的，不过因为住得近，家里大事小情的，互相帮忙总是多的。要是遇上“本家人”生孩子、结婚、盖房子这样的大事，主家忙不过来，帮忙办事的就都得靠“本家人”了。尤其是“抬死人”，家里人不在了，主家亲人需要日夜“坐草”守灵，而且“一期”的七天里都不能出门，也不能去别人家。所以，行丧出殡的事情都由“本家人”中的“主丧官”来管。②

“本家人”内部极少发生矛盾，日常纠纷一般由“本家”自

① 被访谈人：HJM，女，白族，1953 年生，大理龙龛村人。访谈时间：2011 年 7 月 6 日；访谈地点：龙龛村 HJM 家中。

② 被访谈人：HZL，女，白族，1929 年生，大理龙龛村人。访谈时间：2009 年 8 月 12 日；访谈地点：龙龛村 HZL 家中。

己处理：一般也就是兄弟、堂兄弟、妯娌、婆媳之间的争吵，家里小吵小闹的总是有的。小辈们吵得不好了，就请老辈"本家人"出来商议。[①] 而如果是不同本家之间的冲突和矛盾，就得由村里的"绅老"出来主持了。"绅老"一般是村落中各"本家"中年长的男性执事者，他们谙熟村落历史及各种祭祀礼仪，是"本家"及村落内外争端的民间仲裁者，在村落生活中享有很高的声望。

在以前，绅老是穿长衫的，会读书写字的。各姓"本家"间的事情和村里的大事情，像每年的栽秧挖水、"打水坝"就得由村里的绅老们去解决。不过解放后，"绅老"就没有了，"集体的时候"家里有事情都是请队长和公社干部来处理了，现在嘛，就是村组干部了。[②]

对村里人来说，"本家"是个大"家"，他们"是亲戚，但不是亲人"，"本家人"只在"有事的时候"来家里，却不是"一锅里吃饭的家里人"。然而，"一锅里吃饭的家里人"也有"烧锅底"分家的时候：

家里有几个儿子的，娶了媳妇儿生了孩子一般就要"烧锅底"，不在一个灶上吃饭了。各家垒了厨房灶台的，以后各人就奔忙自己的生活去了……我夫家家里三

① 被访谈人：WJZ，女，白族，1926 年生，大理龙龛村人。访谈时间：2009 年 8 月 14 日；访谈地点：龙龛村 WJZ 家中。

② 被访谈人：HJM，女，白族，1953 年生，大理龙龛村人。访谈时间：2011 年 7 月 6 日；访谈地点：龙龛村 HJM 家中。

兄弟，他是老三，等到我们家老大生了一年多的时候就分家了。分家的时候家里的东西都是一分三份。老房子三间屋子，我们分了中间那间，大哥和二哥分别是西间和东间，老屋子的楼上就归他爷爷奶奶和还未出阁的两个姑子住。她奶奶给每家都置办了一对水桶、一个铁锅、一个锅铲、一个水瓢，此外每个家还分到了五百块钱，包产到户的田还是自己种。“烧锅底”后，各自家就归个人自己奔忙了。①

在村里，没有儿子的人家，家中的长女通常会“招姑爷”做“上门女婿”：

解放前，招姑爷的人家，女婿到了女方家里是需要改名改姓的。女方会请人给上门女婿取一个姓女方姓的名字，这样子才能上得了家谱和祖先席，以后也就是家里的顶梁柱……解放后，倒是不兴改名字了。现在“招上门女婿”的也不用改名字了，也不需要聘礼了，不过生的孩子就得随女方的姓，好延续女方家的香火。②

而有时，作了“上门女婿”的姑爷还得回家“立嗣”，当然这样的情况在村里并不多见：

① 被访谈人：HXZ，女，白族，1958 年生，大理龙龛村人。访谈时间：2011 年 7 月 5 日；访谈地点：龙龛村 HXZ 家中。

② 被访谈人：HZL，女，白族，1929 年生，大理龙龛村人。访谈时间：2009 年 8 月 12 日；访谈地点：龙龛村 HZL 家中。

老公公（曾祖父）是村里张姓一脉的，独儿子"上门"做了杨家的女婿。老公公后来得了两个儿子，老大姓了杨，老二姓了张。等到老二结婚，张姓的儿子就返祖张家"立嗣"，娶亲生子都是张家人了。①

村里人的"烧锅底"分家，既是"一个锅里吃饭的家里人"的家的分裂，也是一个新的"一个锅里吃饭的家里人"的家的开始：

……以前家里孩子多，兄弟成家了自然就要分家。分家时，父母双亲的赡养和"没了"之后的葬礼都是要讨论的，"和谁吃"田就归谁，平时也就归谁管了，以后有一天不在了，也就由他来负责了。现如今，分家倒不是很常见了，80 年代开始的计划生育，每家每户就一个孩子，多的也就是两个，所以也就不存在分家了，家里的东西都是孩子的，老人的事也就都归孩子管了。②

对于"分家"之后的小家而言，"最打紧的事情"就是盖房子，村里人常说："六六三十六，建房起屋的时候"：

分家的时候，家里兄弟多，地方是不够在的，老屋很窄，每家都得自己盖房子。分家以后就想着出去干活

① 被访谈人：LSF，女，白族，1953 年生，大理龙龛村人。访谈时间：2010 年 8 月 24 日；访谈地点：龙龛村 LSF 家中。

② 被访谈人：HJM，女，白族，1953 年生，大理龙龛村人。访谈时间：2011 年 7 月 6 日；访谈地点：龙龛村 HJM 家中。

赚钱盖房子。老大的房子早盖了，是老式的土木建筑。我和二哥的房子都是新式的混凝土建筑，不过还是按老样子来，家家都是修照壁，青瓦白墙的。村里现在的房子都是这样了，新老结合，混凝土结构的长三间加两边的厨房和猪圈。三间中间是堂屋，木雕的格子门，左右两边就住人。堂屋对面是照壁。村里人都喜欢在院子里种上花草果木，开花结果的看着清秀……盖房子是大事儿，哪家都是要“办大客”的。以前的房子是土木结构的多，村里人一般在“上梁”那天请客办事儿，那天盖房子的师傅站在房梁上，用绳子将主人家蒸好的一箩筐小馒头吊上房梁，一边说吉利一边向四面撒小馒头，孩子们和前来做客的亲戚们就在底下抢，可热闹了……现在都是混凝土建筑，就不上梁了。现在一般在浇灌封顶那天办事，还是“撒小馒头”，娘家人也会和以前一样为女儿女婿的新家送来堂屋的木雕的格子门和挂在堂屋中央的福禄寿三星的“中堂”。①

村里很多人家现在都是四世同堂。几辈子人在一起的时候，老人们经常会给孩子们讲述“以前家里过手的那些事儿”。如今，“那些事儿”已经太久远，后辈的孩子们听起来“就像演电影似的”，但他们却又分明地知道那是“自个儿家”和以前“家里头的人”曾经历过的日子：

爷爷是家里老五，很能干，在家里种田还做些生意，置下了很多家产。后来，爷爷把家里钱拿出去买了

① 被访谈人：ZTB，男，白族，1956年生，大理龙龛村人，龙龛村第4村民小组组长。访谈时间：2011年8月10日；访谈地点：龙龛村ZTB家中。

十八匹绸缎出门去中甸做生意，却死在了中甸没回来……后来村里同去的人用报纸把骨灰包了回来，奶奶就把骨灰"发送"出殡了，留下了奶奶她们孤儿寡母……我爹很聪明，小时候就读书认字，村里"耍香龙"龙华会扎龙头、打锣鼓的都是他。我爹娶了媳妇儿之后就开始"吹大烟"，钱都被他败光了。我母亲嫁过来的时候家里还是很有钱的，那会子"打发"的嫁妆也很多，不过都被我爹"吹大烟"卖了。没钱了就开始卖田地，到我出生"摆三桌"时就只剩一亩四，家里开始租田种，奶奶和母亲就纺线、纺布、挑花贴补家用……就在日本鬼子投降的那一年，爹把家里的大房子卖了五千块说要出去做生意，家里人去"阿老尼"那里杀鸡卜卦，鸡头是黑色的，说不能出门，但爹还是不听话去了。爹到了宣陵就被偷了，钱也败了，六年了都不回家。大庄村有人要去宣陵，奶奶就和他们一起去找儿子，在宣陵找到了他让他回家里，他死也不回来，说是在那里做烟土生意。他卖烟土，自己也"吹大烟"。解放前三四个月，我爹回来了。家里住的房子也倒了，出了一百五十大钱搬到了何家家祠去住，后来土地改革时候就改到我们家里了。解放后，不许"吹大烟"，我爹就只用了八天就把烟戒了。解放后，划分成分家里是贫农。我爹还经常说幸亏是家里的家产都败了，要不然解放以后我们还是地主，成分上就要受苦呢……我二十三岁招上门女婿结的婚，他爷爷（对自己丈夫的敬语）做皮匠经常出去，家里就我一个人维持。白天生产队上吃工分，晚上回来就纺线，一夜一夜地做，奔忙着就想把四个孩子拉扯大……大闺女姑爷是小时候就来我们家了，一个村里的，他们家孩子多养不起，十八九岁就把他们结婚了。包产到户前一年把二闺女打发嫁在村里，包产到户那年，政策放开了，也可以做点小生意了，小儿子就跟着丈夫做“小皮匠”，我带着十五六岁的小闺女去了下关城里的菜市场卖菜，这一做就是很多年。现在是卖不动了，只是帮小女儿忙。他们各自都成了家，曾孙都有几个了，我也满意了。[①]

村里人家家都有一段“历史”。如今，在茶余饭后，或者就在田间干活的当儿，父辈们还不断地给孩子们讲述着那些离他们还不太久远的“家”和“家里人”。那个“家”曾在的地方，现在已经盖上了混凝土的楼房，但是在楼房的堂屋左侧的“祖先席”上却分明地书写着逝去亲人的名讳，那是老辈人口里经常说到的“家里人”。

三、“讨生活，过日子”：庄里一日

（一）清晨：村庄与外界

村庄的静谧总会被四五点钟的拖拉机声打破，熟识的人都知道这是几家做蔬菜生意的出发去城里了。他们昨日下午买了附近村庄拾掇好的时令蔬菜，清晨将蔬菜拉到大理古城或下关的菜市场二次倒卖给菜贩子。他们已做了多年，也有了固定的老主顾，因此到了就倒卖，去得早回来得也早，有时还能赶上家里吃早点。

当洱海东头的天刚翻出鱼肚白，村庄就渐渐热闹起来了。家

① 被访谈人：HZL，女，白族，1929年生，大理龙龛村人。访谈时间：2009年8月12日；访谈地点：龙龛村HZL家中。

里的女人起得最早，逢初一、十五她们都记得在自家门口和祖先席前焚香。清扫完院落便去村口的河里担水，男人则忙着准备喂猪喂牛，"人还没吃上呢，圈里的牲口就叫唤上了，打发吃了才能安静下来"。村心主路上，孩子们边走边吃着早点向村口的小学校走去；去城里打工的年轻人，或骑自行车，或骑摩托车，不论男女三三两两地在出村的主路上等着同伴，来不及在家里做早点的就在学校门后的早点铺里买了包子馒头，人齐了便上车走了；村口几位中年妇女背着竹编的背篓，正等着3路城乡公交车的到来，她们要去城里做买卖，埋怨着车子来迟了，"要晚了生意"。

生久村卖饵丝、米线的脚蹬三轮车总会在这时来到村里，骑车的人从村里主路经过，嘴里不断吆喝着"饵丝……米线……"，村里人便零零星星地有人出来叫住了吆喝的人，买了一些回去做早点。星村卖香的女人也吆喝着"买香来……"在本主庙外的老槐树下停住了，她把背着几十把大红香的香篓放在石凳上，将身上的围腰解下来铺在地上休息，不一会儿村里的女人们便三三两两地出来了，卖香的女人半个月或一个月的就来村里一次，村里的女人们都熟识了，不一会儿香就卖完了，没买上的女人还和她订下了几月之后家里办事需要的红香，还嘱咐要松香和颜色纸都得选好了，来村里的时间也不能耽误。卖臭豆腐的、卖鱼的海东女人此时都吆喝着来了，村里人出来，老槐树底下也渐渐热闹起来了。到村里人吃完早点，准备出去干活的时候，海东卖鱼和豆腐的已经走了，而很久没有来村里的补锅补盆的"小炉匠"和补鞋修伞的"皮匠"又骑自行车来到了这里。他们要修理村里人拿出来的东西，一直到傍晚时分才离去。

（二）上午：土地与经济

早点过后，村里的男人们都出去干活去了。还没结婚的小伙子们跟着年长的师傅们学泥水匠、木匠、石匠等盖房子的手艺，他们秉承“身有一技之长”的祖训，相信靠手艺就能养家糊口；结了婚的小伙子“该是顶门立户的”，他们一早便去上工，男人砌砖，女人就帮着提沙灰递砖头，男人拿大工的工钱，女人拿小工的工钱。没结婚的姑娘们大早上也是不能在家闲着的，村里的老话“懒汉一懒就成”，他们相信“人越闲越懒，越做越想”，对于姑娘来说“人穷水不穷，人欺水不欺”，她们将清扫房屋院落、洗涮衣物用品当做分内之事。吃过早饭，村里也难见到年轻的女孩子了，她们都到城里打工去了。大理旅游业发展，她们大多都能在大理、下关城里的饭店、宾馆、民族服装店、茶叶店、玉石店等地方找到工作，“工资不高，但认得人多了，见识长了，人也就能干了，将来能嫁个好人家”。

大多数人家早饭后是必须去田里的，“田里的事情一日都不能耽搁”。男人们将需晾晒的豆子、玉米等搬到院子里或村里的水泥路上摊开，女人则已经准备好了手推车、箩筐、锄头等到田里劳作使用的工具。男人拉着车，女人背着装有水壶的背篓，一前一后地往田间走去。村里都说“田里的活路就没有闲的时候”，而“种菜卖菜的，早上是活计最忙的时候”：

芹菜也可以卖了，昨日里孩子他妈打听了价格，还不错，今天得赶早收拾好送到蔬菜批发市场去，晚了价格怕是不好了……蔬菜批发市场就在南生久村蔬菜批发市场南边，每天都有好多车来买的。现在来龙龛买菜的车子，装车的大多都是外地车，买了就拉到昆明、丽江、中甸去，那里菜没有我们这里的多，本地车也有，就是附近几个村做蔬菜生意的，他们拉得不远，就是大理下关了，今天买了，明早拉到城里去。[①]

田里刚拔的芹菜、芫荽、砍回来的白菜、菜花、青花菜，刚摘的黄瓜、苦瓜、筷子豆、茄子，刚割的韭菜拿回家来是卖不成的，还得好好收拾。像芹菜、芫荽、韭菜这些拿回来，要把不好的菜叶捡了扔了，用稻草捆成小小把小把的，到沟里海里洗干净了才能去卖，麻烦着呢，几个人一起收拾，一两百斤的菜一耽误就是一早上的时间……菜也讲究个卖样的，卖样好，才能卖上好价钱。[②]

家里收拾蔬菜的日子，其他田里的活计就干不了多少。菜卖了，地便空了出来，活就更忙了，"庄稼人是没有闲的时候"：

就像今年吧，小春里"小沟"的田种的是蚕豆，基本不用管了。"自留地"、"找补地"的几分田一向都是种菜花，"梁子"的地种了洋芋。菜花在年前卖的倒是有好价钱。菜花砍了自留地就种了筷子豆，找补地就种了玉米，家里的牛和猪也要吃一些的。"梁子"的大田洋芋挖了就得栽秧了，现在"小沟"的一分田就打着秧苗呢。等着"三月街"后"梁子地"的秧栽了，八月十五后就能打谷子了。谷子打了，又该点豆子了……多少活，闲不下来。[③]

---

① 被访谈人：ZSS，男，白族，1982 年生，大理龙龛村人。访谈时间：2011 年 7 月 9 日；访谈地点：龙龛村 ZSS 家中。

② 被访谈人：LSF，女，白族，1953 年生，大理龙龛村人。访谈时间：2010 年 8 月 24 日；访谈地点：龙龛村 LSF 家中。

③ 被访谈人：LSF，女，白族，1953 年生，大理龙龛村人。访谈时间：2010 年 8 月 24 日；访谈地点：龙龛村 LSF 家中。

上午，在田间奔忙的多是中年人，年轻人出去干活了。他们常说，他们的父辈凭着“种菜卖菜，靠天吃饭”过了大半辈子，“现如今年头不比他们那时候了，以前他们种菜也能盖房子娶媳妇，但现在光种地养家是不行了”。父母还是种地，年轻的孩子父母也愿意让他们出去打工、做生意，“能不种地就不种了，做副业总比种田好，在家光靠这点地是不行了”。

（三）下午：市场与交往

村里人一般都在两点之前吃完午饭。这时，上学的孩子都已经去了学校，在田里劳动、收拾菜蔬的都已回到了家里，这是村里一天中较为安静的时刻。烈日头里太晒了，除了农忙插秧的时节，村里人一般都不在这个时候去田里干活。

嫁出去的闺女一般也会带自己一两岁大的孩子回到娘家来，她们嫁得并不远，他们的到来给家里带来一阵热闹的气氛，不过他们很少在娘家过夜，太阳落山之前一般就会回到婆家去。村里的女人们喜欢在这个时候去各家“串门子”，有事没事地闲聊，或者就约着去大理城里赶集，买点吃的用的回来，“现在交通方便了，去趟城里也就是一两小时的事情”。男人们一般很少跟着媳妇儿去城里，他们有自己“正经”事情做。田里农活忙的还得干活去，不忙的也不在家待着，出去村里“溜一圈”，他们喜欢去村心大槐树那里。大槐树离本主庙并不远，而且紧挨着“老年协会”，那里有村民小卖铺，村里人日常用的东西都能买到，是村里比较热闹的地方。午后大槐树的树荫里，总会聚集了不少的爷儿们，他们抽着烟，有的下着棋，周围又聚集了很多围观的人，大家谈这说那，聊着村里田里的事情。当然，他们也会不时地招呼下和自己一起出来玩的孩子，教训他们不能太调皮。去外村做客的人家，一般都在这时准备出发，全家人老老少少七八个人换了新衣服到亲戚家去，村里人说“晚什么都不能晚了做客"，何况还有一段路要走。从大槐树经过，总要向那里闲聊的人问好，并客套地邀请他们一起同去做客，大家一阵寒暄之后便又上路，悠闲自在地走着。

下午四五点钟，小孩子们放学回来。大人并不十分管他们，让他们自己游戏玩耍，于是孩子们在各家院子里、巷子里玩乐打闹，有时笑，有时哭，村里因此也热闹了许多。而此时，家里缺鱼少肉的人家便去海边的小集市买菜了。集市位于村心主路的末尾，长不过 30 米，卖菜的人在路的两旁各自简单搭设摊位，售卖各种蔬菜鱼肉和水果。上了年纪的老人们，已经很少去城里，他们每日里也喜欢来这里逛逛，或者给自己的孙子重孙买点零嘴儿，或者和来往的人闲聊几句。外省小老板的"小面包"前面总是聚集了最多的人，大人小孩子都被拉来的新奇的小玩意吸引，讨价还价好不热闹。

（四）晚上：家常与娱乐

太阳渐渐偏西，天色也暗了下来，白日里出去的人，三三两两地都回到了村里。男人们忙着把拉出去的牛牵回来，出出进进喂牛喂猪，女人们则忙着准备晚饭，而院子里的孩子们还玩得不亦乐乎。在村里人看来，晚餐是正餐，也是一天里家里最热闹、人最齐全的时候：

> 晚饭的时候有事大家就商议了，白日里大家都各自奔忙去了。儿子和媳妇儿一大早就出门去了，晚饭时候才回来。他们讲给我们打工做活发生的新鲜事儿，有事儿的时候我们也得帮忙出出主意。我们也会说说家里的农活，一家人，有时家里太忙，就让他们停两天活给家

里帮两天忙。①

晚饭后，村里人都喜欢“扯白”闲话。一家人围坐在一起，堂屋柜子上的电视机声音开着，孩子跑来跑去，家里人你一言我一语的，说说笑笑好不热闹。家里的老人并不看电视，家里没事儿的时候，他们习惯了早睡，不到九点钟就睡去了。家里的主妇有时候会借着晚上的时间将白日里没缝完的针线活儿拿出来，“她们总是闲不住的”，时常也会有同龄的朋友到家里来“串门子”，或相约去某个朋友家聊天。男人们也喜欢在夜里闲的时候去朋友家“串串门子”，他们在一起闲聊，有时也会打扑克、搓麻将到深夜。年轻的小伙子们在晚上时常出去找自己的朋友耍，有时他们相约着到本村或外村的姑娘家去玩儿。而年轻的女孩子们在夜晚则很少出门。村里人的规矩，未出嫁的女儿晚上不能随意出门，但是并不反对女孩子参加村里的文艺队，她们会时常聚集在某一朋友家打霸王鞭，跳扇子舞。村里有四个文艺队，老中青均有，其中女性居多，男性较少。女人们一般打霸王鞭、跳扇子舞、草帽舞，而男人们一般就弹三弦、拉二胡伴奏，“白日里大家各自奔忙去了，没时间在一起的，只有晚上才能聚在一起。平时练练，才不会忘了，身段也才熟练些”。而年轻的文艺队，除了传统的白族舞蹈，还跳藏族和蒙古族舞蹈和现代广场舞，有时村里人办事，诸如建房浇灌的“房诞”② 客有时也会请文艺队去热闹热闹，而“她们平日里时常练，有时在大理镇组织的比赛中还能拿到奖”，在春节、火把节、“耍香龙”的时节，就会

① 被访谈人：HJM，女，白族，1953 年生，大理龙龛村人。访谈时间：2011 年 7 月 6 日；访谈地点：龙龛村 HJM 家中。

② 新居落成，村里人的规矩要请乔迁客。因为是新居，所以要为房子做“生日”请客。村里人称为“房诞”。

在村里表演。

综上所述，笔者以村落"莲池会"妇女及其实践为中心，从时间和空间两个角度交错展示村落日常生活中的"莲池会"妇女及其生活世界。首先，从村落妇女口头流传的重要神话、传说入手展示深藏于女人们内心深处的对自己生活地域、历史和信仰等的遥远记忆，那是村落女人们对自己以及对自己生活世界的理解和认知；其次，通过那些还不曾远离的，依然存在于村落女人记忆中的"早些年"的个体生活史和生活经历，展示村落妇女曾经历过的那些真实的村落生活；以上论及的两部分都是村落女人们的过去。现在和当下都承载着过去，承载着历史，无论是地方的历史还是个人的过去，在时间上看似已经远离，但是它们的"社会记忆"却分明地烙在了"这里"和"这里的人们"身上。最后，通过对当下村落社会及其交流网络的描述和书写展示置身其中的妇女及其个人实践下的日常生活。由此，本土概念中的"地方"和女人们的生活世界在"大理人"和"龙龛人"的日常生活中得以呈现。而作为田野里的"地方"，它也不再是一个具象的地理概念，作为一个地理坐标上的点，它是当地人生活于其中并凭借着日常生活实践时刻构建着的一个多维"空间"，它难以被真切描述，却能在当地人的日常生活实践中得以自我呈现。

第二章　女人之“会”：地域社会中的“莲池会”

在上一章节，“地方”的概念在当地人日常生活的历时与共时表述中得以呈现。“莲池会”作为植根于“地方”乡土生活之中的性别组织，对它的研究不可能离开对地域文化的探讨。本章首先呈现“莲池会”存在的地域文化背景，大理复合的多元文化背景是村落性别组织“莲池会”存在的文化土壤；其次，在对村落文化，尤其是对村民“为人”观念描述的基础上，对村落妇女“入会”这一行为实践进行阐释；最后，在“莲池会”妇女的日常实践中，对“莲池会”及其日常活动进行本体性的研究和分析。

第一节　多元地域文化及“莲池会”的由来

一、大理多元的地域文化

在进入大理多元地域文化的讨论之前，我们有必要提及 20 世纪 30 年代两位海外人类学者书写大理文化的民族志作品。美国人类学家许烺光（Francis L. K. Hsu）的《祖荫下：中国乡村的亲属、人格与社会流动》是根据他在云南大理“西镇”即喜洲的调查写作而成的，他认为喜洲“民家人”充满了“大家庭观念”的家族文化，具有中国人的典型性格，是中国文化的缩影。在其笔下，大理喜洲没有了西南“民家人”的特点，完全是地道的“汉人社区”，不足以体现喜洲民家的白族特色；而与许氏几乎同时的菲茨杰拉德（C. P. Fitzgerald）的研究则与许烺光的研究大相径庭。菲茨杰拉德在大理地区做了长时期的田野作业，在他笔下，“民家人”不同于汉人，他的研究《五华楼——关于云南大理民家的研究》对大理“民家人”的生活地域、农业耕作、节日、服饰、建筑、宗教、家庭、社区交往、商业经济等作了十分细致的描述，足以表现大理“民家人”的地域文化特色。为什么同一时期在同一地点田野作业的人类学研究会存在着如此迥异的表述？而今天，在大理，这些操双语、兼白汉的人到底是谁？唯一可能就是，即使如大理这样一个西南边疆的弹丸之地也有可能呈现多元文化的特征，大理地区的确存在汉族和白族两种特色鲜明的文化。大理不是一个单一的文化带，而是一个有着多样性文化多元融合的地域。

历史上的大理“在南诏时期就形成了一个地方文明体系”[①]，它曾经有过相对独立的政治地位和较为完整的象征表述系统。自南诏始，由“王国”到“边陲”的地方史，也使得大理地区的本土文化能够与儒家文化、佛教文化、道教文化和周边各民族文化碰撞与互动，造就了大理地区以白族为主的融合多民族文化元素的大理地域文化。大理白族地区早期文化体系中属于本土文化范畴的主要包括古滇文化、原始崇拜文化、巫文化以及本主信仰文化[②]，它们与同时期的外来文化不断发生文化互动，这些外来

① 汪宁生：《云南考古》，昆明：云南人民出版社，1980 年，第 47 页。

② 邹丽娟：《多元文化互动语境下的大理白族传统习俗》，《贵州民族研究》，2009 年第 2 期，第 64—68 页。

文化内容丰富，有各种形式的汉地文化，如儒家文化、道教文化、巴蜀文化、中国禅宗文化等；有来自印度、吐蕃等国各种流派的佛教文化，如藏传密宗、印度密宗的阿吒力教派等；有周边民族文化，如彝族的毕摩文化、纳西族的东巴文化等，这些文化体系经过长期互动与融合，最终形成了大理地区多元融合的文化体系。大理地区受汉文化影响较深，这不仅因为大理在历史上长期保持着与中原地区政治、经济、文化等的交流，而且在白族形成的历史过程中也融入了相当数量的汉族成分。无怪乎元初郭松年在《大理行记》中记述：“故其宫室、楼观、言语、书数以至冠婚丧祭之礼、干戈战陈之法，虽不能尽善尽美，其规模、服色、动作云为，略本于汉。”① 自今观之，犹有故国之遗风焉。可见，汉文化对白族文化的影响是多方面的。此外，白族与周围各民族的长期互动与交流，也使得大理白族地区的岁时节日、婚俗、葬礼等受到了彝族、纳西族的影响。“大理本土文化因子与多种外来文化因子相互联系、相互作用构成的有机系统，其孕育、发展到成熟经历了一个由简单到复杂、由不同文化因子相互冲突到各文化因子融合一致的演进过程，最终形成了多层次、多维度且纵横交错的多元文化的复杂关系体系。”② 在文化互动过程中对大理白族文化影响最大的是儒家文化、道教文化和佛教文化，如今这种多元融合特征在服饰饮食、岁时节日、婚丧嫁娶、建房起屋等日常生活层面均有着丰富的呈现。其中，深受儒释道三家广泛影响的地域本主崇拜最能体现大理地区多元文化融合的特征。

---

① （元）郭松年撰，王叔武校注：《大理行记校注》，昆明：云南民族出版社，1986 年，第 20 页。

② 邹丽娟：《多元文化互动语境下的大理白族传统习俗》，《贵州民族研究》，2009 年第 2 期，第 64—68 页。

“本主”为大理方言称谓，意为“本境之主”，白语称为“武增”（vxzenx［v^{33} tʐən^{33}］），即“我们的主人”之意，也称“老谷”（laoguf［lau^{44} gu^{35}］）、“老太”（laoteit［llau^{44} tei^{31}］）等，各种称呼均带有“主人”和“祖先”之意。在大理地区，本主崇拜神祇系统十分庞大，几乎每村每寨都有自己的本主，本主是白族村社的保护神，掌管着本地本方、本村人的生死祸福。

> 在大理，最大的本主是庆洞村“神都”本主段宗榜，我们叫“中央皇帝”。段宗榜之下有“九堂神”九个本主，“九堂神”之下有“十八堂神”十八个本主，在“十八堂神”之下又有“七十二堂景帝”七十二个本主，还不止这些，在“七十二堂景帝”之下有“五百神王”，即五百个本主。①

如今，仅就大理市内能搜集到的本主封号就达 200 个之多，其中包含了自然神、祖先、英雄、帝王将相和儒家、道教及佛教等诸多本主神祇。其地域信仰之繁杂庞大，在大理村民日常请神祭祀中可窥见一斑：

> 滇西云南省大理市喜洲镇文阁一社、二社、三社，三村之人，请东方城隍、南方城隍、下方城隍、北方城隍、中央城隍保佑家家户户平安无事，清吉平安，一年十二月月月保平安。
>
> 请上界佛主、中界佛祖、下界佛祖、下界七十二堂景帝、二十四位本主，请西莲化道国泰圣母、西莲化道

---

① 被访谈人：HYQ，男，白族，1931 年生，喜洲河矣城村人。访谈时间：2011 年 5 月 29 日；访谈地点：河矣城村 HYQ 家中。

慈莲圣母、请大王太子、二王太子、三王太子，大王护将、二王护将、三王护将，十帝十王、各方大圣、痘二哥哥、子孙娘娘、圣母娘娘、王母娘娘、二位门神护法大将军、茶花圣母、茶花公主、茶花娘娘、下关张公太婆、小邑庄阿太、洱河灵帝、八大金刚，请天门崖的将军驸马、金姑娘娘、东岳大帝、地藏王菩萨，请大理县县城隍、府城隍、火神、药王菩萨，请下关将军洞李宓大将军、二将军、三将军、四将军、七五村白马五大将军、请大太婆、二太婆、三太婆，请大黑龙王、小黑龙王、小黄龙王，请堂梅寺云慈圣母、圣母娘娘，请大黑天神、保和寺的神，请达摩祖师、摩诃祖师，请玉皇大帝、太上老君，请九龙圣母，请雷公雷母、天兵神将、桥神、路神、水神、火神、药王菩萨。

香烟渺渺上天堂，各位神灵请上坛，七十二位都到场。先吃了茶，荣华富贵富贵荣华；吃了酒，富贵又长久。动刀下筷，财门大打开，金银财宝滚进来，滚进不滚出。

请观音塘观音老母，请崇圣寺佛都，请圣源寺神都大圣西来护法灵镇五峰爱民皇帝、五百神王保佑他们大事化小事，小事化无事，空手出门，保财回家，一年十二月月月保平安。合村之人大发大旺，开了鸭蛋，压嘴压舌，无灾无难；海里金鱼游出来，我们来把城隍老爷供，城隍老爷看顾我们，金子银子做枕头；敬金鸡，凤凰鸡，保佑我们万年基；吃了白米饭，大发又大旺。

当堂撤席，大利大吉。①

① 据DDY2011年5月24日大理南门城隍庙请神祭祀现场录音整理。DDY，男，白族，1965年生，喜洲庆洞村委会庆洞庄人。

从村民请神祭祀中，我们可以看到一个庞大的地域信仰系统，而且相信这里提及的显然不是所有信仰的神灵。但仅从提及的信仰神祇而言，就已经是一个包含了本土巫教、儒家先贤、佛教神灵、道教神祇等诸多神灵的庞大信仰体系。然，儒释道文化对大理白族文化的影响不仅体现在本主信仰神灵系统对儒释道三教神祇的吸收，在民众的日常生活中也时刻能寻到儒释道文化的踪迹。大理洱源县江尾《重建石岩本主庙碑记》载：“自来创建庙宇纪念先德，保存政绩，以志不忘……我吕公教化之伟绩，不彰我炎黄子孙悠久之历史，而期后世儿孙俎豆馨香千秋崇祀，遂使礼乐兴而文明盛，六畜旺而五谷丰，我五千年古老之国文化之邦礼仪之域复屹立于世尔。”① 碑文中体现出的念先德、重教化、兴礼乐、讲礼仪的思想显然受到儒家文化的影响。如今，这些思想还根深蒂固地影响着大理人。

佛教对白族民众日常生活的影响极深。唐初，佛教由中原内地及西藏传入大理白族地区，此后由于统治者的扶持（南诏王第十一代王劝丰佑废除道教，尊崇佛教密宗）而得以盛行。大理国时期，佛教密宗一直兴盛不衰。至元代，佛教密宗势微，代之而起的是佛教禅宗。此时期，大理苍洱境内鸡足山、太华山、苍山三山成为佛教禅宗的圣山。至明清，佛教寺院遍及大理各地，境内出现了大理感通山、鸡足山、巍宝山等佛教名山，各府各地设立僧纲司、僧会司专门管理佛教禅宗僧众，佛教禅宗在大理地区达到鼎盛阶段。佛教的盛行对大理白族的社会生活产生了深刻影响。其中，佛教文化对当地文化教育的作用尤为明显，形成了南诏大理国时期的以寺院为学校，僧侣为教师的文化教育形式。李京《云南志略》言“师僧教童子，多读佛书，少知六经者”，而郭松年《大理路兴举学校记》也说：“云南西陲，俗通

① 周祜：《大理古碑研究》，昆明：云南民族出版社，2002 年，第 78 页。

天竺，徒事释氏之书，虽有设科取士，未得其正。”可见，在南诏大理国时期，寺僧作为传道授业者，是当时的“释儒”阶层，他们在传授佛教知识的同时，也将儒家甚至道家的思想融入其中，使中原文化在大理白族地区得以广泛传播。元人李京在《云南志略》中言：“诸神蛮夷刚愎嗜杀，骨肉之间一言不和，则白刃相搏，不知事神佛，若枭獍然。惟白人事佛惟谨，故杀心差少。由是言之，佛法之设，其于异俗自有益。”直到现在，大理白族人仍然将儒家忠恕、佛家慈悲作为为人的准则，在日常生活中注重礼仪孝悌、民风淳朴，这与佛教文化的影响是不可分的。除了“人之教化”之外，佛教在白族日常生活中还多有影响。凤仪北汤天董氏家谱记有董金刚田、董法华墉等名；崇圣寺三塔出土文物题记上有李药师祥、赵观音锦、杨诸天仑等名，均为“姓+佛号+俗名”的冠姓双名制①；而当地有关观音的节日，农历二月十九“观音菩萨生下来”、六月二十九“观音菩萨离家去修行”、九月十九“观音菩萨得道登莲台”至今仍是大理民间最盛大的节日会期。

道教在大理地区的流传始于东汉晚期，为南诏前期的主要宗教信仰，这得到史学界的认同。据唐人樊绰《蛮书》中有关“点苍山会盟”的《誓文》记载，“贞元十年岁次甲戌正月乙亥朔，越五日乙卯，运诏异牟寻及清平官、大军将与剑南西川节度使巡官崔佐时诣玷苍山北，上请天、地、水三官，五岳四渎及管川谷诸神灵同请降临，永为证据……”从《誓文》所记仪式，明显地可以看出道教“三官”信仰在此时的流行。及至王崧本《南诏野史》载“丁未太和元年，王（丰佑）母出家，法名惠海（又名师摩矣）。太和二年，用银五千，铸佛一堂，废道教”，由

① 董国胜，董沛涓：《大理凤仪北汤天董氏族谱整理与研究》，《大理文化》，2006年第5期，第55—59页。

于统治者上层兴佛废道，道教由此被禁。然，事实上道教一直与佛教相抗衡，从未消失。至元明，随着统治者宗教政策的改变，道教又在大理白族地区活跃起来。直到现在，在白族民间还时常能看到道教的踪影，如今大理地区各村寨中的男性中老年组织“洞经会”及其祀神仪轨的“道场”以至所诵之经文，如《太上玉清无极文昌大洞经》、《太乙天尊清劫救苦度世真经》、《二十四孝》、《咽喉开路经》、《十王经》等均带有明显的道教色彩。

综上所述，大理虽为西南边疆的一个弹丸之地，但其文化的多元性却毋庸置疑。因此，我们在研究中必须将其地域文化作为一个多元文化相交融的文化形态来理解，研究中既不能过分强调其本土性，关注“少数民族”特征，也不能过分强调外来文化，将当前地域文化中存在的各种文化习俗及文化因子进行分门别类“源头式”归属，忽视本土文化在地域文化中的整体性。如今，大理文化，作为一种融合了多种文化形式的地域文化形态，是一个整体的文化模式，它在长期的历史发展过程中形成，而且凭借其从未中断的与“他”文化的碰撞与互动，使多元地域文化内部的各文化因子一直处于不断变化和动态整合过程中。

二、“莲池会”的由来

“莲池会”，俗称“老妈妈会”、“老奶会”，是广泛存在于大理白族地区村落中的一种由中老年妇女自发形成的以地域崇拜及其祭祀活动为核心的女性村社组织。“莲池会”历史悠久，但在文献中鲜有记载，仅凭当前民间的口传资料已难以确定其确切形成时期。当地民间普遍流传“‘会’是观音创下的”说法：

我们的“会”是观音菩萨来大理的时候创下的了。那时候，观音菩萨路过大理来讲经，就在现在的观音塘。一开始来讲经，来听的人很少而且全是男的……后来观音菩萨说要专为妇女们讲经，她讲的就是“莲池经”，听的妇女非常多，后来我们大理就有了“莲池会”，现在每个村子都有。现在的观音塘“观音会”每年三次（农历二月十九观音菩萨出生，六月十九观音菩萨出家去修行，九月十九观音菩萨登莲台），都是大理最热闹的了。这三天大理各个地方的“莲池会”都是要去的。①

在田野中，“莲池会”妇女们却频频使用“入佛门”、“拜佛之人”、“拜佛念经”、“吃斋念佛”等说法，而尽管“莲池会”神灵崇拜体系庞大繁复，包含儒释道及本土崇拜诸多神灵，但各村的“莲池会”老奶奶们却一致将“莲池会”归认为佛教组织。将田野调查中所获的材料结合佛教在大理地区传播的历史，笔者认为“莲池会”至迟在唐南诏国时代已经出现，它的形成和发展与佛教信仰在大理地区的本土化息息相关。

在公元7世纪佛教传入洱海地区之前，大理地区已经存在根深蒂固的原始巫教崇拜。公元7世纪，南诏统一了洱海区域，此时，道教已传入大理地区，随后，佛教密宗经由中原、西藏和印度三条渠道分别传到大理，洱海区域因此出现了多教并存的局面。此后，儒、释、道三教与本土的巫教之间展开了长期的斗争。在此过程中佛教运用自身优势结合中原儒家思想以“君权佛授”逐渐获得了统治阶层的支持。《南诏图传·文字卷》主要叙述了南诏国兴宗王罗昇参与“三赕白大首领张乐进求”铁柱祭天及观音幻化的佛教神话。佛教借用本土宗教铁柱祭天仪式过

① 被访谈人：ZDD，女，白族，1943年生，喜洲庆洞庄人。庆洞村4社“莲池会”的经母。访谈时间：2011年4月20日。访谈地点：庆洞庄ZDD家中。

程中铁柱神鸟落在南诏王手臂之说，预示王权将转移至兴宗王，而白王张乐进求以祭天的方式让位于南诏兴宗王，这就是阿嵯耶观音点化“君权佛授”的结果；此外，佛教结合当地传说故事改编和创造了大量佛教故事，民间多有“观音开辟大理坝”、“观音点化细奴罗”、“观音负石阻兵”等传说，以此在大理民间赢得了广泛的群众基础，奠定了其在大理地区的正统地位。尤其是佛教“君权佛授”思想以神权巩固王权，深得统治者支持而不断兴盛起来。南诏王劝龙昇时期修建了不少佛寺，到劝丰佑时期，南诏统治者废除道教，将佛教密宗尊为国教，形成了本土化的密宗“阿吒力教”。此时，虽道教与巫教势力并未彻底消弭，但是佛教密宗“阿吒力教”已居于统治地位。“阿吒力教”的国教正统地位对民间社会产生了重要影响，它与当地巫教结合，产生了许多巫、佛、道兼有的“念经会”、“念佛会”，“莲池会”便是其中之一。

佛教在大理地区的本土化主要有两个趋势：一个是佛教不断与本土巫教信仰、儒家及道家文化相融合，形成了本土化的佛教密宗“阿吒力教”；二是不断深入当地人的日常生活中，佛事祭祀活动成为当地民众社会生活中的重要内容。至大理国时期，佛教极为兴盛，浮屠广布，甚至国王也避位为僧。元初郭松年在《大理行记》中言：“此邦之人，西去天竺为近，其俗多尚浮屠法，家无贫富，皆有佛堂。人不以老壮，手不释数珠，一岁之间，斋戒几半，绝不茹荤、饮酒，至斋戒毕乃已。沿山寺宇极多，不可殚记……凡诸寺宇皆有道居之。得道者，非师僧之比也。师僧有妻子，然往往读儒书，段氏而上有国家者设科选士，皆出此辈”，对当时大理地区的佛教盛况作了简要概述。李京《云南志略》中亦言：“佛教甚盛。戒律精严者名得道，俗甚重之。有家室者名师僧，教童子，多读佛书，少知六经者，段氏而上，选官置吏皆出此。”可见，佛教对当时社会的影响至深。

在大理地区广为传播的佛教密宗“阿吒力教”，其最明显的特征是：第一，僧人尤崇阿搓耶观音。“阿嵯耶观音”封号鲜见于佛教典籍，为“滇密”大理“阿吒力教”所独有；第二，主神为大黑天神。大黑天神是“阿吒力教”的护法神，至今在大理白族民间仍具有崇高的地位；第三，“阿吒力教”僧人可以有家室。“阿吒力”为梵文 Acarya 的音译，意味“导师”或“轨范师”，阿吒力僧人通过联姻等途径可直接参与政治，由于其国教的正统地位，拥有大量王室赐予的佛寺和土地，他们在寺院中讲读佛经和儒书，是当时社会中的释儒阶层。有研究者就认为，大理地区中老年女性组织“莲池会”中的“经母”，相当于“阿吒力教”中的“释儒”，主要教授和带领大家念诵经文，其经文中的《方广经》、《报恩经》、《放生仪文》、《观音经》等就是从“阿吒力教”经文中化用的，有的就是当时的“阿吒力”释儒为不识字的妇女便于记忆而改编的。由于妇女不识字，经文只能以口传心授的形式传播，其中又不免错漏和再创造，而“莲池会”崇拜神灵复杂，但最重要的是观音崇拜，这与“阿吒力教”亦有相似的地方。

自元朝开始，尤其至明清时期，由于统治阶级的禁止和汉地佛教禅宗的传入，“阿吒力教”在大理地区逐步走向衰落。明太祖朱元璋曾下禁密教令，至清康熙年间更明确“阿吒力教，非释非道，其术足以动众，其说足以惑人，此固盛世之乱民，王法所必禁者也”。由此，“阿吒力教”信仰及活动受到沉重打击，已呈现边缘化的趋势。然而，在民间“阿吒力教”仍在隐性传播。正如李东红在研究中所言：“（坛与会）是阿吒力教最核心的组织，是基本的宗教活动单位。它是以世袭阿吒力世家为坛首，以该坛首家中所设的佛堂为坛场，由众多的‘俗僧’，即有家有室的年长妇女及部分男子为皈依弟子而从事佛教活动的阿吒力组织……只是因为有些地方的阿吒力世家已不复存在，使得这些地方的‘念佛会’、‘妈妈会’失去了组织的核心——阿吒力世家。因为没有了‘坛主’，这些地方的‘妈妈会’发生了分化，那些演奏音乐的男性会友便独立出来形成了与以演奏洞经音乐为主的‘洞经会’合流的趋势……而女性会友便成为名副其实的‘妈妈会’，在各种节日庙会之中，我们会经常见到在庙中，或在庙外空地上列队讽诵《金刚经》的老年妇女，这便是阿吒力教的重要遗迹之一。”① 而今，在白族本主崇拜系统中可见许多“阿吒力教”神祇的踪影，其中“阿吒力教”主神“大黑天神”不仅成为许多村落如上湾桥、下湾桥、白塔邑、果子园、喜洲镇的本主，而且几乎所有大理地区的本主庙宇正殿右侧均会塑有“因中毒而全身乌青”的通体蓝黑色“大黑天神”造像，民间广泛流传“大黑天神饮鸩救民”的传说。如今，这个产生于南诏时期的“莲池会”虽经历千年风雨却依然遍布大理地区的每一个村落②。

基于以上分析，笔者认为，大理地区的“莲池会”基本产生和形成于唐代，其产生与佛教在大理地区的传播及本土化密切相关。产生初期，主要信奉佛教，但是在长期的发展过程中，又不断融合了儒教、道教、本主崇拜等思想及信仰形态，最终形成了这一多元宗教混融的、“泛神”崇拜的妇女宗教组织。

---

① 李东红：《大理白族佛教密宗阿吒力教派研究》，昆明：云南民族出版社，2000 年，第 63—66 页。

② 据调查，大理地区每个村落至少有一个“莲池会”，在个别规模较大的村落如喜洲庆洞、河矣城等，甚至有两个或三个人数不等的“莲池会”。村落妇女均在 40 岁左右开始加入“莲池会”，50 岁之后的中老年妇女入会比例几乎达 99%。

第二节　村落“闲”风及村社组织

地方史造就的文化，使得大理素有“文献名邦”的美誉。事实上，村里人并不知晓多少详细的地方史，但是在低头举眼之间却时时能看到“故国”远去的“历史”。作为地方景观的“上关花，下关风，苍山雪，洱海月”自不必说，屹立于苍洱之间的大理古城楼、喜洲古建筑群、“佛都”崇圣寺、“永镇山川”的三塔、“树人百年”的西云书院，都显示大理地域之内的钟灵毓秀，显示着曾为“一国之都”的“南诏大理国之遗风”。在大理，苍山脚下、洱海之滨数不清的“魁星阁”、“文昌宫”、“孔庙”、“观音庙”也正述说着大理之域的“文之教化”和大理“文明”的历史。如今，“故国”不再，曾为“南诏大理国故地”的大理人却还时时存有挥之不去的“故国遗风”，这种“人之教化”并“以文化之”的“遗风”在满存“历史感”的大理古城自不必说，就在远离了喧嚣的大理乡村也随处可见。

行走在大理乡村，你定会被一种村里人称为“闲心闲情”的东西感染。村里“办事”的对联还未褪去颜色，几张书有“之子于归”、“迎凰志喜”、“弄璋之庆”、“房诞之礼”等大字的方形红色“邀客贴”仍贴于墙外。白墙青瓦的房子，无论是进入院落的门楼，还是采光辟邪的“照壁”，青瓦覆盖的檐下皆是雕梁画栋，即使是最平常人家的“照壁”都会绘有琴棋书画、青松翠竹、石榴佛手、富贵牡丹、空谷幽兰、麒麟芭蕉、丹顶松鹤等白底彩墨图案，且在图画一侧毛笔黑墨书写诗文，颇有中国画“诗配画”之风韵。黑墨书写的“百忍传家”、“明道家风”、“琴鹤之家”、“水部家声”等几个大字分明地写于“照壁”外墙，以明主家之姓氏及门第家风：

> 村里人盖房子，不论是土木结构的，还是混凝土浇灌的，都讲究要有照壁。照壁可以盖在不同的方位，但是一定要正对着房子正中间的堂屋，有了照壁，不好的东西就进不来了，家里也就感觉“谨慎”，家里也就清吉了……修一堵照壁需要很长时间，不说砌砖瓦，光是照壁彩绘的那些花草虫鱼就得花不少时日。照壁彩绘上了，就感觉家里清秀了许多。村里人一般都喜欢彩绘花草虫鱼，各家画的都差不多，都是梅兰竹菊、琴棋书画、富贵牡丹样子的。不过，照壁上的字倒是相当有讲究的，各家的照壁都写有毛笔大字，是不同的姓氏，也是家风，你看到写的字，至少就能知道他们家的姓氏，就这样子也能认得“本家”了。像看到“清白传家”是姓杨，“琴鹤家声”是姓赵、“百忍家声”姓张、“青莲遗风”是姓李、“水部家声”姓何、“南诏宰辅”姓董、“明道家风”姓陈、“瑞雪三槐”姓王、“工部家声”姓杜，也有的人家根据照壁所占方位题字的，照壁修在东边一般题书“紫气东来”，南边就是“彩云南现”，背山向海写“苍洱毓秀”，总之是很有讲究的，让后辈子孙不忘祖训家风，在家就可以作天下的锦绣文章。①

然而，在进一步的田野调查中，我发现村里人所谓的“闲心闲情”远不止于这些注重祖训家风、文教礼仪的“闲情雅趣”。“闲”是我在大理村落田野调查时当地人经常提及和使用

---

① 被访谈人：ZQ，男，白族，1943 年生，大理龙龛村人。访谈时间：2007 年 8 月 16 日；访谈地点：龙龛村 ZQ 家中。

的一个概念。在之后不断深入的田野调查中，我逐渐意识到在当地表述中，“闲”不同于“闲暇”之“闲”，“闲心”也不仅是那些赋诗笔墨的“文雅之事”。村里人经常说起的“闲”，更多是一种“闲风”，它既是村里人“为人”品质的要素，也是村落文化不可或缺的组成部分。“闲风”作为一个复杂的地方概念，它和村里那帮子经常管“闲事”的“闲人”密切相关。以下我将对村民日常表述中的“闲”进行界定与阐释，这与村民“为人”观念紧密相连，村民对它的理解和表述，在一定程度上体现了村落社会中的“人观”。

一、“闲人”与“闲事”

在村里人看来，龙龛村每年都有一件大事儿，那就是农历七月半的“耍香龙”。在田野中，我的访谈人会不时地提起“耍香龙”，他们对我说，“你写龙龛村，一定要把‘耍香龙’写进去，这是村里最大的事了”。当我开始思考村落“闲人”和“闲事”时，我不自觉地想到了这件村里人认为的“最大的事”。

龙龛村各家户堂屋均设有“祖先席”，每年“七月十四”中元节期各家便接祖祭祀。村里人说“七月初一傍晚，祖先就回到家门口了”，后代子孙便需到门口接祖祭祀，将祖先迎回家中，此后一直到七月十六都要和家人共居家中，享受每日里的三餐祭祀。而至于“耍香龙”什么时候开始的，“现在已经没有人能说得清楚了，只是在记忆里从来就没有断过”。“耍香龙”是“七月十四”期间七月十二、十三、十四举行的重要的村落祭祀活动。活动的组织方式沿袭成规，组织者是该村落过去一年中

（农历八月以后至次年农历七月以前）新结婚的家庭①，村里人称为“搭头”。据调查，每年村里新婚家庭一般在4至8户之间，他们负责此年“耍香龙”的一切事务。龙龛村的“耍香龙”由每年村里新婚的家户“搭头”组织，可以这么说，家家户户都“搭头耍过香龙”的：

说是到七月十二、十三、十四的晚上才耍，可是我们刚进七月就准备了。七月初二就聚在一起商量“耍香龙”的事。女人们到各家挨家挨户地“凑功德”②，男人们则开始登记各家出来“耍香龙”的人，“灯笼队”和“龙丫头队”都是女孩和男孩，谁去“抬灯笼”，谁去做“龙丫头”之前就说好了的，而“龙身子”的数目则是需要确定的，它只能由没有结婚的小伙子来耍。确定了人数，就要去买香，买回来之后需要一把一把地分到要去“耍香龙”的各家去。③

“搭头”在村落祭祀活动中起了很大的作用，但是笔者发现，这样为期三天的巨大的村落祭祀活动，并不仅仅是由“搭头”组织完成的，这需要村里人的共同参与。村里“闲”的人，在农历七月初八、初九的时候就会主动来到本主庙里修补和扎制“草龙”：

---

① 在村里人看来，“结婚”有两种含义：一是男子娶女子进门。女儿出嫁的女方称为“打发”（白语音译，白文写作：dexfex ［$də^{44}fə^{44}$］）；二是女方招赘男子上门，男子入赘的男方称为zouzmeit ［$zəu^{32}mei^{31}$］。这两种形式的婚姻都称为“结婚”。

② “功德”，是当地人对出资善事活动的总称，钱款不论多少。“凑功德”是一种集体募捐或者集资的方式，所筹集的钱款大多用于诸如修建庙宇等类的公共活动。

③ 被访谈人：ZFY，男，白族，1935年生，大理龙龛村人。访谈时间：2010年8月12日；访谈地点：龙龛村本主庙内。

这些“耍香龙”的“闲事闲务”不是每个人都能做啊。“香龙”是在夜里耍的，样子就是一条用稻草扎好的“草龙”。“草龙”在耍的时候容易被香烧坏，所以几十节的“龙身子”每年都要修补一下，如果烧坏得太多了，那么就只能重新扎了。而“龙珠子”、“龙头”和“龙尾巴”都是需要重新扎的。“龙头”是最有气势的，去年耍过的不好了的话，香龙耍起来就看着没精神……我们扎不了香龙的“龙头”，也扎不了“龙尾巴”，这考验技术的。每年都是村里那几位来帮忙，他们来庙子里，帮忙扎扎香龙，做做灯笼的，前前后后的三四天也就做完了……他们画画、毛笔字都好，“凑功德”的张榜一般也就是由他们来写了，村里每年的“搭头”准备好笔墨纸张就行了。①

“耍香龙”前的扎灯笼就是赵大伯每年都要管的“闲事”：

……前几年的灯笼都是画的，先把灯笼的原型扎好了之后，再在灯笼上画上各种图案。灯笼的造型一般都是鱼、龟、河蚌等，有时候也会偶尔做几盏宫灯，但是并不多。彩绘的画，在晚上看，效果不是很好，因此，这几年我就改用了五色纸。先在纸上勾勒出图案，然后按照线条剪下，再把剪下来的图案粘在灯笼上，这样，蜡烛在里面照出光来，灯笼就显得十分的好看了，反正

① 被访谈人：ZQ，男，白族，1943 年生，大理龙龛村人。访谈时间：2007 年 8 月 16 日；访谈地点：龙龛村 ZQ 家中。

总觉得比彩绘上去的好看。[①]

村里人说，村中如赵大伯般出来管“闲事”的人还很多。

……“耍香龙”是村里人的共同的事情。以前，有人说这样的闲事闲务，就不要干了，给村子里人增加负担，浪费钱也浪费人力，说就停了吧。“洞经会”和“莲池会”的会头都不同意，祖辈子里就传下来的，都说即使是闲事，也得每年办下去，要办好。村里管闲事的人多，大家都出点力，村里的一件件事儿也就能办圆满了。[②]

当我在对像“耍香龙”、“中元会”这样村里最大的“闲事”进行调研和访谈时，村里人不停地重复着有关“闲”的一些说法：

闲事闲务要有闲钱来做。
闲事要有闲人管。
闲人家的，比我们挖田种地的还紧。
闲人闲家倒是有闲心管那些闲事闲务。

一下子，村里人口里的“闲人”、“闲家”、“闲事”、“闲

① 被访谈人：ZQ，男，白族，1943 年生，大理龙龛村人。访谈时间：2007 年 8 月 16 日；访谈地点：龙龛村 ZQ 家中。他是有名的艺人，20 世纪 80 年代末重修本主庙时，重塑了本主庙里的塑像。毛笔彩绘工艺十分精湛，村里学校建筑和有些人家院子里的彩绘皆是他的手笔。

② 被访谈人：HYC，男，白族，1932 年生，大理龙龛村人。访谈时间：2010 年 8 月 12 日；访谈地点：龙龛村老年协会内。

务”、“闲心”、“闲钱”、“管闲事”等等有关“闲”的说法充满了我的大脑，我开始思考有关“闲”的真正含义。当我于2010年暑假回到村里调研，村里人向我讲述的一件刚刚发生的事情，让我对村里人经常说到的“闲”有了更为深刻的理解：

年轻社长的想法有时候让人想不通。他想的自然有年轻人的道理，他想把村里的公田使用权转让，然后按照村里人头来平分钱。公田转让是大事，村里有人同意，也有人反对。但大家各自奔忙家里，也就少有人管这样的闲事……老张已经55岁了，以前忙于自己的小家庭很少有闲时间来管村里的闲事……村长找到老张说这件事情的时候，老张说这闲事他管定了。公田是村里人共同的财产，不能随便转让，卖了以后村里就没东西了。以后村里想干点什么事情，就不行了……当日夜里，从未使用过村里扩音喇叭的老张到村长家通知全村人到本主庙里开会，老张给大家讲道理一直到晚上十一点，村里人都在他写的反对转让公田的信上按了手印，这封信被老张交到了村委会，事情闹大了，镇政府也知道了，后来公田终于没有被卖。①

当我在后来的访谈中和老张聊到此事时，他说：

多少年都因为家里忙没时间管村里的闲事。我经常很愧疚，村里“耍香龙”的时候都没有太多闲时间出去帮忙……那时候就是想着这件事做得不对，不对就应

① 被访谈人：ZP，男，白族，1950年生，大理龙龛村人。访谈时间：2012年4月25日；访谈地点：龙龛村ZP家中。

> 该阻止，没有想太多。家里媳妇儿说我爱管闲事，管闲事有时还不落好，有人说好有人说坏，小孩子不是有句话骂人说“多管闲事多吃屁”嘛，说是这样，但是你说闲事闲务的还是得有闲人闲家来管才行啊。①

从和老张的谈话中，我渐渐体会到了村里人所说的“闲人”和“闲事”的真正含义。村里人所谓的“闲人”和“闲事”是紧密联系在一起的。“闲人”不是我们通常意义上理解的“无所事事之人”或“无所作为之人”，“闲事”也不是指“闲是闲非之事”或“事不关已之事”，在村里人的观念里：首先，“闲事”指的是“不要紧”的事情。在村里人看来，“要紧的”事就是“自己家里”、“赚钱养家糊口”的事，简单地说就是“私人的”、“有利益”的事，那么与此相对，“不要紧”的“闲事”就是“别人家的”、“村里的”、“大家的”、“与养家糊口无关的”事情，是“公共的”、“与个人利益和家庭经济生产无关”的事。“闲事”在一定意义上来说就是“公共事务”或“集体事务”。其次，“闲人”和“闲事”相连，指的就是那些积极投身于“村落公共事务和公共福祉”的人，即村里人说的“有公心公德的人”。“闲人”有“闲时间”、“闲钱”来管“闲事”，不是因为他们的时间和金钱多余，没有其他事情可以做，而是因为他们的“公心”和“公德”让他们愿意拿出“可以为个人家庭创造财富”、“可以为个人带来利益”的时间和金钱来为“别人”、“村里”和“集体”服务。所以，“闲”在村落社会中具有一种超越性，它逾越了与“个人”、“家庭”等私人有关的价值樊篱，而引导人们去关心一些与个人利益和家庭经济生产无关

① 被访谈人：ZTB，男，白族，1956年生，大理龙龛村人，龙龛村第4村民小组组长。访谈时间：2011年8月10日；访谈地点：龙龛村ZTB家中。

的事务，而这正是家庭单位中的个人走向村落社会，从而实现自身的公共价值的一种行为和境界。因此，对“闲”的评价和看法，蕴含着村民对“为人”观念的价值判断。“爱管闲事的人”被村里人认为是“有公德心”、“讲道理”、“懂礼节”的人；反之，一个从不关心“闲事闲务”的人，会被村里人看作是“自私”的“无礼之人”。

二、“闲”与“不闲”：村社组织的公共性

在龙龛村，“莲池会”和“洞经会”成员在村民看来是村里最大的“闲人”。作为村社组织，“莲池会”和“洞经会”成员均为中老年人，区别在于“莲池会”成员均为女性，而“洞经会”成员均为男性。

> 参加“莲池会”、“洞经会”要有闲时间才行，要耽搁得起才可以的。村里人来邀会，不去又不行。赶上七月半的时候，从七月初九就开始天天不在家了，帮人家都是一整天的，有时候一耽搁两天三天的都有……就村里上会的日子，你看家里的老奶，还不是几天的不在家里，就像每年“朝斗”六月六天的南斗，九月的九天的北斗，还不是天天去。家里走不出去的，怎么耽搁得起。①

作为中老年村社组织，如村民所言，“洞经会”和“莲池会”确实是“闲人”参加的，用村里人的话来说，他们是“有

① 被访谈人：HXZ，女，白族，1958 年生，龙龛村人。访谈时间：2011 年 7 月 5 日；访谈地点：龙龛村 HXZ 家中。

闲时间做闲事的”。据调查，“洞经会”、“莲池会”会员平均年龄均在60岁左右，这个年龄的人，在村里是“没有什么家庭负担了”。“莲池会”内部就有不成文的规定：妇女只有在40岁之后才能入会。当问及原因时，大家都说，“那时候就耽搁得起了”。“没有负担”、“耽搁得起”成了村里人对“洞经会”和“莲池会”会员“闲人”身份的理解。

而在田野中，笔者发现“洞经会”和“莲池会”有时确如村里人所言，是个“闲会”：

首先，就“洞经会”而言，大理地区的“洞经会”因其所奏洞经音乐得名，其成员一般都擅长某种乐器。“洞经会”对会员入会的要求之一，就是要通晓某一种乐器，以服务于“洞经会”谈经祭祀的需要。

> 村里的洞经会参加的人很多，也分为几部分，有打击乐，像大锣、圆乐、中铲、小铲、大钹、板、芒锣、大鼓、猪皮鼓、铃铛、木鱼、钟磬、小锣、铲钹、镲子等；管乐主要就是笛子了，而其他最多就是弦乐：像三弦、二胡、京胡、板胡、大胡等。所有的乐器都是自己学的，平时爱好音乐的就自己学，自己琢磨，平日里自己练习曲子，大家聚在一起的时候就一起合奏，演奏《南清宫》、《请圣》、《元始腔》、《吉祥音》、《凤凰醉月》、《一江风》、《元皇赞》、《花供养》、《果供养》、《孔子歌》、《锦七言后苏武牧羊》、《贺元始》、《清河老人颂》、《五声圣号》、《太上洞调吉祥神咒》、《奉圣乐》、《梅花三弄》、《月调》、《天女散花》等乐曲。[①]

① 被访谈人：ZYF，男，白族，1939年生，大理马久邑村人，马久邑村“洞经会”会长。访谈时间：2011年5月27日；访谈地点：大理马久邑村护国祠内。

由于“洞经会”演奏所使用的乐器和演奏曲目种类繁多，这就要求会员有足够的“闲”时间用于平日里的单独练习，而且更需要其会员拿出必要的“闲”时间进行整个“洞经古乐队”的合奏练习。因此，诚如村里人所言，不是“耽搁得起”的“闲人”就不可能有那么多的“闲时间”做那些“吹吹打打的闲事”。

其次，就“莲池会”而言，村里人也说“她们是闲下来了才去的”：

> 参加“莲池会”都是家里没什么负担了才去的。一般在40岁以后，家里的儿子结婚了，闺女打发嫁了，有孙子了，家里的事情撂下让孩子们掌家了，就出来走会了。要以前，家里有负担，哪里有那闲时间天天去啊，每月里去几天的。[①]

可见，“耽搁得起”的“莲池会”会员，是在卸下家庭经济生产和儿女终身大事的重担之后才入会的，的确是“闲”下来了。

> 老妈妈们聚在庙子里，拜经是拜经，但哪里有成天里拜经的……她们聚在一起，全都是各家的女人，还不是说那些家里的琐碎事，你家姑娘了，他家儿子的，一会说儿媳妇儿，一会儿说亲闺女，都是闲是闲非……村子里，只要发生点什么事情，上会的时候一说，全村人

① 被访谈人：DRL，女，白族，1937年生，大理龙龛村人。访谈时间：2011年7月18日；访谈地点：龙龛村DRL家中。

都知道了。[①]

这么说，“没什么负担”、“耽搁得起”的会员和平日里“吹吹打打的，叮叮呱呱”、“说长说短闲是闲非的”的“洞经会”和“莲池会”可真谓“闲人”是也，“闲会”是也。

然而，作为村社组织，“洞经会”和“莲池会”都是自发组织而成的以地域崇拜及其祭祀活动为中心的中老年性别组织。村里人建房起屋的“房诞礼”、“做三桌”的诞生礼，“周岁礼”、婚礼、寿礼、丧礼、“退孝”、“烧新包”和日常私人“供会”、“办好事”，以致于平日里的车祸、噩梦、惊吓等都会请“洞经会”或“莲池会”拜经祭祀[②]。正如村里人说的，“这闲人闲家的成日里还紧得很呢”：

老奶一去会里就忙。早上七点去也是天黑回，早上八点去也是天黑回。整天里，比我们出去挖地种田的还忙活。有时候，人家里私人办会请的，就走得更早，天蒙蒙亮的就走了。准备干拉水果，果盆果盘，摆坛拜经，还要去本主庙里供，一天里都忙不完……大多时候就是在庙里，有时候就去办事的人家家里。逢遇天干水旱的，要去拜龙王，她们走得更远，走路去走路回，一

① 被访谈人：ZW，男，白族，1956年生，大理龙龛村人。访谈时间：2011年7月20日；访谈地点：龙龛村ZW家中。

② “洞经会”经文种类繁多，根据谈经场合讲诵不同经文。如建房起屋谈《安龙奠土经》；家里“私人供会”谈《太乙天尊清劫救苦度世真经》、《太上玉清无极文昌大洞经》；农历“七月十四”亡人超度谈《二十四孝》、《咽喉开路经》、《十王经》等。不论哪种场合，在谈经初始皆会先谈《开坛礼请科仪》。“洞经会”谈经一般由“司香生”上香、“司跪生”磕头行礼，“司乐生”合奏各种“洞经”音乐，“谈经人”依经文内容谈经并主持各种跪拜上香及奏乐礼仪。

去就是好几天。就没见她们闲的时候。[1]

……家里老头参加了“洞经会”比以前更是忙了。你看他着急的，不是今天去帮人做会，就是明天去帮人念经。人家请到了，不能不去的，去这家不去那家也不行。你看今年的中元会，前前后后忙了有五六天了，白天里不得闲，晚上也不得闲，天天晚上都是十二点才回来，说是累不过来了。念经、掌板、写对联、写表文、张榜公布功德，事情多的是，第二天一大早天刚亮又走掉了。我看他忙成什么样，比我们家种田种地的时候都积极。[2]

在村里人对“莲池会”和“洞经会”的“闲”与“忙”的描述中，我进一步理解了村里人有关“闲人”和“闲会”的含义。其实，“洞经会”和“莲池会”会员，在村里人看来他们是“家里的闲人，村里的忙人”，这体现了作为“闲会”的“洞经会”和“莲池会”在村落生活中的公共性。说他们是“家里的闲人”并不意味着作为中老年人的他们已经无所作为，对家庭经济生产无任何贡献可言。实际上，在村里即使是年近八旬的老人还在为家人做着力所能及的事情，他们或照看年幼的孙儿让他们的父母可以安心工作，或是为家人准备饭食让在田间辛劳的孩子们回家就吃上现成的热饭。说他们是“家里的闲人”更多意义上是指他们已经不再将家庭发展和经济生产当做最重要的任务，这已然变成了年轻的儿孙们的事情，他们随时可以为“村

① 被访谈人：ZYB，男，1953年生，大理龙龛村人。访谈时间：2010年8月23日；访谈地点：龙龛村ZYB家中。

② 被访谈人：DFZ，女，1948年生，大理龙龛村人。访谈时间：2011年5月2日；访谈地点：龙龛村DFZ家中。

里的”、“别人的”事情而抽身离开；说他们是“村里的忙人”则是就村落公共事务层面而言的，加入“洞经会”或“莲池会”就意味着个人从家庭走向了村落，由一个私人的家庭空间进入了村落的公共空间。当然，此前的家庭地位会影响到其在村社组织中及其村落中的声誉和威望，而且势必一直会影响其在村落中的地位。而此后，在村社组织及其村落中的地位，也会影响到其家庭威望和地位，二者是相辅相成的。这一村落公共身份的实现体现了村落中老年人的价值外求，同时也体现了村社组织的公共性及对村落公共价值的诉求。

三、“闲”：村落人观

依上文所述，对于村里人而言，“闲事”和“个体”、“私人”对立，是“集体的”、“村里的”、“大家的”事，其中颇有点儿公共事务的含义。而在这个意义上而言，那些爱管“闲事”的“闲人”就是村里的“贤人”。村里人说，“能管闲事的人都是有本事的人，没本事的也管不了闲事”，他们对村里那一帮子“好管闲事的人”还是充满了尊重的。而村里“好管闲事”的那些人，不论是“洞经会”会首还是“莲池会”的“经母”，他们的威望不仅因为精通某种“洞经”乐器或背诵多少“莲池”经文，更源于个人内部修养。他们皆是村落中德高望重的老人，不仅谙熟各种祭祀程序及礼仪，通晓各种念诵经文，而且精通本地方知识，在一定程度上而言，他们是本地方的民间精英。“洞经会”成员时常说，“在以前，只有在科举考试中得了功名的人才有资格入会”，而即使在现在，加入“洞经会”的人也必须是三代清白并且在其他会员的推荐保举之下才有资格入会。因此，他们在日常生活中都十分注重自己的行为举止，认为自己承载着村落社区的道德，言行皆应起到楷模作用。

在龙龛，无论是“洞经会”的会首还是“莲池会”的“经母”，都是村里最为典型的“闲人”，也是村里“最紧”、“最忙”的人。他们平日里忙于各种家庭事务，只要村里有事就一定会责无旁贷地参与到各种村落公共的“闲事闲务”之中。在此意义上，我们可以对“闲”有更为深层的理解。“闲”是一种精神境界，也是村里人共同追求的一种生活状态，它不仅体现在日常生活中“雕梁画栋”、“水墨山水”等的“闲情雅致”上，更体现在村里人对个人生活状态及生活价值追求的“超越性”上。“闲”是一种“牺牲”，一种“放弃”，所谓“有失有得”，有“公心公德”的“闲人”，他们愿意舍弃私人家庭利益，不计个人得失，而以一种“服务”精神投入到村里人的礼仪庆典、祭祀仪式等一系列公共事业之中。由此，“管闲事”变成了村里人追求的一种积极的生活状态，是村里人应当去追求和养成的一种生活方式。就这个意义上而言，“闲”的含义与“贤”有了互通性。

试图在村里人的表述中找到一个与“闲”准确对应的说法是困难的，但我们能在众多“闲人”参与的村落礼仪及其行为实践中找到一些有关它的解释。首先，“闲”是一种精神境界，是对超越个人利益的一种公共价值的追求。这在上文有关“闲人”的“公/私”、“集体/个人”的对比阐释中已经清楚呈现；其次，“闲”是一套行为礼仪，它不仅是对自我言谈举止、行为实践的“有礼有节”的要求，而且也是村落社会中社区礼仪教化的体现。村里人时常说“我们做什么事都是有讲究的”，而这些“讲究”与村落庆典、仪式等及各种日常生活礼俗密切相关，这些“讲究”在为我们探究“闲”与“贤”的互通性上提供了十分有利的解释。若干的“讲究”，在当地人看来就是讲“礼”，而作为木匠、泥水匠、塑佛匠等，就应当掌握这些“讲究”所涉及的一套知识和操作技能，这就要求这些匠人在日常生活中要颇具“闲心”而去学习和掌握一套与此相关的礼仪知识。正如村里人说的，“不论做什么，即使一个泥水匠、杀猪匠都是需要有肚才的，做的时候有讲究，能说上几句‘吉利话’，不然就没人请他了”。在田野中，村里一位塑佛匠人的“开光说吉利”颇有意思：

> 点顶光，三十六天干，天上来福气，地上保平安。
>
> 点眼光，眼看四方，四方八面都来财，财源滚滚达三江。
>
> 点鼻光，鼻闻真香，香浮到天庭，世代保平安。
>
> 点口光，口念金刚，开口说真话，子孙后代做大官。
>
> 点耳光，耳听八方，家家有财路，金银珠宝装满箱。
>
> 点胸光，胸怀全局人平安。
>
> 点手光，掌握法宝镇四方，人勤春来早，五谷粮食堆满山。
>
> 点足光，脚踏祥云走四方，空手出门，保财回家。①

而“莲池会”老奶奶们“教花童”中的“说吉利”更是生动有趣：

> 我教花童拜西方，凤眼洞对着中和山，遇到姜太公钓鱼，享天尊的福，花童这小个读书读得好，学校读了

---

① 被访谈人：ZQ，男，白族，1943 年生，大理龙龛村人。访谈时间：2010 年 8 月 16 日；访谈地点：龙龛村 ZQ 家中。

> 一所又一所，下堂考状元，今天教花童，这里是正西方……我教花童拜中央，花童出生在何氏门宗，他奶奶爷爷也喜欢，庆贺他奶奶百年寿，庆贺他爷爷坐百岁，让他们门前有摇钱树，用一把来抓一把。①

正是从这些村里“闲人”所行的各种“讲究”上，我领会了当地人所说的“闲”其实是一种修养，或者说是一种村落“礼俗”的表现。村里人“爱管闲事”是与礼仪教化有关的，并且当地人的这种“闲”对社会生活的形塑具有重要的意义。领悟当地的“闲”之意义，我们可以进一步洞察龙龛村民有着什么样的“人观”。在“闲”所体现的人观中，强调“人”应被“礼”所“化”，而在这样一个“化”的过程中，村里人通过对“做闲人，管闲事”的推崇体现了人们在生活中主动完成自我“超越”的追求。村里人的讲究，即是日常生活中的各种“礼仪”，而村里的“闲人”正是在实践着这样一种礼俗生活。这明显地体现在龙龛村民对“闲”这一人生价值的追求上。在龙龛，对于“闲”的追求给村民带来的更多是一种在“做人”与“为人”上的精神愉悦和满足。

第三节　“闲人走闲会”：村落妇女的“入会”历程

在前文有关村落“闲风”与村社组织公共性的讨论中我们提到，在龙龛，村落妇女40岁左右便开始加入被村里人誉为

① 被访谈人：HZL，女，白族，1929年生，大理龙龛村人。访谈时间：2011年8月17日；访谈地点：龙龛村HZL家中。

“闲会”之一的“莲池会”。在当地，做这样的“闲事”却似乎是每个女人一生中必须经历的一段生命历程。在村里人看来，“到了年纪”而不“入会”的女人是“不正常”的，是“有悖常理”、有违村落传统礼俗的。“到了年纪”不“入会”的女人，放弃了“修佛行好”，不仅是对个人“有生之年”的现世生活与“百年之后”生命轮回的不负责任，而且更是对家庭福祉的不负责任，因而也被视为村落社区内部的“异端”。

年纪一到大家就约着入会了。约在一起，“朝斗”的时候就去了……不用人说，到了年纪大家就都去了。不去，家里的妈妈婆婆也会催着让去着，说前前后后的同一辈人都入会了，也该去了。村里女的一般50岁就全入完会了，到时候你不去也不成样子。①

据调查，村里有个年近60岁的妇女至今仍未“入会”而信仰了基督教。她礼拜日和家里的男人一起去大理古城参加教会活动，但是在平日里，却和“入会”的“莲池会”妇女一样，十分熟悉日常祭祀礼仪。她早起便在祖先席前点香焚蜡，遇上村落“莲池会”拜经等公共场合，也会同村里的妇女一样口念经文，至于家里请客办事，也少不了请村里的“莲池会”来帮忙拜经祭祀。在诸多场合，凡有机会妇女们便加以劝解，让她“到庙里一起拜佛念经”。可是，这个女人还是“顽固地”没有“入会”，于是，这个独树一帜不入“莲池会”的女人成了村里人茶余饭后的谈资。当然，在龙龛村，甚至在整个大理地区，都不存在所谓的宗教冲突和宗教迫害，尽管在调查中妇女们经常说自己

① 被访谈人：HYX，女，白族，1958年生，大理龙龛村人。访谈时间：2011年7月6日；访谈地点：龙龛村HYX家中。

信仰的是佛教，有时候也将“入会”说为“入佛门”，但是，这里的人们并不把“入会”、“拜佛”、“念经”视为一种严格的宗教活动，它只是女人们“到了年纪”就应当去做的事。从这个意义上而言，村里人将“入会”看作是一种“礼”，是人人应当遵守的“礼节”。

> 古辈子里就是这样子传的。到了四五十的，就得入会“行好”，不去不行的啊。大家都去，你不去倒像是不讲理的了……什么都有礼路的。到了会里，经常上会供会的，也就渐渐知道该怎么磕头、摆糖果干果，服侍本主祖先……“破四旧”的时候都没停过，人家不许我们念经，不许我们“摆堂”，我们还是念，前前后后的到了四五十岁的人也都偷偷入会了。①

可见，“到了年纪”就要“入会”，这已经是村里人的“理”。不“入会”便是“不讲理的”，也就成了“不懂礼路”、“失了礼节”的人。因此，在大理，“入会修佛”是村落妇女必须完成的一个生命历程。一个“正常”的妇女，在其人生轨迹中必然要加入“莲池会”，从而开始一段“拜佛行好”的生命历程。

一、由内至外：村落妇女的“入会”历程

在讨论了村落“为人”观念及“入会”这一行为实践在当地所具有的礼俗意义之后，我们来关注具体的行为实践者，即那

---

① 被访谈人：HZL，女，白族，1929 年生，大理龙龛村人。访谈时间：2010 年 7 月 13 日；访谈地点：龙龛村 HZL 家中。

些要加入“莲池会”的村落妇女，由此来进一步了解“入会”这一行动的社会意义。以下，我将以龙兔村“莲池会”某些成员的个人生命史来呈现村落妇女如何加入“莲池会”，并通过“入会”这一途径实现个人从家庭私人空间到村落公共空间的跨越。由内至外的空间扩展，通过“入会”这一行动得以实现，由此村落妇女“礼佛修身”的自我修炼之路与投身“闲会”以谋求家庭乃致村落社区公共福祉的诉求得到很好的统一。

龙兔村妇女加入“莲池会”一直遵守一个简单的仪式规范：

哪一年入会的，具体是记不清了。很多年前的事情了，只记得那年是属猪的，同辈里的有几个人已经早我两年入会了。家里的婆婆也说年纪差不多了，迟早要去的，就早点去，也好在会里占个位置，排个名，以后“供会”做“搭头”的也好按顺序来，也算是了却了一件大事。我和村头的立新妈约好了，那天做完生意就去了经母家里，说想要“入会”了。经母说正好之前还有两个人一起来说过的，我们几个人商量一下，就在今年的六月朝斗的时候进来吧……家里的几位婆婆都给我们出了不少主意，因为入会按照规矩也是要送一些东西进会里的，我们年纪轻轻的也不懂，婆婆们都说按照以前的规矩办吧。我们在六月刚进来的街子天里就凑份子一起买了红糖、茶叶，还专门买了两条送进会里“摆堂”时用的松鹤刺绣帷帐……六月朝斗是六天，我们就在第三天去。那一天，我们四个人准备好了东西，分别都用托盘放着，按照事先经母说的，都在颖和家里一起等着，本来说是要分别去我们各自家里接的，但是因为有四个人一起，所以就让我们都在同一家里等着，一会儿就一起去了。会里的人说本主庙子里下午拜了一会儿经以后，就会有人来家里接我们的。大约是下午三点钟的样子，那天太阳很大的，玉枣她妈和鹤松他奶奶两个人就前前后后一起来了。她们见了我们就双手合十说我们走吧，于是我们一前一后地跟着她们就进了本主庙了。到了庙子里，我们将东西放在本主正殿的供桌上，经母就让阳慧她奶教我们磕头，她跪下我们也跪下，磕完了头，经母就给我们排座位。每个“莲池会”的人都有自己拜经的位置，我们一起来的几个人被安排在右边后面第四排了。我们家婆婆年纪大了，而且在会里也做得不错，现在已经在左边第一排里边的第三个位置了。谁进来的早，一看位置就知道了。安排完了位置，就算结束了。几位经母分别嘱咐，以后上会就会去你们家里“凑功德”，有时间的话就要出来学经了。平日里有时间也得自己学学，家里有母亲婆婆的，可以教我们些，而且说我们现在认得字了，有些经文也可以记下来，自己经常记着写，学起来也就容易多了……那年正好是德清妈妈搭头，给我们端来糖水和刚切好的米糕，大家分别吃了些，休息一会儿，她们就开始“拜经”了，我们没有拿自己的蒲团和木鱼，这些倒是在入会前家里的婆婆就让置办了的，说以后上会就得用上了。我们不会念，在后排安静地站了会儿，等一段经文拜完，就和大家道别离开了。①

据调查，“入会”仪式一般在农历六月“朝南斗”和九月“朝北斗”两个会期进行，这是一年里两个时间最长的会期。在

① 被访谈人：HJM，女，白族，1953 年生，大理龙龛村人。访谈时间：2011 年 7 月 6 日；访谈地点：龙龛村 HJM 家中。

龙龛，每个妇女几乎都会经历这样的“入会”仪式。她们向“经母”表达愿望，“经母”同意之后，便择定会期为其举行入会仪式。其中，我们注意到在简单的仪式过程中，有意加入“莲池会”的妇女是在各自家中等候的，等仪式开始，“经母”会派几个“老资格”的“莲池会”会员将其领入本主庙。在调查之初，这一细节性的仪式行为并没有引起我多大注意。而随着调查深入，尤其是在访谈中妇女们一再向我强调“入会那天不能自己去本主庙子里，在自家家里等着人亲自领着去”这一细节时，我才逐渐开始思考在她们的表述中“家”和“本主庙”这两个关键词所具有的符号含义。

在村里人看来，首先，“家”是具象的，是一个有堂屋、卧室、厨房、照壁、院子的地方。就此意义而言，“家”乃是一个具体的私人空间范围，这个空间以物质财产的形式被定义，“家里”和“家外”界限分明；其次，“家”亦是抽象的，它是人的集合，是一个由亲属关系连接而成的人与人的关系网络。就此意义而言，“家”乃是一个抽象的概念范围，它小到一个三口之家，大到一个村落内部的同姓“本家”，以家族姓氏为区分，“本家”与“非本家”亦是界限分明。然而，不论是具象的私人空间，还是抽象的亲属关系网络，“家”均是依附于“人”而存在的，换言之，家因其内部成员的存在而存在，因此它不仅是“内部的”，而且是“私人的”，而“家”所规制的空间范围和亲属关系构成了家庭成员活动的主要活动范围和社会网络。而“本主庙”，它是村里人集资共建的，于村民而言就是一个开放的公共空间。“本主庙”中供奉的“景庄皇帝蒙世隆”、“子孙娘娘”、“大黑天神”等诸神灵是全村人的保护神，任何家户均可到此进行参拜祭祀，且许多诸如“耍香龙”、“打拼伙”[1]、“村

① 意为全村人共同出资聚餐。

民大会”等重要村落公共活动均在本主庙进行。“本主庙”在一定意义而言，就是指村落空间，是一个包含私人家户在内的空间范围。在分析了“家”与“本主庙”的符号性意指之后，我们就不难理解在“入会”仪式中为何村落妇女要在老“莲池会”会员的带领下由个人家户走向本主庙？这一仪式行为具有符号性意义，它意味着“入会”的“莲池会”妇女从有限的家庭私人空间跨越到了开放的村落公共空间，从此将具备和扮演家庭和村落共同赋予的双重角色。进一步而言，从“家”到“本主庙”的跨越，不仅是私人家妇女空间活动范围的扩展，即其主要活动不再局限于界限分明的“家”内部，以“莲池会”祭拜朝山等活动为途径，其活动范围不仅开始延伸到“家”之外的村落公共空间，而且还延伸向村落之外的更为广阔的地域范围。伴随着实践活动空间范围的延伸，人与人之间的关系网络也得以扩展，不再单一地局限于以亲属关系为核心所构建的社会关系网络，从而建立了更广阔的地域社会的交流。

传统人类学、民俗学对妇女日常生活的研究因袭“男主外，女主内”的研究模式，一般认为女性的实践活动主要是集中在家庭内部私领域，她们的智慧体现在处理家庭事务和家庭关系上。但是，在龙龛，内与外的二元划分并不能解释“莲池会”妇女的日常实践。村落妇女通过“入会”，突破了家庭私人空间的限制从而进入村落公共空间，具有了双重身份，她们能够突破家庭“内”的限制而获得在村落共同体甚或更大的以信仰为纽带的地域共同体中的公共角色。她们凭借“莲池会”的公共角色，能够参与到村落和地域的公共生活中去，实现了角色的飞跃，体现了村落中老年妇女的价值外求。

二、内外有别：“入会”前后的“身心”差异

在龙龛，对村落妇女而言，她们的一生会有两种状态，即“入会前”与“入会后”。在“入会”之前，她为人女、为人妻、为人母，扮演并承担着以家庭为核心的社会角色及其所赋予的责任和义务；“入会”之后，她仍然承担着为人妻女、母亲的社会角色，表面上来看，就家庭角色而言，其生活状态似乎没有多大变化。然而，在妇女“修佛入会”之后，在其原有的家庭角色不曾改变的同时，“入会”以后的村落妇女同时还具备了“莲池会”成员所具备的“闲人”的身份。从此她们不仅是家里的女儿、妻子、母亲，同时还是村落“莲池会”的成员。由此“家内”与“家外”的双重身份将伴随她们一生。当然，在这里“内”与“外”的区分并不是完全隔离、不可沟通的。“内部”的家庭角色会影响到“外部”村落公共角色的扮演，同时妇女“外部”的村落公共角色实践也会影响到她在家庭“内部”的角色和地位。

实际上，在田野中观察“入会”妇女的生活状态，就其日常生活而言，“入会”前后并没有发生截然不同的转变。想要寻找和发现前一日未“入会”的妇女和后一日“入会”之后的妇女二者之间的显然区分是十分困难的。在象征性的“家—本主庙”的入会仪式之后，妇女们的生活状态依然故我，但是你却能在礼佛修身多年的“莲池会”妇女和刚“入会”的年轻“莲池会”妇女之间感受到明显的区分。这种区分没有显性的衡量要素和标准，它是一种由多年的“莲池会”念经拜佛、修行朝山等现实经验积淀而成的“人生境界”。这种“境界”，村里人有时称它为“精神”，有时又说为“心肠”，总之，于我这等“田野工作者”而言，真是“身心皆可感”，付之于言却又难以

尽其意。在龙龛，对礼佛修身的村落“莲池会”妇女，我能做的至多只是在“兢兢业业的田野调查”之后做一种“民俗学式的理解和阐释”，而于“莲池会”妇女们的“身心境界”，我的描述和分析到底接近或说尽了几分却实不敢断言。

在龙龛，“入会”所涉及的“身心”状态之变化，是围绕着“莲池会”妇女所具有的家庭村落“内/外”双重角色而形成的。“入会”的妇女就其“身”而言，均是“到了年纪”的女人。在调查中，龙龛村“经母”说：

> “入佛门”是有年龄限制的，太年轻的人来了，不到四十岁的，我们也是不给入的。跟她们说再等两年，过了四十以后再说……在旧社会要50来岁，有了孙子了才可以入会，生娃娃是不可能入会的。(50来岁）家务就可以扔下了。①

这与我后来调查所得的数据一致。在龙龛，如今有两个“莲池会”，分为上下两登，共计432人，其中年龄最大的有95岁，最小为40岁，其中以50至65岁的人居多。在后来的访谈中，也不断有人跟我强调，“太年轻的不行，怎么也得到四十岁”。于是，我对这个年龄限制渐渐产生了好奇，为什么是“四十”这个我们所谓的不惑之年呢？其实，在后来的访谈中，我了解到其实所谓的“四十岁”在村里人看来只是一个约数。

> 以前，不到40岁的女人每月都来月经，不干净的。再说年纪轻轻的，做事不稳重，也不恰当在本主庙做

① 被访谈人：ZZH，女，白族，1940年生，大理龙龛村人。龙龛村“莲池会”的“经母”。访谈时间：2011年7月6日；访谈地点：龙龛村ZZH家中。

事，也算不得恭敬。以前在旧社会，只有没有了月经的女人才能入会的……不过，现在会里年轻女人也并不是人人都没有了月经的。会里的“经母”在“入会”的时候和平日里都说，如果自己身上有事儿了，来不干净的，逢遇会里“上会”、“供会”，也就可以不来了，更不能动各种祭祀的供品干果，也算是对神灵的恭敬。①

换句话说，“莲池会”对妇女入会年龄的强调跟女性的生理特征相关。没有了月经，女性便渐渐进入了衰老期，也意味着妇女在家庭生活中角色的转换，她们不再承担生育与抚育的责任和义务，子女已经成婚，到了有儿孙的年龄，自己也由先前家庭经济生产的主要承担者转换为次要承担者，成为家人眼中的“闲人”。“闲人走闲会”，加入中老年女性组织“莲池会”便是从这样的角色转换开始的。正如费孝通在《生育制度》中指出：“个别家庭的寿命比组成分子的寿命还要短。结婚是新家庭的创立。新家庭的创立也就是旧家庭的结束。孩子长大了，结束抚育作用，男婚女嫁，离开父母，自立家庭。在这时家庭这三角形已经破裂，理论上讲，实在已经不能说是完整的团体，可是这对老夫妇除了抚育责任已经完成之外，还有其他方面的合作生活继续要进行，他们两人还是要经营共同生活，所以这已破裂的家庭还是存在，一直到他们逐一死去，这时，他们所组织成的家庭才告结束。”② 费孝通先生的论述，对我们理解 40 岁之后村落妇女才开始“入会”这一礼俗有很大的帮助。可以说，40 岁以后的村落中老年妇女加入“莲池会”由此开始另一段自我“修佛行好”

① 被访谈人：ZZH，女，白族，1940 年生，大理龙龛村人。龙龛村“莲池会”的“经母”。访谈时间：2011 年 7 月 6 日；访谈地点：龙龛村 ZZH 家中。

② 费孝通：《生育制度》，天津：天津人民出版社，1981 年，第 147 页。

并为村落“闲事闲务”奔走操劳的生活，是地域社会“生育制度”的产物。一个妇女从“入会”开始，就是她家庭生育和抚育角色的结束，“老夫妇”所承担的生育和抚育责任已经完成，新的家庭已经步入“新夫妇”时代，因此，生儿育女及家庭经济生产已经不再是“老夫妇”的责任和义务。从生育制度中“解放”出来的村落妇女通过“入会”获得了新的社会角色，由此生活世界的范围被扩大，面对新的角色与责任，她将获得新的生活经验和社会关系。至于“入会”以后的“修身礼佛”、“服务乡里”就是“莲池会”妇女凭借其新角色进行的新的社会角色实践，并由此获得了一种全新的“身心”境界和超然的人生态度。

第四节　“女人的神坛，女人的会”：“莲池会”本体研究

一、“莲池会”组织结构及日常运作

（一）组织结构

龙龛村“莲池会”内部组织结构较为简单，但成员间的次序排列十分讲究。经母是“莲池会”中地位最高的老年妇女，是“莲池会”的领导者。经母熟练掌握各种莲池经文、祭祀科仪及唱腔，有较强的号召力和威信，是诠释经文、科仪、唱腔及安排祭祀活动的权威，且热心各种村落公共事务，深受村民的尊重和信赖。经母的产生实行任命制，上一任经母在世时，就会依据会员对莲池会“内部知识”的掌握程度提名选定接任经母。

当上一任经母因为年龄、健康或死亡等因素不能再继续领导“莲池会”工作的时候，就由下一任经母接班，并向全体会员宣布。经母实行终身制，一旦产生便终身担任，领导村落“莲池会”。在龙毚，经母负责和管理“莲池会”一切活动，在其之下实行年度轮值制，每年均设立四至六个会头，有时也称作“搭头”，辅助经母组织和管理“莲池会”日常事务，尤其是神灵寿诞时的集会祭祀；会头的设立是一种人员分工，每一个入会的“莲池会”会员都需做会头，这是她们的责任和义务。会头之外便是一般的“莲池会”成员。除了当年轮值的会头之外，所有“莲池会”成员均需承担两人四日的本主庙日常清洁、烧香祈拜等轮值工作①。“莲池会”会员有义务参加每一次寿诞会期的集会祭祀，如果不能亲自参加也需恪守会员基本职责，即在会期来临时“拼钱拼米”凑上一份自己的“功德”②。

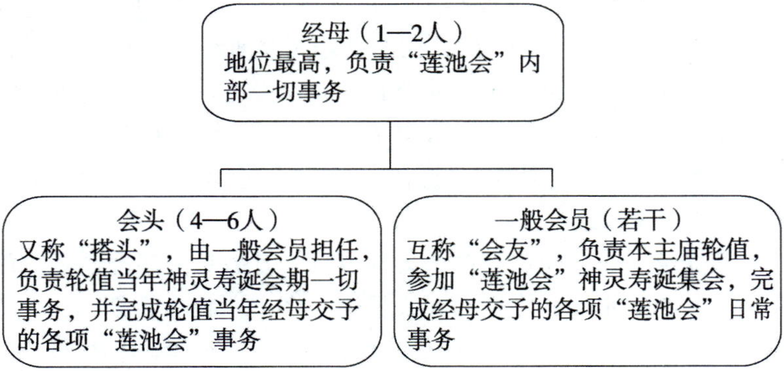

① 如果村里有人要到本主庙祭祀，则必须知道当日是谁当值，当值者掌管着本主庙门的钥匙。轮值结束再交给下一位轮值的会友。

② “功德”，是当地人对出资善事活动的总称，钱款不论多少。“凑功德”是一种集体募捐或者集资的方式，所筹集的钱款大多用于诸如修建庙宇等公共活动。

（二）日常运作及活动

1. 会员轮值制

龙龛村“莲池会”的日常运作实行会员轮值制。“莲池会”会员轮值有两种形式：一是本主庙轮值。一般会员以一人两日或两人四日的形式负责本主庙内的清洁卫生、烧香祈拜；二是会头轮值，负责当年“莲池会”寿诞会期祭祀及其日常事务。

2. 集会祭祀

“莲池会”是大理地区民间信仰实践的基层组织，会期节日较多，凡逢节日或崇奉神灵之寿诞会期，成员均需集会祭祀。依据集会祭祀地点和集会资金来源的不同，集会祭祀又分为：私人“供会”和公共“上会”。公共“上会”大多在本主庙进行，部分会期需要前往神灵庙宇所在地，集会所需资金主要由诸会员承担，不足部分由当年轮值会头补足；私人“供会”则是“莲池会”某一会员为“积功德”，在神灵寿诞会期经经母和会头同意将本主庙集会祭祀从本主庙移至其私人家中进行。所有会员依例拼钱米，其余集会祭祀开支主要由“供会”者私人承担，全体“莲池会”会员均需参加。村落“莲池会”全体会员有参加集会祭祀的责任和义务。

在龙龛，每月至少有两个会期节日，有的月份甚至更多，且会期时间长短不一，短则一天，长则十多天。在会期期间，“莲池会”会员都要在本主庙集会，她们在本主庙内集体用餐、拜经祭祀。因此，在会期之前的两三天，当年轮值的会头就会到每个会员家中拼钱、拼米。根据每会祭祀神灵不同，伙食荤素也各不相同，因此会员每人所拼钱米的数量多少也各不相同。此外，有些会期还需要“莲池会”离开本村前往附近的村落或到山上去祭祀拜经，逢遇这样的集会祭祀，需要由当年轮值的会头承办当日所有会员的食宿。

表2-1　龙龛村“莲池会”崇拜神灵及其寿诞会期

会期时间	神灵寿诞	祭祀地点	饮食形式
正月初一	弥勒佛	本主庙	吃素
正月初六	太阴诞	本主庙	吃素
正月初九	玉皇诞	苍山中和寺	吃素
二月十九	观音诞	观音塘	吃荤
二月十五	火官诞	本主庙	吃素
二月十六	鳌官诞	本主庙	早素晚荤
三月初八	太婆阿奶	小邑庄	吃荤
三月十五	财神会	古城南门	吃荤
三月二十	子孙娘娘	本主庙	吃荤
三月二十八	东岳大帝	古城北门	吃荤
四月初八	太子会	本主庙	吃素
五月初一	本主诞	本主庙	吃荤
六月初一 至初六	朝南斗	本主庙	初二、四、五吃素 初一、三、六吃荤
六月十九	观音得道	观音塘	吃荤
七月初七	牛郎织女相会	本主庙	早素晚荤
七月十七	瑶池金母	本主庙	早素晚荤
七月十四	中元节	本主庙西侧风水树	百家粥
七月十五	关圣帝君	本主庙	早素晚荤
八月初八	龙王	龙王庙	吃荤
八月十五	将军李密	将军洞	吃荤
八月二十三	阿老尼	本主庙	吃荤

续表

会期时间	神灵寿诞	祭祀地点	饮食形式
九月初一至初九	朝北斗	本主庙	初一、初三、初六吃素 初二、初四、初五、初七、初八、初九吃荤
九月十九	观音登莲台	观音塘	吃素
十月十八	地母	三塔寺御花园	吃荤
十一月十八	太阳诞	本主庙	吃素
腊月腊八	辞年会	本主庙	吃荤

“莲池会”信仰神灵众多，信仰诸神儒释道并存，其中还不乏诸多的本土神灵。在其信奉的神灵中，有佛教的观音、弥勒佛、释迦摩尼佛等；有道教的玉皇大帝、财神、城隍、东岳大帝、关圣帝君等；有儒家的孔子等，还有本土的本主、太婆阿奶、阿老尼等。各神灵各司其职，各有其能，几乎从经济生活到社区公共事业、从个人安康到村落福祉、从现世的生活到死后灵魂的归宿均有相关的神灵进行管理。因此，“莲池会”不分佛、道、儒、巫、本主、祖先、鬼魂，甚至日、月、山、水、五谷、六畜、动物、植物都被当做神祇平等敬奉。就这个意义上而言，“莲池会”神灵崇拜系统诸神灵构成

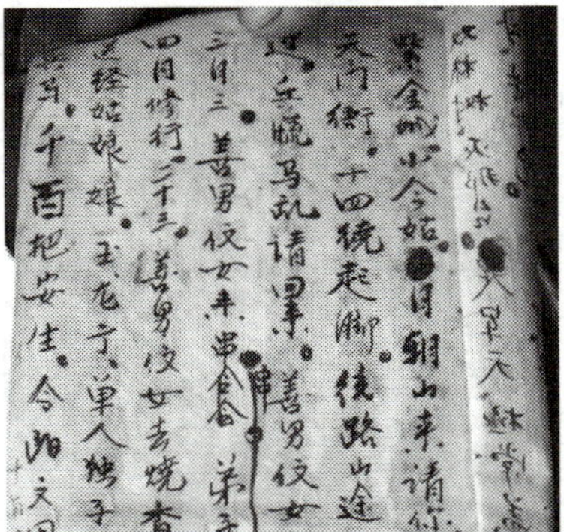

图 2－1 “莲池会”手抄经文片段

了一个生动的信仰世界，透过这个村落“莲池会”的崇拜体系，我们可以看到一个完整而鲜活的生活世界。而作为信仰实践的“莲池会”成员们则通过自己诵经念佛等形式为现实生活世界中的个人、家庭和村落行善修福。

二、“莲池会”口承经文

“莲池会”经文历史悠久，内容丰富，由于历史上妇女少有识字者，因此莲池会经文基本皆为口诵经，手抄经文极少，在龙兘村几乎无手抄本的经文流传。现在村里新入会的“莲池会”会员，已经“识得字”，便在上会时或在平日里向老一辈的会友学经，将经文抄录在纸上，由于经文传承百年，其中难免有所错漏，加上个人拜诵音调的不同且其中有些经文多用白语，难以记录，因此传抄经文错漏也较多。因此，“莲池会”经文大多还是以口头形式流传，经母以口传心授的方式传承经文，会员便以死记硬背的方式记诵经文，而其中相当数量的经文均是文言文的形式，记诵难度极大，需要花费很多的精力。

“破四旧”的时候，本主庙几乎没有人去了。神像早推倒了，绳子套在塑像上，一个个都推倒了……大家也不敢在本主庙拜经了，不敢啊，学经都是天黑半夜才去，有时候我们就在私人家里，谁家里比较紧凑一些就去那儿拜经去……我们在庙里拜经，人来了，把我们的桌子都推倒掉，东西也没收了。后来就不在庙里拜，学经文倒是天天学，去田里做活也学、去山上捞茅草也学……那时候家里做豆芽，要去挑井水，凤仙奶（经母）就住在旁边，我打着水想不起来，想不起来的就去问她，我的记忆力好，跟着我奶奶学得多，我奶奶也是经母，经传得很好，后来我奶奶不在了，想不起来的，就跟着凤仙奶学的也多。①

我们这里以前重男轻女，女的都不识字。结婚也早，在家到田里干活、照顾孩子，孩子也多，要把每一个孩子的婚都结了，根本没时间学经文，“上会”才学经，记性不好，会拜经的人也少……现在三十多四十的（妇女）家里能走得开的都想早点入会。她们读过书，学经也学得快。跟我们不一样了，我们学经的时候都是一句句学的，他们现在把经都抄下来，记得也就快了。②

据笔者调查和搜集，龙龛村“莲池会”流传经文不少于32篇，分别为《开坛经》、《小地母经》、《十二时烧香经》、《十二月修行经》、《王母经》、《金刚经》、《大神圣经》、《火官经》、《观音经妙难求》、《礼请经》、《灶王经》、《玉皇经》、《烧香经》、《莲香经》、《八向经》、《百年开》、《八仙经》、《太子号》、《造船经》、《观音经》、《太阳经》、《报恩经》、《太阴经》、《大地母经》、《鳌官经》、《十运》、《祖先经》、《佛照十殿阎王经》、《目连救母经》、《十二大愿经》、《拜寿经》、《八柱香》等。“莲池会”经文按语言形式分有汉语经，拜诵汉语经时汉语白读；汉白语相杂的经文占有很大的比重，经文汉语部分念诵时汉语白读，白语就按照白语发音念诵，而通篇为白语的经文较为少见。按照经文结构划分，分为诰和主经两部分。“诰”，

① 被访谈人：HZL，女，白族，1929年生，大理龙龛村人。访谈时间：2009年8月12日；访谈地点：龙龛村HZL家中。

② 被访谈人：ZZH，女，白族，1940年生，大理龙龛村人。龙龛村“莲池会”的“经母”。访谈时间：2011年7月6日；访谈地点：龙龛村ZZH家中。

形式为散文体，是经文的提要，主要内容为讲述神灵的“生平事迹”，位于经文最始，用于恭请神灵下凡受祭。例如《大地母经》中诰文部分言：

> 地母化生 普天肃静 河海静默 山岳吞云 万灵振扶 召集群真
>
> 天无杂气 地无妖尘 明慧澄清 天道玄玄 虚空地母无量慈尊①

又如《十二大愿经》诰文：

> （子孙娘娘 诰）志心皈命礼 请
>
> 东岳子孙案 九天监生宫 结秀成胎 秉两仪之造化 送生保产 乃二圣之神维 变理阴阳 散行痘疹 九天补庆 一视同仁 大悲大愿 大圣大慈 多男多女 九天卫房圣母 子孙娘娘元尊②

诰文部分一般由经母边敲木鱼边念诵，念诵完毕之后会员们才开始集体诵经。经文内容一般为七言或五言词句，有时还讲究押韵对仗，形式类似白族的“山花体诗”，与白族调、大本曲等有一定渊源。当然，有些经文也有一些经句只以三字、四字、六字的形式出现，主要是为了增加经文拜诵时的韵律感，使得拜诵经文时声调抑扬顿挫，富有节奏感。大多数经文均有经头，经头

---

① 据2010年7月17日龙龛村“莲池会”的“经母”ZZH、HZL口述经文《大地母经》整理。ZZH，女，白族，1940年生；HZL，女，白族，1929年生。

② 据2010年7月17日龙龛村“莲池会”的“经母”ZZH、HZL口述经文《十二大愿经》整理。ZZH，女，白族，1940年生；HZL，女，白族，1929年生。

无意义，主要用于区分经文段落，例如“志那心那朝，朝贺礼礼，朝礼”，“志心朝，贺贺礼”；“佛为（嗨嗨）南（嗨嗨）南阿摩”等。

如《拜寿经》经文：

> 志那心那朝，朝贺礼礼，朝礼。寿九平平山，寿花朵朵开，寿山敬寿海，福寿万万年。寿占公平买亦卖，寿九宝塔金龙山，寿享福禄千年外，寿值风华遇它山，寿比南山山加寿，福如东海万年青。四十八万田家屋，福寿阴阳是中秋。好好好好弥也，寿要好好大。
>
> ……
>
> 志那心那朝，朝贺礼礼，朝礼。正月拜寿是新年，香烟渺渺上天台。玉皇正坐灵香殿，金童玉女接香烟。南阿摩，无量寿，佛星君，望望万寿上天君。
>
> ……
>
> 志那心那朝，朝贺礼礼，朝礼。五月拜寿是端阳，香烟渺渺上天堂。八仙拜寿窿中降，白鹤威威绕经坛。南阿摩，无量寿，佛星君，望望万寿上天君。
>
> ……
>
> 志那心那朝，朝贺礼礼，朝礼。腊月拜寿满一年，天上地下度完船。回头是岸见娘面，娘见儿女大团圆。南阿摩，无量寿，佛星君，望望万寿上天君。①

其中每段经文均以“志那心那朝，朝贺礼礼　朝礼”开头，并以“南阿摩无量寿，佛星君，望望万寿上天君”结尾。很多

① 据2010年7月17日龙龛村“莲池会”的“经母”ZZH、HZL口述经文《拜寿经》整理。ZZH，女，白族，1940年生；HZL，女，白族，1929年生。

“莲池会”经文均有此特点。

综观“莲池会”经文，内容庞杂，融合了儒释道、本主崇拜、祖先崇拜等诸多内容，是在历史发展过程中传承与变异、创新与积淀的结果。其中大量的经文提及观音。《百年开》的部分经文就讲述了观音出家修行的故事：

> 正月修行遇新年，父王不容去修行。将我骗在白雀寺，栽花浇水受苦刑。
>
> 二月修行茶发芽，父王不容去修行。父王逼我招驸马，当心合掌拜观音。
>
> 三月修行茶叶青，父王推我坐冷宫，两眼汪汪常出泪，当心合掌拜观音。①

又如《观音经》言：

> 观音修行一面还，狠心不过妙庄王。甲子元年生下你，一心我要去修行。父王听见心要恼，打到冷宫受苦刑。两年不听吾人话，两眼不见是红尘。一点二点我修到，一修修到五面上。云罗天子佑正明，寿云不满我要念。我是妙善三公主，一心我要去修行。凤鸣大道耳和鸣，凤鸣南海普陀观世音。②

而《开坛经》中的经文讲述了大理地区“观音负石阻兵”

---

① 据2010年7月17日龙龛村“莲池会”的“经母”ZZH、HZL口述经文《百年开》整理。ZZH，女，白族，1940年生；HZL，女，白族，1929年生。

② 据2010年7月17日龙龛村“莲池会”的“经母”ZZH、HZL口述经文《观音经》整理。ZZH，女，白族，1940年生；HZL，女，白族，1929年生。

的传说故事：

> 一进寺门拜观音，拜佛之人要诚心。行善之人要拜佛，阿弥陀佛进度生。观音菩萨来救难，拿起草索背石岩。石岩背起游山村，一下兵马都吓散。有人起建观音堂，菩萨坐在石岩上。每日香火不断绝，把菩萨报答。①

就“莲池会”经文内容而言，始终存有“因果循环，劝人行善”的思想，并寄托“福寿康禄”的生活愿望。“劝善”和“祈福”的思想几乎贯穿每一篇经文。如《十二大愿经》言：

> 第八大愿悟玄机，善恶分明有高低，人恶人怕天不怕，人善人欺天不欺。
>
> 他要作恶由他作，鬼神眼下不肯依，万般皆是行善好，后来自有出头期。②

又如《地母经》言：

> 有人传我地母经，子孙万代受皇恩，有人传我地母经，五男二女接香烟。
>
> 有人传我地母经，代代子孙满堂兴，男女皆数敬地

① 据2010年7月17日龙龛村“莲池会”的“经母”ZZH、HZL口述经文《开坛经》整理。ZZH，女，白族，1940年生；HZL，女，白族，1929年生。

② 据2010年7月17日龙龛村“莲池会”的“经母”ZZH、HZL口述经文《十二大愿经》整理。ZZH，女，白族，1940年生；HZL，女，白族，1929年生。

母，荣华富贵万万年。[①]

“莲池会”经文以“劝恶行善”、“祈求福寿安康”思想为主，但语言多朴实无华，其中不乏有反映日常生活的经文。如《开坛经》中言：

> 蜂子修行翅膀张，三天三夜不回家，蜂王问我哪里去，我去苍山头上采鲜花，采得百蜜人人爱，浇成黄蜡敬菩萨。
>
> ……
>
> 黄豆修行开蓝花，各打各来各打三，酸水做出白豆腐，菜刀切出白莲花，糯米做出干拉片，香油煎出粉团花。[②]

“莲池会”所有活动的核心就是拜诵经文，诵经之前均需将供桌祭品摆放齐备，然后按照一定的诵经顺序列队跪诵、站诵或坐诵经文。龙龛村“莲池会”拜经顺序一般为：开坛经—礼请经—地母经—鳌官经—太阳经—太阴经—十二时烧香经—十二月修行经—王母经—火官经—观音经妙难求—灶王经—玉皇经—拜寿经—八向经—百年开—造船经—观音经—报恩经—十二大愿经—佛照十殿阎王经—祖先经。会员分对称左右两排分别跪立（站立或坐）于供桌左右两侧，会员诵经时的队列排序严格遵守会内规矩，以左为尊，以靠近供桌神灵为尊，按照入会时间的先

① 据2010年7月17日龙龛村“莲池会”的“经母”ZZH、HZL口述经文《地母经》整理。ZZH，女，白族，1940年生；HZL，女，白族，1929年生。

② 据2010年7月17日龙龛村“莲池会”的“经母”ZZH、HZL口述经文《开坛经》整理。ZZH，女，白族，1940年生；HZL，女，白族，1929年生。

后顺序从里到外，从前到后排列。经文唱诵方式有齐诵和对诵两种形式。齐诵，指的是由经母“开经头”起经之后，所有会员同时拜诵经文，直至经文结束；对诵则指位于两侧的会员一侧拜诵完一段经文之后，另一侧会员紧接着拜诵下一段，一唱一和，直至经文拜诵完毕。

第三章　走向神坛的“女人们”：女性角色交替与“莲池会”代际知识传承

自20世纪90年代民俗学研究范式转换以来，日常生活及生活世界成为民俗学研究的领域。然而，不论是“生活世界”还是民众之“日常生活”都是抽象性概念，民俗学研究者究竟怎样才能获得对日常生活和“生活世界”的认知并予以呈现？笔者认为，研究者对某一地方性“生活世界”的认知和书写，只有通过对日夜生活于其中的“人”即民俗之“民”的日常生活中的行为实践的研究才能实现。日常生活归根到底是由人的实践活动构成的。因此，怎样研究民俗之“民”，即存在于“生活世界”中的“人”就成了民俗学“生活世界”研究的关键所在①，而作为民俗之“民”的文化主体也成为民俗学研究中关注的重点。如何对民俗之“民”进行研究是当前民俗学不可回避的问题，在笔者看来，对民俗之“民”研究可以遵循以下路径：一是阐释民俗之“民”如何“被俗所化”的过程，即作为“俗民”单位的个人或群体如何在自我成长及日常生活中习得“俗”并进而将其内化为自我文化及身份认同的一部分，这是一个“社会化”的过程。在此过程中，文化和社会以其先在性的特

① 张翠霞：《民俗学“生活世界”研究策略——从研究范式转化及常人方法学的启示谈起》，《民俗研究》，2011年第4期，第107—117页。

点，对每一个体或群体的行为进行规制，这种规制更多时候是在潜移默化中进行的，是一种“感而不知”的过程，而此过程中的个人是文化的学习者和遵守者；二是阐释民俗之“民”如何“得以成俗”的过程，即作为“俗民”单位的个体或群体如何凭借其日常生活实践能动性地“遵循和打破”、“确立和破坏”、“解构与建构”社会中的“俗”。就此角度而言，尽管“民俗”之“俗”以其先在性具有规制个人的力量，但是作为“俗民”之“民”却不是文化和社会规制下“无能为力”的个人和群体，他们是民俗之“俗”中“以何为俗”、“何以成俗”中的决定性力量，是一个能动的实践者。因此，在此过程中，“俗民”之“民”不仅是“俗”的遵守者和学习者，同时也是“俗”的制造者、建构者、支撑者和实践者，正是由于俗民之“民”的日常实践，“俗”才得以存在，社会结构和社会文化才得以继续。从这两个研究路径入手，民俗学对“民”的研究应当对“俗民”群体“被俗所化”的“社会化”历程加以讨论，同时也应当考察“被俗所化”的个人和群体其日常实践在社会文化中所具有的结构性意义。

本章“走向神坛的‘女人们’”，就是对以上两个问题的综合讨论，即村落女性如何从“她”的出生开始作为一个生物个体在家庭与村落社会的耳濡目染中逐渐“社会化”，并由此获得关于在家庭和社区生活中“何为女性”及“女性何为”的知识。在此过程中，作为具有双重身份的女性长辈，她们既是大家庭中的成员，同时也是村落女性“莲池会”的成员，其双重身份实践在村落女性个人成长的“社会化”历程中起到了十分重要的作用，成为村落女性“社会化”的重要渠道。当然，随着个人“社会化”程度的加深，村落女性所具有的个人能动性也渐趋凸显。

第一节　"她"的降生："做三桌"庆典

一、生育偏好与"她"的出生

在龙龛，对生育性别的偏好是明显的，但"有儿有女"是一个理想家庭的构成模式。所谓"生个男孩儿门里蹿，生个女孩儿锅前转"，村里人对生男孩赋予了更多的期盼，但是"一个有很多女儿却没生半个儿子"的家庭也不会受到非议和歧视。因为在当地，能够"顶门立户，传宗接代"的不一定是男孩，女孩也可以通过"招女婿上门"入赘的婚姻形式实现"顶门立户，传宗接代"。一个"招女婿上门"的闺女和一个"娶媳妇进门"的儿子在家庭中的地位是等同的，他们在家庭中具有相同的权利和义务。实际上，当地对"儿女双齐"理想家庭模式的期待已经超越了以"传宗接代，顶门立户"观念为主导的性别生育偏好。在"有儿有女"理想家庭模式支配下，即使在20世纪三四十年代的婚姻家庭中，我们也能看到家中长女招女婿、次子娶媳妇的现象。因此，"多女无男"的家庭能有一个男孩降生是值得庆贺的，"多男无女"的家庭能有一个女儿降生同样值得期待。20世纪80年代开始实行的计划生育政策规定在大理农村"一对夫妻只生两个孩子"。在"儿女双齐"观念的影响下，村里很多"两儿无女"或"两女无男"的人家不惜违反政策超生第三个孩子。第三个孩子的降临，使有的人家终于如愿以偿有了闺女或儿子，实现了"有儿有女"的梦想；而有的家庭则依然"三儿无女"或"三女无儿"，不过迫于政策规定也不再执着地往下生了，"有儿无女"或"有女无儿"的遗憾也就此注定。

第一个孩子的降生对每一个家庭都具有无比重要的意义。第一个孩子无论是男孩还是女孩，在其出生后的一个月内，家里将择日请客为其举办“做三桌”庆典。这是每个核心家庭的长男或长女所独享的仪式庆典，至于在他/她之后降生的孩子，无论是男孩还是女孩，家里都不会再为其举办“做三桌”了。因此，在当地，尽管对男孩有生育偏好，但是长子和长女于家庭而言都具有不可替代的重要地位。这种地位及其连带的责任和义务在婚姻制度中也得到体现。一般而言，在“多男无女”的家庭，儿子们的娶亲会给家庭带来繁重的经济负担，但即使家庭条件再不济，也一定会让长子留在家中“娶媳妇生孩子延续香火”，而不会让他去“做上门女婿”，但就其弟（们）而言或“娶媳妇”或“去上门”就可依照自家现实情况决定；至于“儿女双齐”的家庭，长男留家中之后，如果家庭条件允许，妹妹（们）亦可“招女婿上门”，不外嫁而留家中。但是一般而言，如果家中有兄弟，非长女的女儿留家中“招女婿”的情况极少。就“多女无男”的家庭而言，长女就势必留在家中“招上门女婿”以“顶门立户”，至于她的妹妹（们）就可依具体情况，可嫁可留；对于“儿女双齐”的家庭而言，视家中男孩数目而定，如果只有一男，那么长女一般亦不外嫁而选择“招女婿上门”，如果有几个弟弟，那么长女和她的妹妹（们）大多外嫁，甚或有的弟弟亦会“去做了上门女婿”。因此，尽管有男孩生育偏好，但是一个家庭中长女的地位有时候亦是不可替代的。且不论“有女无男”的家庭中其所承担的“顶门立户”的责任，就是在“儿女双齐”的家庭中，长女的地位亦可与家中男子地位并驾齐驱。

然而，近年来经济因素以及计划生育政策影响和改变了传统的生育观念。当地农村计划生育政策规定“每对夫妻可以生育两个孩子”，尽管“儿女双齐”的一儿一女家庭仍然是村里人最向往的家庭模式，然而在 21 世纪的前十年，20 世纪“80 后”的夫妻逐渐生儿育女，无论头胎是男是女，独生子女家庭的数目越来越多。尽管长辈们一再以“是男是女都好，再添一个总是好的”为由来劝说年轻小夫妻“再生一个”，但是他们大都表示不再多生，“儿女双齐”在他们看来已经是不再想去实现的父辈们的“理想”。

二、“做三桌”：“社会化”的开端

“小花童”是对初生婴儿的统称，无论是男孩还是女孩都可以被称作“小花童”。孩子出生后只是作为一个生物学意义上的“自然人”而存在，要成为一个真正意义上的“人”，就必须经历“做三桌”庆典，如此“她”才能被整个大家庭和村落社区认可。因此，“小花童”的“做三桌”庆典也被视作其“社会化”的开端。

何为“社会化”？其概念内涵在社会学研究中经历了一个发展过程。早期有关“社会化”的研究，主要以少年儿童为研究对象，讨论个体如何从“生物人”转变为“社会人”。而 20 世纪 50 年代以来对“社会化”的讨论认为，社会化是一个贯穿人生始终的长期过程，它不仅是一个“生物人”向“社会人”的转变过程，而且是一个内化社会价值标准、学习角色技能、适应社会生活的过程。由此也逐渐形成了有关“社会化”概念内涵的共识，即所谓“社会化”是指个体在与社会的互动过程中，逐渐养成的个性和人格，从生物人转变为社会人，并通过社会文化的内化和角色知识的学习，逐渐适应社会生活的过程。在此过程中，社会文化得以积累和延续，社会结构得以维持和发展，人的个性得以健全和完善[①]。关于“社会化”的研究有三种基本取

① 郑杭生：《社会学概论新修》，北京：中国人民大学出版社，2003 年，第 83—83 页。

向：一是从文化角度出发，“社会化”被看作一个文化传递和延续的过程，是个体接受世代积累的文化遗产、保持社会文化传递和社会生活延续的过程，其中“社会化”的核心实质是社会文化核心价值标准的内化。二是从社会结构角度出发，认为社会化本质就是角色承担，而所谓的“社会化”过程就是一个角色学习的过程。在此过程中，个人逐渐了解自我在群体和社会结构中的身份和地位，领悟群体和社会对这一身份和地位的角色期待，并学会如何顺利地完成角色义务。三是受心理学“社会化”研究的影响，从人格发展的角度出发，将“社会化”看作个人个性形成和发展的过程，它是一个个体内化他人态度并按照其他人的社会期待来调整自己行为的过程。总之，有关“社会化”的诸多研究取向都无一例外地重视个体与社会之间的互动关系，它们既关注个体“社会化”过程中诸多社会环境因素所起的作用，强调社会结构及社会文化之于个人的意义，同时也关注个体“社会化”对于整个社会的运行和协调发展的作用，强调个人之于社会结构和社会文化的意义。

孩子的“社会化”始于村社及家人为其举行的“做三桌”庆典。这是一个为家庭长子或长女所独享的诞生礼庆典。在孩子出生之后的一个月内，家中的祖父母就会择日为其举办“做三桌”。当日，所有的亲戚朋友都会送来礼金、鸡蛋、婴儿衣物等，来到主人家中欢庆孩子的诞生。未满月的孩子喝饱了母亲的乳汁，甜美地安睡在襁褓中，却不知马上就要被放入竹筛子①，被奶奶抱着去经历他/她人生中的第一个“神坛”仪式。“教孩子”仪式是诞生庆典中最核心的内容，几乎成了“做三桌”的

① 根据2010年8月2日“莲池会”经母ZZH在龙龛村HR“做三桌”仪式现场录音整理。ZZH，女，白族，1940年生，大理龙龛村人。龙龛村“莲池会”的“经母”。

另一种说法。诞生庆典的“神坛”在午饭后便开始准备，仪式将由村中四位德高望重的“莲池会”经母主持。下午三点左右，院子中央的祭桌已经准备完毕，各式祭品已经一一摆上，在场的亲戚均围站在祭桌周围。新做了“阿奶”（祖母）的主妇双手合十跪坐在神坛前，她身后是几位站立着拜经的“经母”。老“经母”宣布开坛，大家开始拜诵《开坛经》。经文拜毕，“阿奶”起身随同几位“经母”一起走向儿媳妇的卧房，将新生儿抱出。按规矩，母亲不能跟随，只能由奶奶抱着“小花童”出去。“经母”们每行事便必“说吉利”。“阿奶”将熟睡中的“小花童”从床上抱到竹筛子里，“经母”便在一旁说道：

图3-1　“做三桌”诞生礼上的“莲池会”妇女正在拜经

十月怀胎九月生，父母得我贵如金。母亲水中哺出来，母亲乳房边吃奶。两边脸颊碰乳房，阿妹阿女儿叫不停。今天将你抱到筛子里，给你请客取你名，像是天花落手心。①

又言：

今天我们教头胎，头胎招兄弟姐妹。第一个孩子做大官，第二个孩子做秀才。官子官女出在他们家，让他们做官子官孙。②

阿奶抱着“小花童”出了卧房门，“经母”便道：

花童出来拜门框，鸡飞狗叫你不要害怕。花童拜过门神门仙，花童从您身边过，左左右右都拜过。就此您见过面，门神门仙好照看，让花童越长越大。③

阿奶抱“小花童”到了院子，“经母”便言：

一盆海棠笑哈哈，花童出来拜月亮。上拜天下拜地，最后拜太阳月亮，这些都拜完，转向拜五方。④

---

① 根据2010年8月2日“莲池会”经母HZL在龙龛村HR“做三桌”仪式现场录音整理。HZL，女，白族，1929年生，大理龙龛村人。龙龛村“莲池会”的“经母”。

② 根据2010年8月2日“莲池会”经母ZZH在龙龛村HR“做三桌”仪式现场录音整理。ZZH，女，白族，1940年生，大理龙龛村人。龙龛村“莲池会”的“经母”。

③ 根据2010年8月2日“莲池会”经母HZL在龙龛村HR“做三桌”仪式现场录音整理。HZL，女，白族，1929年生，大理龙龛村人。龙龛村“莲池会”的“经母”。

④ 根据2010年8月2日“莲池会”经母ZZH在龙龛村HR“做三桌”仪式现场录音整理。ZZH，女，白族，1940年生，大理龙龛村人。龙龛村“莲池会”的“经母”。

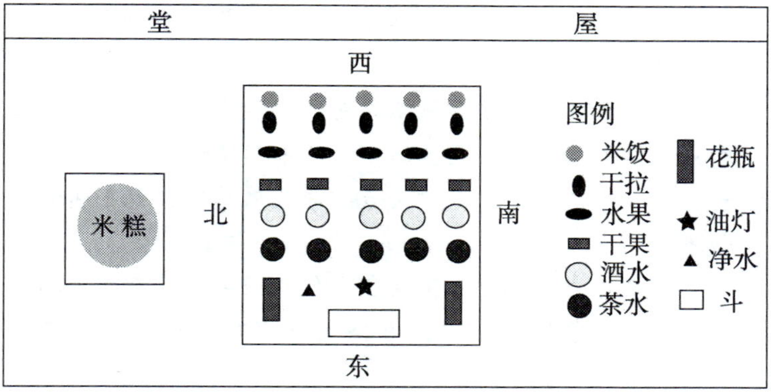

注：斗中盛有大米半斗，上插有剪刀、秤、尺子三件。

图 3－2　“做三桌”诞生礼祭桌形制图

抱着“小花童”的“阿奶”立于四位“经母”中央，她们面朝东方，“经母”便“口说吉利拜东方”：

> 我教花童拜东方，清河底游着金鱼。花童出生在共产党手中，享多少的福。花童越长越大，为人民服务。今天教花童，这里叫正东方。①

“教儿拜东方”完毕，一行人便以祭桌为中心，按顺时针方向移动，分别教“小花童”拜南、西、北及中央各方：

> 我教花童拜南方，南方有彩云多漂亮。花童出生在共产党手中，儿童喜洋洋。让他们家里生意做得好，生

① 根据 2010 年 8 月 2 日“莲池会”经母 HZL 在龙龛村 HR“做三桌”仪式现场录音整理。HZL，女，白族，1929 年生，大理龙龛村人。龙龛村“莲池会”的“经母”。

产又发展。花童这小个命真好，享富贵荣华。今天教花童，这里叫正南方。

我教花童拜西方，凤眼洞对着中和山。遇到姜太公钓鱼，享天尊的福。花童这小个读书读得好，学校读了一所又一所，考了中专考大专。今天教花童，这里叫正西方。

我教花童拜北方，花童生在何氏门宗。花童要把功名争，功名争到你手中，办公室里坐得啦。今天教花童，这里是正北方。

我教花童拜中央，花童出生在何氏门宗，他奶他爷都喜欢。庆贺他奶百年寿，庆贺他爷坐百岁。让他们门前有摇钱树，金钱用一把抓一把。今天教花童，这里是正中央。

五方五位都拜过，花童越长越大。花童好好长大后，就住高楼大厦。①

五方拜毕，两位“经母”便将“花童”从他“阿奶”手中接过，蹲在神坛祭桌的桌脚周围，一人在东递，一人在南接。如此，按照东南西北中的方向，分别在四根桌脚递接“小花童”以再次“教五方”。五方教毕，几位“经母”便抱着“小花童”去厨房“拜灶君”，去堂屋“祖先席”前“拜祖先”：

我教花童拜灶君，灶君老爷您请听，叫叫嚷嚷抱拢您，灶君您也原谅他。花童从您身边过，明天后天有过

① 根据2010年8月2日“莲池会”经母HZL在龙龛村HR“做三桌”仪式现场录音整理。HZL，女，白族，1929年生，大理龙龛村人。龙龛村“莲池会”的“经母”。

错，请您都是原谅他。灶君您也上天堂，替他也把好话讲。明天花童长大后，也是喝了您的蜜水，沾了您的光。一年有了十二月，月月保平安。①

……

我教花童拜祖宗，三代祖宗听我说。小小花童出生后，四代先祖也喜欢。他做你们的后代，照看他越长越大。红香给你们点几支，提包给你们烧上一对，祖宗三代照看他，他做你们的后代。②

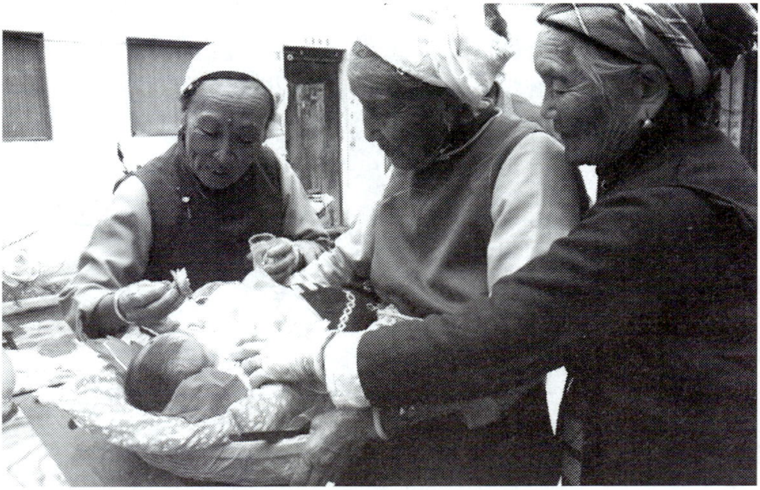

图3－3　“莲池会”的“经母”为“小花童”举行诞生礼

① 根据2010年8月2日“莲池会”经母HZL在龙龛村HR“做三桌”仪式现场录音整理。HZL，女，白族，1929年生，大理龙龛村人。龙龛村“莲池会”的“经母”。

② 根据2010年8月2日“莲池会”经母ZZH在龙龛村HR“做三桌”仪式现场录音整理。ZZH，女，白族，1940年生，大理龙龛村人。龙龛村“莲池会”的“经母”。

拜完祖先，便开始教拜家中长辈：

小小花童拜他爷，明天花童长大后，给他爷爷端茶，给他爷爷递烟。再给爷爷将烟点，爷孙两个笑哈哈。

小小花童拜她奶，脾气就是她奶好。寿岁就属她奶高，明天花童把钱找，侍奉您到老。①

此后，“经母”们便一一教“小花童”认亲戚，她们代花童喊着各位长辈，长辈们便会在孩子的襁褓中塞上红包，是为“认亲喜钱”。最后“经母”们将“小花童”抱回卧室，放在床上：

床公床母床子床孙，让他白日里好好闲，夜间也要好好睡。让他一日比一日长，见到的人都喜欢。床生床长睡拢您，一年十二月，月月保平安。②

拜毕床神，‘教花童”仪式才算结束。

---

① 根据2010年8月2日“莲池会”经母HZL在龙龛村HR“做三桌”仪式现场录音整理。HZL，女，白族，1929年生，大理龙龛村人。龙龛村“莲池会”的“经母”。

② 根据2010年8月2日“莲池会”经母ZZH在龙龛村HR“做三桌”仪式现场录音整理。ZZH，女，白族，1940年生，大理龙龛村人。龙龛村“莲池会”的“经母”。

第二节　初识神坛：“女囡子”日常经历中的“莲池会”

“女囡子”是村里人对女孩的通称，未嫁之前的闺女都可称为“女囡子”。“女囡子”时常跟着“阿奶”去本主庙神坛祭拜，也常听到这样的祝告语：“家里‘女囡子’这一小对，还是得您照看，喝您的蜜水，撑您的伞。”然而，虽则未嫁的闺女都称为“女囡子”，但在日常生活中却更为细致地区分为“小女囡子”和“大女囡子”。在现实生活中很难对她们的年龄阶段进行确切的划分。当一个女孩不再整天和男孩疯在一起玩游戏的时候，当一个女孩开始为家人准备三餐饭食帮助母亲做家务的时候，当一个女孩儿月经初潮被吓得直哭的时候，她会发现渐渐地她已经成为村里人口中的“大女囡子”了。这种划分大多都是经验性的评价，并与女孩的“懂事”程度直接相关。“懂事”是村里人对女孩的评价标准，它是对女孩处理家庭日常琐事，诸如日常清扫、三餐饭食准备、待人接物等日常事务的熟练度和成熟度的综合评价。“懂事”的女孩被大人评价为“像个‘大女囡子’了”，是他们茶余饭后津津乐道的“小大人”。而那些成天跟着阿奶阿妈，“到了吃饭还不着家”、“来了客人也不知端茶送水”的女孩，显然还是没“懂事”的“小女囡子”。

> 你看，我妹可是“勤快”呢，帮忙帮忙都给我帮倒忙（笑了）。不让她洗，她还偏洗。让她洗自己的袜子还不要，还要洗我爹的汗衫。拉拉扯扯的，搞来搞去全弄湿了，一会儿我妈回来见了还得骂，骂她算了，我也得挨骂。我怎么办，她要洗，不给她洗就要哭的……

（无奈中）哎，她要真那么爱洗，我倒是太喜欢给她洗呢。我每天都是洗衣服，洗衣服，今天洗，明天洗，天天洗，那么多的东西我洗都洗不过来。她要是我，我要是她就对了，不过她要真长到我这么大的时候，我估计她也不乐意洗了。①

就一定程度而言，“大女囡子”是已经“晓得了一些人情世故”、“学会了一些持家事务”的女孩，她是母亲在家务方面的得力助手，而“小女囡子”却还在游戏、玩乐、模仿中学习。以下将根据“女囡子”个人成长经历的两阶段划分，描述“女囡子”在日常生活中对家庭及村落“莲池会”妇女神坛祭祀知识的习得与实践过程，展示女孩“为闺女”时期的日常生活及其角色实践。

一、玩里习得：“阿奶带我玩”

在龙龛，男孩与女孩的断奶时间没多大差别，村里人说“吃奶少的儿聪明”，虽说没现实依据，但一般在孩子8个月之后便要断奶，至多也不能超过一岁半，否则就成了村里人口中“奶吃多了的傻儿”。断奶之后的孩子，无论男孩女孩都会经历多年的“依赖生活期”，这也是他们“初始社会化”（primary socialization）的时期。初始社会化发生于个体生命早期，是整个社会化过程的基础，也是每个个体必须经历的社会化历程。尽管在断奶之后，孩子们很快就学会行走，并掌握了基本的语言交流

① 被访谈人：HS，女，白族，1998年生，大理龙龛村人。访谈时间：2011年8月23日；访谈地点：龙龛村HS家里。

方法，但是作为孩童的他们在生理、心理、思维意识和行为能力等方面均未发展健全，还不能较为独立地生活，在生活、心理上还要时常依赖他人。孩童对母亲与生俱来的依赖感是显而易见的。因此，在村口、街头，甚至在田间劳作的地里，随处都能见到用“裹背”背着孩子的母亲。但在村里，迫于农村家庭生活及其经济生产的压力，孩子断奶之后母亲通常都会恢复家中主要劳动力的身份，而家中孩子的“阿太”（曾祖母）、“阿奶”（祖母）甚或“阿婆”（外祖母）会主动承担起照管孩子的责任。村里俗话说“疼儿不如疼孙”，“阿太”和“阿奶”对孩子的无微不至的“隔辈亲”在村里随处可见。只要有“阿太”、“阿奶”、“阿婆”们在的地方就会有“小花女”在，“小女囡子”成了“阿太”、“阿奶”的“跟屁虫”，而老辈人倒也乐意随处带着她们。因此，老辈人经常出入的地方，也成了孩子们经常游戏和玩乐的场所。而“小女囡子”对“莲池会”及其“神坛”的最初认知，也就是从这时候开始的。

图 3－4　跟着奶奶去“走会”的“小女囡子”

在“莲池会”本主庙集会祭祀的时候，我们经常能够见到许多孩子。男孩女孩都有，最小的两三岁，最大的不过六七岁，他们都是跟着“阿太”和“阿奶”来的。两三岁的孩子胆子还很小，他们和奶奶并排坐在长凳上，吃着各位奶奶们不时塞到手里的刚从祭桌下撤换下来的糖果供品。而在奶奶起身“拜经”或到大殿门口烧纸上香、更换祭品的当儿，他们都会扯着奶奶及膝的大围裙一路小跑地紧跟着。他们看着本主庙院子里正在游戏的稍年长几岁的孩子，那里也有他们的哥哥姐姐，但是因为自己年龄还太小，实在没有可以和他们一起游戏的乐趣，因此也更愿

图3－5　在本主庙玩耍的“小女囡子”们

意乖巧地坐在奶奶身边，心甘情愿地做一个“跟屁虫”。但是跟着奶奶来庙里是有条件的，在家里他们就已经作了是跟着“阿奶”或“阿太”去本主庙还是跟着妈妈去田里做活这样的选择题，既然选择了跟着奶奶去庙里“拜经”，他们自然要接受“阿

太”、“阿奶”的要求：本主庙里有“老爷爷”在，不能哭、不能闹，也不能大吼大叫，要听“阿太”、“阿奶”的话。他们看习惯了奶奶们的“拜经”，也在奶奶们多次的指导下学会了怎么向庙里塑着的几位“老爷爷”磕头。在称赞声里，他们更加喜爱上了在奶奶们休息的当儿，去坛前不断地磕头。他们认真地模仿着奶奶们磕头的姿势和程序，也很享受由于“姿势规范”而引起的“阿太”、“阿奶”们的声声赞誉。而如此的表现必然也会成为晚上全家饭桌上的谈资，来自父母亲的夸奖也让他们体会到满足感。

无论是在本主庙，还是在“供会”的私人家里，“阿太”、“阿奶”们“拜经”休息的当儿，无聊的他们总会接过奶奶们手中的木鱼来敲打，几个孩子争吵着究竟是自己奶奶木质的木鱼好看，还是别家奶奶铜质的木鱼好看，而就在孩子们认定铜质的木鱼由于刺绣、毛线球等装饰更多，由此也显得更加好看而胜出的时候，他们也会跑到奶奶那里质问：“为什么不买那样子的木鱼？那个声音好听，颜色还好看”，有时更会提出“我们也买一个XX家奶奶那样子的木鱼”的要求。他们不能理解为什么对他们的提问和要求奶奶们总是不置可否。在多次的敲打之后，有时他们也会发现，木质的木鱼也挺好听的，至少手里拿着敲打的时候很轻，手不会酸。奶奶们对孙儿女们敲打木鱼是没意见的，除非“不敬的”他们将木鱼放在了地上就跑得无影无踪，如果这样被奶奶揪回来的时候就不免会遭到一顿诸如这样的责骂：“不听话，跟你说了多少回，木鱼不能放地上。再不听话得了，再不听，正好跟你妈去田里去。让你去，你妈也不管你了，也没好吃的，不管你了，你也不要跟我来了。”① 每当遇到这样的责骂，

① 根据2010年12月23日（农历十一月十八日）“太阳诞”龙龛村本主庙庆典祭祀中祖母YYP与孙女YK的谈话田野笔记整理。YYP，女，白族，1954年生，大理龙龛村人；YK，女，白族，2003年生，大理龙龛村人。

他们都不免伤心起来，在衡量在庙里玩乐与被关在家或跟着妈妈干活去的趣处时，他们总不免会在奶奶问“以后记不记得住”的时候，满口回答“记住了”。而在此当儿，他们也知道庙子里其他一起“拜经”的奶奶们也一定会从旁劝解自家的奶奶：“他还是小孩子嘛，说说就行了。下次肯定不敢了的。”于是，“阿太”、“阿奶”继续拜经，也不再管此事了。他们也因此乖巧起来，循规蹈矩地行事。

五六岁的男孩子就很少跟着奶奶们玩了，即使跟着来庙里，也是为了寻找一起来的同伴，汇集了同伴便要到庙子外去玩。女孩子大多还是会在庙子里的，玩着几个人的游戏，以下是笔者调查时看到的一个游戏：

阿巧：我做他爹，阿倩做他妈，淑慧做我们的女儿。我们是一家，然后玉玲她们三个（玉玲、晓娟、万辉）是一家。

淑慧：我不做女儿，让阿倩做女儿。

阿倩：我不做女儿，我就做妈。阿巧说你做就你做了。是吧，阿巧？

阿巧：淑慧你要是不做女儿，你就不要和我们一家了。

淑慧：好嘛，那这次我做女儿，下次就不做了。

阿倩：那我们做什么？

阿巧：我们要请她们家到我们家里来做客啊，然后她们也要请我们。

阿倩：那我们家里做什么要请她们来做客？

阿巧：我们做房诞好了。淑慧你去请她们家三个来做客。不过到时候“拜经”我们就不管了，大家都要“拜”，要不然我们人就不够了。

淑慧：玉玲，我们家请你们做客啊。

玉玲：好，我们会来的。

……

阿巧：我们的菜已经做好了。我们现在还不能吃饭的，对吧，阿倩？我们要先去“敬祖先”。我们去把菜抬到那里的石头上，假装我们去那里“敬祖先”。快点，然后我们就可以玩“拜经”了。快点，淑慧，你把那些“菜”都端过来。

……（阿巧开始“敬祖先”，将各种菜一一敬过。）

阿巧：我们还不能吃的，要先拜经。

万辉：不是，是我们吃了才“拜经”的。我们家做房诞的时候就是晚上吃饭了以后，天黑了才“拜经”的。

阿巧：不是，是吃饭前了。

玉玲：恩，好像是吃饭以后的，我也记得是。

阿巧：根本就不是。

晓娟：那要不然去问问我奶奶好了。

……（晓娟跑去问奶奶，奶奶的答案是在饭后才拜经。这个答案似乎让阿巧感觉有点沮丧和不好意思。）

阿巧：那我们假装快点把饭吃完，然后就要“拜经”了。

……（饭已经吃完。）

阿巧：我们三个在这边，你们三个在那边，我在最里面，然后是阿倩和淑慧。你们也赶紧排好。

……（左右三个人并立，相对排成了两排。）

阿巧：（开经头）佛为嗨嗨那，嗨嗨摩摩……

（阿巧开始，然后六个人齐声跟着一齐念：“佛为嗨嗨那，嗨嗨摩摩”。她们左右两手都抬着，左手食指是木鱼，右手食指是敲打木鱼的小棍子，右手指敲打左手指，做得还很认真。有意思的是，她们前前后后念的都是“佛为嗨嗨那，嗨嗨摩摩”。这句经文是“莲池会”经文中最经常用到的一句经头。）

阿巧：拜完了，我们不拜了。我们各回各的家了。

（游戏结束。）

（说明：“请客做饭”时间较长约为一个小时，孩子们在本主庙附近各处寻找破碎的瓦片、塑料盖子等作为盛饭菜的容器，又去附近的田里摘野草、杂花、菜叶等做菜，使用黄泥巴做米饭和面包；“敬祖先”和“拜经”为游戏最末，大约为二十分钟的时间。）①

这是一个十分普通的五六岁同龄群体的游戏。在游戏情境中，孩子们扮演的角色既是确定的，又是不确定的。角色在某一阶段具有固定性，例如在家庭中的母亲和孩子是固定的，但是在某种情况下，角色又具有模糊性。由于“拜经”人员不够，因此，无论是先前扮演父亲、母亲、女儿还是儿子，所有的游戏人员都要一起扮演“老妈妈”来“拜经”。米德研究社会化问题时曾指出：社会化的实质是角色扮演（role taking），即学会理解他人对于角色的期待，并习得按照这种期待从事角色行为的能力。儿童时期是社会化过程的基础，是个体初始社会化的主要阶段。在此阶段，如文中所言，孩子在生活上依赖于父母及其女性亲属的照顾，这种依赖与被依赖的关系形成的亲密关系，使得儿童倾向于把依赖的人看作是一种权威而对他们怀有依恋、敬爱和畏惧

① 根据2011年6月28日于龙龛村观察的女童游戏现场记录的田野笔记整理。阿巧，2004年生；淑惠，2005年生；阿倩，2004年生。

的感情。而在其角色扮演的“嬉戏阶段”（play stage），孩子开始扮演一些特定的、重要的角色，这些角色往往就处在孩子周围，并在日常生活中与孩子具有较为亲密的交往关系，比如：父母、祖父母、兄弟、亲属及朋友等。事实上，以角色扮演为主要内容的日常生活的确是孩子们游戏中最主要的组成部分之一。

儿童时期，尤其是十岁之前的同龄游戏群体并无明显的性别区分，男孩和女孩一起游戏的情况十分普遍。就游戏活动范围而言，一般都不会脱离“阿太”、“阿奶”的视域太远，正如上文游戏中所言，当孩子们在游戏中发生了争执时，她们时常还要诉诸于大人们的“仲裁”。此年龄段的孩子，尤其是女孩，她们的游戏群体基本是比较固定的，一般而言就是三两个自家附近的邻居或亲戚，平日里都在巷子里或是大门口玩，因此游戏的内容也是十分单调的，不是“跳机器人”，就是“踢五线格”，当然偶尔也会玩做饭请客的游戏，但是因为人数有限，只能一个人为一个家了。因此，跟着“阿太”、“阿奶”去庙子里对孩子们来说是极有趣的，因为在那里不仅有吃的，而且还能见到平日里常见不到的很多同龄伙伴。在这样的同龄群体里，有的孩子感觉如鱼得水，在游戏中始终充当着“指挥者”的角色，而有的孩子则显得胆怯，只能听从别人对自己角色的安排。村里人说“三岁看老”，在游戏组织及其角色分配中，就如同上文提及的游戏一样，每个孩子的个性在诸多孩子参与的游戏中展现得淋漓尽致。总之，儿童时期是个体社会化过程的开端，是最主要的初始社会化阶段。在此过程中个体通过长时期的耳濡目染接受了特定的生活方式，并潜移默化地养成了与所处社会相适应的行为习惯。村落孩童对家庭、“莲池会”及村落“神坛”的认知也是从这一时期开始的，并最直接地来源于包括自己母亲、祖母、曾祖母在内的日常实践。

小孩子要行规矩，玩具衣服不要放到“祖先席”那里去。要不然，老公公就从相片上下来，用拐棍打你的头的，你不怕！老公公的脾气可是大得很，妈妈也怕的……下次记住了吧？①

……知道吧，现在老公公、老太太们在家呢（因为正值中元节时期，村里人认为祖先们都在家中）。你不能大喊大叫的啊，不听话的话，你知道吧，老公公就骂人了：晓娟，你不听话得了，不听话，让你妈妈把你扔出去，我们不要你了。让“老外”（外国人）把你抱走好了……嗯，老公公这么说的话，妈妈也害怕的。②

……再踩门槛得了，你老太打过来了。你听到没有？阿巧，跟你说了多少次了，不能踩门槛，不听话，让她“海东的妈”把她领回去好了，我们家不要她了。（在日常表述中，孩子们已经知道：大理在海西，生活富裕。海东多为山区，生活贫苦。且自己有一个抛弃自己的妈妈在海东，只要不听话，就会被海东的妈妈领回去过苦日子，和现在疼爱自己的家人分离。）③

这样不攻自破的“谎言式”的规训对孩子来说是有作用的。他们害怕被惩戒，更害怕“被抛弃离开”到一个陌生的环境，这对他们来说是无法忍受的。听到这样的话，即使是再吵闹的孩子都会立刻安静下来，或者有的小女孩就干脆飞奔到妈妈怀里，

① 根据2011年5月18日HN与女儿的现场交谈田野笔记整理。HN，女，白族，1982年生，龙龛村人。

② 根据2011年8月4日ZYY与女儿于“七月十四”节期间的现场交谈田野笔记整理。ZYY，女，白族，1981年生，龙龛村人。

③ 根据2011年5月18日HN与女儿的现场交谈田野笔记整理。HN，女，白族，1982年生，龙龛村人。

哭咽着说道“不能扔出去，我不去”。在这样的时刻，母亲也会顺势说“那你记得住记不住啊?”孩子则满口回答“记住了!”于是便罢。可见，母亲或女性长辈的规劝往往是借助故事或“莫须有”的形象，这种形象大多来源于“有神世界”，该形象告诉女孩不该如此做为，如果顽固执意如此便会引来让母亲也无能为力的更大权威的不满，由此也会招致相应的惩戒。

就是在这样家庭女性群体的日常言语和行为规训中，村里五六岁的孩子便已经对家庭祖先神坛及其家庭内部女性长辈的神坛日常实践有了足够的知识。我曾在五至七岁的孩子中，指着每家的祖先席做过有关“你认为那是什么地方?”的调查：

我：阿辉，那是什么啊?

阿辉：哪里?

我：那个搁着你老公公照相的地方。

阿辉：这你都不知道啊?（显出对我有点鄙夷或者不可思议的神情。)

我：那你说那是什么地方?

阿巧：是祖先席！（跑过来，说完，又立马跑开了。)

阿辉：阿巧，谁让你帮我说了。阿娘是问我的！……我妈妈早就对我说过了，那是祖先席嘛！谁让你帮我说了，我早就知道了，我妈妈早对我说过了。

我：你妈妈都跟你说什么?

阿辉：说什么……?（似乎不知道怎么回答，或者对我的问题不感兴趣)。我奶奶早上在那里抹桌子的。抹桌子，然后点灯，放点油在那盏灯里。然后奶奶说老公公要喝茶、喝酒也要给他们倒酒和茶。……用那个暖水壶盖子烤了茶叶来泡茶，太苦了……

阿巧：我们在那里磕头，阿辉你还没说的。

阿辉：我知道的，我知道的，你不要说话。（爱表现的阿辉似乎对阿巧的提醒不满意。）……嗯……我妈妈说现在可以磕头，我就去磕头，给老公公烧钱，还要点香，“敬祖先”……敬完了祖先才能吃饭。①

或许小女孩们对于作为“阿娘”的我为什么问这样的问题不能理解，他们认为作为大人的我早该知道问题的答案，于是一时间不知该如何回答。但是在后来的聊天中，我知道诸如阿辉般的五六岁的孩子已经对家庭及村落神坛以及女性祭祀实践有了足够的了解，并已在亲身实践着母亲及其他女性长辈教给的有关家庭及村落神坛祭祀的相关知识。以下是笔者调查时看到“小女囡子”帮着“阿奶”做“七月十四”祭祀烧送品的一个场景：

阿奶：嗯，我们家阿辉最能干了。一张张纸折得那么好！

阿辉：阿奶，再给我一张，你把那些纸全部给我。

阿奶：一张张做，做完了，阿奶再给你啊。最听话！

阿辉：嗯！

阿奶：你看啊，阿辉，先要把纸翻过来，然后对着一角，看到了吗？

阿辉：知道，知道，然后就该放一张金银纸了。然后卷过来。

阿奶：嗯，对的，对的。阿辉会做了，不用奶奶教

① 根据2011年8月5日“七月十四”节期间“我”与阿辉和阿巧的现场交谈田野笔记整理。阿辉，2003年生；阿巧，2004年生。

了啊。

阿辉：阿奶，你看，我的提包好吧。

阿奶：嗯，做得好。

何家阿奶：（刚好经过，见到阿辉帮忙做提包）哎哟，阿辉，真能干哎，还帮着你奶奶呢，我看会做吗？

阿辉：会做，会做的。

何家奶奶：嗯，阿辉真是能干，这么勤快，赶明儿长大了，肯定是勤快、勤谨的，肯定能嫁个好人家呢。到时候想“讨”（前来说亲）的人数都数不过来呢……到时候，你奶高兴死了！①

的确，村里人常说“穷人的孩子早当家”，父母在外十分“奔忙”的人家，十岁左右的女孩在家务方面就已经较为娴熟。她们已经渐渐“懂事”，已然是大家眼中的“大女囡子”了。“大女囡子”已经不常和男孩子一起“疯着玩儿”了，更多的时候则是和家中母亲、奶奶和女性亲属或街坊们待在一起。

以前我和她奶奶做“包”、“剪衣服”的时候，她就看着了。教给她怎么做，现在都做得好了。“包”是早就让她来做了，我们家里活路忙，她放学回来，或者是星期六、星期天就做“包”……早两年，“剪衣服”还不会，教了好几次，现在也大了些，过了年都十四了，今年就都是她做了……以前小一点儿的时候，是交代给她做的，这两年，东西买回来放在那里，不用说就

① 根据2011年8月9日“七月十四”节间阿辉和奶奶的现场交谈田野笔记整理。

给剪了。长大了，我也清闲了些，能帮活了。[①]

“大女囡子”平日里是母亲家务方面的得力助手，在闲暇的时候也经常能看到渐渐长熟的她们蹲坐在母亲或奶奶身边，听着“婶婆姨娘”们七嘴八舌的闲聊，而女孩子们对“为好闺女”的了解也是在这个过程中逐渐形成的。

这两年，我都不怎么做“包”了，家里有了阿菊都是她来弄了。今年接祖先，我说回去准备东西，一看闺女都已经给准备好了。我就出去接一下就行了。“敬祖先”也是我不在家也维持得很好，会做了我也就放心了……这两年，“辞年”的菜式，煮猪头、煮鱼、煎干拉什么的（都是到本主庙祭祀的供品）都是她弄的，我是累不过来了，早先她小的时候倒是都是我弄了。这两年，她也大了，就在旁边说说话就行了，哪里弄得不对的，我们说两句就行了。做得好的，不过是……这些要教给她的，你没有闺女你是不知道，不教的话以后嫁出去了，什么都不会，“这头还得往她后头背呢”（意思是会被指责母亲没有好好教诲女儿）！[②]

……嗨，你们家菊芬可是能干，不消愁的。那么勤谨，柜头都被擦得可以照镜子了。以后就嫁来给我们家雄军好了（哈哈）。不用那么勤快，大妈家没你妈那么干净和讲究……大妈保证不骂你一句，让你妈妈的头也

① 被访谈人：ZCL，女，白族，1973 年生，大理龙龛村人。访谈时间：2011 年 7 月 5 日；访谈地点：龙龛村 ZCL 家中。

② 根据 2010 年 7 月 14 日 YDF 和 LYH 之间的聊天记录整理。YDF，女，1968 年生，大理龙龛村人。

不背你后头。(大笑)[①]

在家庭女性长辈的指导和亲身实践下，“有女初长成”的“大女囡子”已经基本掌握了如何准备祭品、烧送品，在家中如何进行简单的“祖先席”前的家庭祭祀等知识，而这些知识也已经成为她们“为闺女”时期知识构成的重要组成部分。家庭对女孩的教育，尤其是对“大女囡子”的教育已经存有明显的婚姻预设，对家庭神坛祭祀知识的习得和掌握程度已经成为一个女孩是否“识得礼数，懂得礼路”的重要标准，是娘家家庭，尤其是其女性长辈是否“有礼有节”的表现，也成为婚姻预期下的女孩日后“找婆家”的重要标准。

第三节　初涉神坛：“小媳妇”的初婚生活及其祭祀操演

一、新妇到婆家

（一）待嫁的“女囡子”

在龙龛，村里无论男孩还是女孩，初中教育是当前较为普及的文化程度。初中毕业后的“女囡子”，如果能考上一所不错的高中，家里人一般都会供她继续上学，如果考不上，对于“女囡子”接下来的生活村里人会有不同的考虑：随着中等职业教

① 根据2010年7月14日YDF和LYH之间的聊天记录整理。LYH，女，1963年生，大理龙龛村人。

育在大理地区的盛行，经济条件稍好的人家会花钱让女孩再去外面上两年学：

> 现在的年月不同我们那会子了，那会儿我们女孩儿都不怎么上学，从小也就是在家里，小点儿的时候带弟妹，还得做饭打猪草。到了十五六岁能挣工分的时候，就出工到田里干活。“挑媳妇儿”挑得多啊，那“女囡子”田里的活干得麻利，家事家务的勤谨些，就好找婆家了……现在家里农活少了，女囡子挑的可不一样了……现在去读中专的也多，家里也是希望能脱离“农根子”，以后读出来无论挣多挣少，自己做个小买卖也行，不挖田挖地了，将来也能说个好婆家啊。不过，说起来，现在不比以前啊，还是难啊，上学少嘛怕人家看不上，学上多了，又怕人家不敢要了。①

而更多的情况是让女孩到“外头”去打工。近年来，大理地区旅游业的发展为村落女孩提供了不少就业机会。虽说是“外头”，其实就是在村落附近的大理古城或下关。

> “女囡子”和小伙子不一样，走远了不好。打工也就在大理下关的，家里不指望她挣钱，也就把她自己的日子混过去。离得近，出去了也能三天两头地见到，家里该管的，该看的也能看到，性子也不会变。再说，在外头也做不了几年，家事家务做好了，在外头也做些，就不显“憨”了，也是勤谨能干的了，不两年就得

① 被访谈人：LYH，女，1963年生，大理龙龛村人。访谈时间：2011年6月27日；访谈地点：龙龛村YDF家中。

“说婆家”。虽说在外头长见识，还是不能耽误了婚事。这走得远，性子也容易变，野了性子，将来怎么好说婆家，倒是耽误了她自己。①

基于“好找婆家”的考虑，“有女初长成”的人家都会让“女囡子”除了学习“家事家务”之外，还能“有份自己的事情做做”：

初中毕业以后，她就在家里。她有朋友去大理宾馆做工的，她不想去，说想要去学剪头发。我们觉得好，剪头发也是门手艺活儿，将来嫁了人也能继续做的……花了几千块钱让她去学了，去城里学了一年多，回来在村里自己开了个理发店。现在想来比那个打工好，自己有份儿事情做，家里有事儿就关门，没事儿就开门做生意。现在才十八岁，上门说的（提亲说媒）倒是多了，我们也不着急，还小呢。开玩笑的时候都说，“你们家阿菊勤谨能干的，你家不消愁”。②

一般而言，“待字闺中”的“女囡子”除了做活打工之外，已经承担了大多数的诸如做饭、洗衣、打扫卫生等日常家务，闲时间里亦会三五成群地聚在某个朋友家里聊天。她们有时聊着如何选料子做衣服、怎样挑花、折花，当然有时也会谈论最近有人上门向她们的某个同龄朋友提亲，或是邻村的哪个小伙子很是不

① 被访谈人：ZCL，女，白族，1973 年生，大理龙龛村人。访谈时间：2011 年 7 月 5 日；访谈地点：龙龛村 ZCL 家中。

② 被访谈人：YDF，女，1968 年生，大理龙龛村人。访谈时间：2011 年 6 月 27 日；访谈地点：龙龛村 YDF 家中。

错这样的话题。待嫁的日子对“女囡子”来说是较为惬意和轻松的，会成为女囡子们出嫁之后，甚或是日后生活中时常怀念的美好时光。

在“找婆家”过程中，村里人都十分看重“媒妁之言”。村里人常说“无媒不成婚”，媒人在“女囡子”婚姻缔结过程中起到了十分重要的作用。媒人一般都由村里四五十岁的“老婆娘”担任。

> 老婆娘们都爱管这样子的闲事。再说，做媒人也是修了功德的，算是行好事……平日里，赶集做活路逛街的，村里村外的姑娘小伙子们都看在了“老婆娘”们的眼里，有打量着两家可以“对路”的，她们就要“说合”了。①

村里没有专门的“媒人”，四五十岁的“老婆娘”只要愿意均可成为媒人。有些“老婆娘”做媒是主动承担的，即看着“女囡子”和小伙子可以般配，双方家境又相当，就主动加以“说合”；有的是被动承担的，家里有到了适婚年龄的姑娘小伙，他们的母亲会在私底下让认识的村里村外的“老婆娘”们四处帮忙打听，为自家孩子寻觅一个合适的婚姻对象。当然，是否做媒人并加以“说合”，老婆娘们也会有自己的打算。作为四五十岁的“老婆娘”，她们已经有了一定的阅历和人生经验，她们“做媒”会考虑很多的因素，其中姑娘小伙的家庭及其“为人”就成为姑娘“找婆家”、小伙“挑媳妇”时较为重要的因素。以下是为姑娘笑芬和小伙建军做媒的张大娘的一席话：

---

① 被访谈人：HYX，女，白族，1958 年生，大理龙龛村人。访谈时间：2011 年 7 月 6 日；访谈地点：龙龛村 HYX 家中。

> 建军她妈也老跟我说看有没有合适的女囡子给他们家说一个，我平日里也多留心些。建军家两姐弟，姐姐已经出嫁了，也是独儿子，房子早就盖了二层楼。在村里为人是不错的，建军跟着他爹在外做副业，他妈就跟着打点下手。说实话谁嫁过来啊，这日子，都是不用愁的。他们村里种地的少，不比我们村里种田苦啊，都是出外边做副业，女人是能享福的呢……倒也一直没有合适的……笑芬她妈你也知道是村里的能干人，家里家外都维持得井井有条的，相当有“志气”的（指一个人讲究礼仪，行规矩，为人做事非常好）。他们家笑芬，最像她妈了。他们家是讲“志气”的人家。笑芬从小就懂事听话，初中毕业不读书了家里的事情样样做，没有不会的。家是打扫得像镜子亮堂堂，勤快得很呢，隔壁邻舍也没有不说好的。我去生久卖菜时就跟他妈说了这件事，要是两个孩子能好就是好事。笑芬她妈说，她们家笑芬刚没读书几年，来家说亲的倒是也有几家了，不过孩子还小，提结婚怕是有点儿早。后来，也是让带着建军去他们家里见了面，当着我们大人两个也不怎么说话……后来看着建军家是很满意的了，倒也鼓励他和笑芬来往。后来一来二去的，还是两个孩子的缘分，在腊月里就打算要结婚了。①

其实，作为“媒人”，介绍男女双方及双方家庭认识只是“做媒”的开始，真要论及嫁娶，男女双方家庭还有一个较为漫

①　被访谈人：HGH，女，白族，1970 年生，大理龙龛村人。访谈时间：2011 年 7 月 18 日；访谈地点：龙龛村 HGH 家中。

长的“婚前谈判”过程，而做媒的“老婆娘”作为“中间人”将在双方之间不断奔走“传话”，直到婚礼顺利举办。实际上，在现实生活中，“老婆娘”作为“中间人”的身份在男女双方初婚之后的几年中还会一直发生作用。

总之，待嫁的“大女囡子”已经名副其实地生活在婚姻预期之下。家庭对她的培养总是以对她未来婚姻的预期为前提。父母对她平日里应该如何举止和诸如或学手艺或出外打工等的考虑均是以“找个好婆家”为目标。而此时，村里人也会开始用“待嫁”闺女的标准对“女囡子”的日常生活及其言行举止进行监督和评价。待嫁的“女囡子”们要十分注意自己平日里的行为，父母在此过程中会不断对她们进行“该如何做为”的教育和引导，要求她们讲规矩懂礼仪。实际上，“女囡子”的品行、为人都会成为村里人，尤其是乐于做媒的“老婆娘”们关注和讨论的话题。这类评价对于“女囡子”日后“找婆家”是极为重要的，这关系到“老婆娘”们是否愿意为其“做媒说合”，并成为男方家“挑媳妇”的重要参考。在家庭和社区舆论的引导及监督之下，待嫁的“女囡子”已经按照家庭和社区礼仪开始了自己“做媳妇”的准备。

（二）婚礼中的“新娘”

村里人的规矩，经媒人“说合”的男女双方交往一段时日之后便要议婚，进入婚礼阶段。婚礼一般都会经历“会亲”、“定亲”、“择吉”、“迎亲”、“回门”、“塞枕头”等仪式过程。其中，我们可以将“会亲”、“定亲”、“择吉”看做是婚礼的序曲，“迎亲”就是整个婚礼仪式中的“最强拍”，而“回门”、“塞枕头”便是婚礼的尾声。

1. 序曲：“娘家人”与“婆家人”的两可身份

“会亲”，意在“叫上‘女囡子’来男方家里闲上几日”。

届时男方选定日子邀请女方家人及亲戚朋友前往男方家，此举也意在“让女方亲戚认认男方家的门”，双方的亲戚朋友也因此正式见面。“会亲”的“女囡子”会在七八个同龄“女囡子”的陪同下一起前往男方家，晚饭后便只有两到三个“女囡子”会随“会亲”的“女囡子”留宿在男方家中。“会亲”的“女囡子”要在男方家住两日，第三日清晨，小伙子及其父母将带着崭新的给“女囡子”及其父母置办的新衣将“女囡子”送回家中。“会亲”之后便是“定亲”，期间时间长短不一，由男女双方商议而定。“定亲”在当地也称作“行聘”，届时男方父母及亲戚在媒人的陪同下带着烟、酒、糖、茶及“聘金”来至女方家中“行聘”。现在有的人家也将“会亲”和“定亲”一起举办，“会亲”结束送“女囡子”回家时便一齐向女方家“下聘礼”，意在“定下了这个‘女囡子’”。村里人的规矩，“定亲”之后便已正式订婚，尽管“女囡子”还生活在其“娘家”，但从此却应该改口称呼男方父母为爹娘。

“定亲”之后便是“择吉”。男方家人会拿了男女双方的生辰八字去找人“看香火”算定日子。当男方选定了“迎亲”的“吉日”便让媒人送去女方家以供参考。女方家会将写有“吉日”的红纸压放在“祖先席”前的香炉底下，如果接下来的几日，家中无大小意外发生，那么日子便可定下。双方便可开始正式筹办“迎亲”婚礼。在“会亲”、“定亲”、“择吉”中的“女囡子”，因为还未行“迎亲”之礼，因此“女囡子”还不是真正意义上的新娘，但是就其身份而言却已经具备了“娘家人”和“婆家人”的双重身份。可以这么说，于“女囡子”的娘家而言她是已经出嫁但还未嫁的女儿，而于“女囡子”的婆家而言她是已经被娶但还未娶的媳妇，她的身份显得十分模糊。

2. 迎亲：从“娘家”到“婆家”的过渡

“迎亲”是婚礼中的“最强拍”，是整个婚礼最重要的组成部分。“迎亲”前一日村里人称为“吃晚稿”，因晚餐所食的一道由萝卜、青菜、茴香等制成的全素“稿菜”而得名。当日清晨天蒙蒙亮，家里就会齐集了许多帮忙的人，大家杀猪垒灶、搬桌子借椅子、写对联贴红字、洗菜做饭，帮忙的人各司其职各自忙碌。这日，家中的奶奶或外婆也会和“莲池会”的其他成员一起为这个第二天就要出嫁的姑娘去本主庙祭拜。准备好了各式供品和斋菜，她们便前往本主庙磕头祭拜，“告诉本主老爷家里的‘小花女’明日就要出嫁，还是得蒙本主庇佑，喝您的蜜水，打您的伞”。“迎亲”当日是婚礼的“正日子”，出嫁的“新娘”一早就上大理古城去梳头化妆。村里人说“今天是扮新娘、藏新娘”，在男方“迎亲”队伍到来之前，新娘一般都是很少露面。院子里摆满了各种娘家为她准备的嫁妆：冰箱、彩电、洗衣机、摩托车、被褥、水壶、衣服、洗漱用品等等。柜子里还装满了一柜子的“裹子”①，这些都在新娘离开娘家的时候被“迎亲”的队伍一一带走。以前这些嫁妆都是用扁担红绳挑着走，现在都是租了大车来拉，或者有的人家嫌路途遥远不方便，就将大件的嫁妆提前放到了男方家里，“迎亲”当日便只让“迎亲”队伍象征性地拿几件诸如毯子、水壶等类轻巧物件作罢。婚礼中的“新娘”有许多需遵守的礼仪和禁忌，这在“迎亲”之前的几日，母亲和其女性长辈都已经一一交待过：

> 出门就得往西走，手里拿的镜子是“照妖镜”，镜面要一直朝外。遇到人家也结婚的，新娘遇上新娘可是

① “裹子”在村里人结婚时制作。在长约 15 厘米，直径约为 2 厘米左右的圆柱形纸筒里分别装进一对松子、一对南瓜子、一对西瓜子、一对花生、两颗糖和若干瓜子、米花，封好之后，再用红棉纸包裹。村里人会在结婚当日及在新婚后向新娘索要裹子。新娘给人送裹子时一般都要成双给人。

不好的，你更要拿着镜子挡了脸。遇上了办“死人客”的丧礼倒是大吉大利的……过桥要往水里丢硬币，那是买路钱，走过去了就会顺顺利利的……到了男方家里两人要齐头并进一扇门，那样子才好，不要前前后后的走，不和美。迎亲这日，出了娘家的门，进了男方的门，在新房里是不能坐着的了，一日里要站着，这样子才是有“志气”的。“裹子”要准备好了，有小孩儿来要的时候不能只给一个，要一对一双地给。红糖米花和核桃末也得提前准备下，随身拿包带着，第二天清晨，你倒“新媳妇茶”的时候要用的，到时跟你婆婆再要，那就显得你和娘家人没“志气”了。①

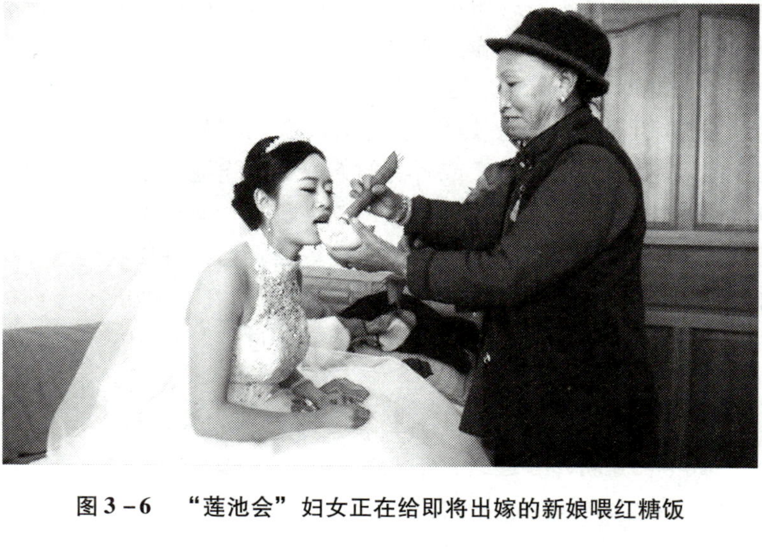

图 3－6　“莲池会”妇女正在给即将出嫁的新娘喂红糖饭

① 根据2013年1月18日HYX与即将出嫁的女儿HYF之间的谈话整理。HYX，女，白族，1961年生，大理龙龛村人。

“迎亲”当日，出嫁的女儿家午饭是正席，要“吃十大碗”①。吃过午饭，大约一点多钟，男方“迎亲”的队伍就到了。“迎亲”队伍刚到也要依例摆上“十大碗”、烟酒糖果，约摸一个小时左右，新郎便去闺房带上新娘准备出门。女儿和女婿分别向祖先和父母磕头，新娘的父母给女儿戴上红花，鞭炮声响起，女儿挥泪告别家中的父母，女方亲戚们“送亲”的队伍也紧跟新郎和新娘出了家门。无论女方家是近是远，“迎亲”的队伍一定要在太阳落山之前回到男方家里。一般而言，出门“迎亲”之前男方家会一再交待迎亲队伍，“女方的客人要早些吃了晚饭回去，新娘没接回来不能上菜待客的，你们在路上不要两步一停三步一歇地耽搁”。如前所述，从娘家到婆家的路途中，新娘有诸多禁忌需要遵守，此时新娘的身份正处于转变过程中。从娘家到婆家的过渡，新娘需要经历和跨越一个“边界”，这个“边界”存在于娘家与婆家之间。它是有形的，即迎亲队伍所经过的村庄道路，同时也是无形的，即由“娘家人”变为“婆家人”的角色转换之路。当迎亲队伍到达婆家，新娘与新郎并肩走入婆家大门，她将要继续在“莲池会”妇女主持的婚礼仪式中完成角色的最终转化。只见新郎新娘并肩走过大门，几位“莲池会”的妇女分别站在大门口两边“接新媳妇”，她们口说“吉利”，手里向新人撒着米花和硬币：

一盆海棠笑哈哈，新郎新娘要回家。新郎新娘到家门，清吉保平安！

一对喜鹊到我家，新郎新娘要回家。新郎新娘到家门，全家得安康！

---

① 十大碗一般包含酥肉、“千张”、大肉（红烧肉）、蒸肉、全鸡、全鱼的“六荤”和木耳、粉丝、竹笋、白豆的“四素”，另加一个凉菜拼盘。

一双花雀叫喳喳，新郎新娘到了家。新郎新娘把家回，富贵又安康！①

“莲池会”妇女在门头挂上的“红筛子”证明了新房的所在：

筛子要染成红色，要准备一面镜子，缝制一个红布袋子，里面要装上茶、米和金银。做的时候先支一双筷子在中间，然后把镜子和红色布袋也放上去……看到筛子就知道是新婚夫妻的新房了，新人新屋的，也是为了辟邪……筛子要一直放着，要等到新媳妇的第一个孩子出生，“做三桌”的时候才能取下来，到时候“教孩子”就是用这个筛子了。②

新郎和新娘走进新房，并排站立，两位“莲池会”妇女手里分别端了饭菜来“拜酒”：

红漆铜盘摆金杯，阿奶倒茶喝两杯。酒是新郎酒，借借我的手。新姑爷做一百岁，新媳妇做九十九。

银盘金碗饭食摆，阿奶端饭两个吃。茶是新娘茶，借借我的手。生个女儿三千岁，生个儿子做大官。③

---

① 根据2013年1月24日龙龛村ZZH在婚礼现场的录音整理。ZZH，女，白族，1940年生，大理龙龛村人。龙龛村“莲池会”的“经母”。

② 被访谈人：ZZH，女，白族，1940年生，大理龙龛村人。龙龛村“莲池会”的“经母”。访谈时间：2013年1月23日；访谈地点：即将办喜事的ZTB家中。当时，经母正在制作挂在新房门口的“筛子”。

③ 根据2013年1月24日龙龛村ZZH在婚礼现场的录音整理。ZZH，女，白族，1940年生，大理龙龛村人。龙龛村“莲池会”的“经母”。

按规矩，婚礼当日新娘都不得落座，更不允许坐新床。“莲池会”老奶奶们烧红的一炉炭火和铁盘子里的“七星灯”火苗跳动，使得新房显得格外温暖。“十大碗”流水席在夜幕降临之前就结束了，堂屋里新娘和新郎一家人开始吃上了家里人的“团圆饭”。自女儿离开娘家开始“女囡子”这个称呼将不再适合于她，她是“迎亲”仪式中的新娘，在各种仪式中完成从“娘家”到“婆家”的过渡，开始“为人妻”“为人媳”的生活。

3. 尾声：“婆家人”身份的确认

“迎亲”之后的第二日，新娘便要在新郎的陪同下“回门”。清晨，新娘给前来男方家帮忙的人端上甜丝丝的“新媳妇茶”[①]。吃过早点，娘家亲戚便会有人来男方家里“请着回门”。按规矩，回门必须赶上娘家午饭的时间，因此，新郎新娘一般在上午十一点左右就会回到娘家，也必须在当日下午太阳落山之前回到男方家里去。

“塞枕头”在“迎亲”七日之后进行，村里人说“满了‘一七’就要‘塞枕头’”。

> “塞枕头”由家中的女性主办，男人并不参加。请了“莲池会”的五位老人，本家本姓的女人也一一请到家里。吃过晚饭，喝过了新娘新郎的“三道茶”[②]之后，堂屋里桌子上的水果糖果也都准备好了。新娘将缝好的枕头从新房中拿到堂屋中，“莲池会”的两位会员便将塞在其中的十三把稻草一一取出，一边将稻草剪成

---

① 新媳妇茶用姜和红糖熬制，倒出来之后在茶中放上切好的细碎的核桃片。

② 一道苦茶、二道甜茶、三道苦茶，按顺序由新娘新郎端送至前来“塞枕头”的亲戚们手里。

段，一边口里说着吉利话：“一剪金，二剪银，三剪三元开泰，四剪四季发财，五剪五子登科，六剪六六大顺……”之后又将剪刀递到另一位“莲池会”“老妈妈”手里，于是又开始剪，口里也说着“吉利”。剪稻草完毕，将稻草段与事先准备好的荞麦壳在一个筛子里混合，便开始装枕头了。每一位在场的女性都要拿了杯子往枕头里面装稻草荞麦壳，装的时候嘴里说着不同的“吉利话”：“枕头这个多好看，枕头这个多稀奇。今天阿奶塞枕头，明年阿奶抱你走”，“小小枕头多精巧，阿奶也要给你装一杯，今年今日我们塞枕头，明年明日我们‘办三桌’”。

可见，“塞枕头”仪式是婚礼的延续，意在祈求子嗣。经过婚礼仪式，新娘已经由“娘家人”成为名副其实的“婆家人”，而结婚之后的生育力将是“婆家”对她的最大期待。

二、“小媳妇”的祭祀：“学礼路，行规矩”

（一）“小媳妇”的初婚生活

婚礼之后，新娘便渐渐成为大家眼中的“小媳妇”。一般而言，刚结婚的夫妇不会很快从婆家大家庭中分离并组成自己的小家庭。婚后很长时间，“小媳妇”将会和公婆及丈夫的兄弟姐妹一起居住。他们虽有一至两间婚房作为自己较为独立的生活空间，但“还是在一个灶头上吃饭”，在经济上并不独立。他们与公婆及夫家已婚或未婚的兄弟姐妹一起劳动，共同收入共同支出。“小媳妇”虽然在仪式意义上已经是“婆家人”，但是在其情感认同上却很难较快完成从娘家闺女到婆家小媳妇的的身份调适。作为嫁到夫家的“小媳妇”，她脱离了自己在娘家熟悉的交往圈。在村里，初婚的“小媳妇”作为一个刚刚嫁过来的“外来人”并不熟悉村里的一切。这陌生的一切，对于一个“小媳妇”来说，一切都得重新建立和重新学习。此时，如果村中丈夫的朋友也是新婚，也有同时期嫁过来的和自己一样的“小媳妇”，那么，由于处境和身份的相似，她们在短时期之内就会成为亲密的朋友，如果不发生什么大的口角或争吵，她们也必然会成为彼此将来日常生活和情感世界的有力支持。当然，“小媳妇”也渐渐加入到婆婆和小姑子的交往圈中，但是作为一个“外来人”，一切对于她都是陌生的，她小心翼翼地聆听，很少发表自己的意见。而就在婆家而言，与家里人的相处也是处于初始阶段，尽管婚前对夫家已经有所了解，但是在实际生活中自己在家庭中亦是属于失语状态。交往圈的陌生及有限，导致了初婚的“小媳妇”在情感上更加偏向娘家一方。在初婚的年月里，她们有时与丈夫回娘家，遇上了村里人询问，就会干脆地回答“回家去”；而有时当别人问起自己是哪个村里的人时，“小媳妇”不免还是脱口而出地报上自己娘家的村名，说完之后又困惑是否是时候该改口称自己为“龙瓮人”。情感的纽带及其交往圈的有限导致了“小媳妇”在初婚的一两年内，甚至到第一个孩子出生的年头里都会频繁回娘家，或者就干脆在婆家没事儿的时候到娘家住上三五天。这种情况十分正常，婆家人对这样的行为也表示理解，“都是从那会子走过来的人，想回去也是正常的”。只是在婆家有事或农忙时节，“小媳妇”就不应该随便回娘家，这会被看作是“不懂事”的表现。而就“婆家人”而言，从一定意义上亦是将初婚的“小媳妇”看做是家中一个外来的“客人”，彼此间日常生活的相处和交流都处在较为敏感的摸索阶段。

刚嫁来村里的时候，二十来岁，认识哪个啊，谁也不认得。就想着多点儿时间回自个儿娘家去，还是自己家里在着自在些，说什么话也不需要想那么多……你说，刚来，虽说以前嫁出来的时候我妈也交待过，回到他们家里之后，做事情不能像在自己家里，想说什么说什么的，心直口快的要不得。凡事勤谨些，对待人家父母也像对待自己的父母一样，过人是过良心，住得时间长了大家的性子也就了解了，熟了以后就知道该怎么相处了……哎，但是哪里有那么简单啊，婆婆和妈还是两回事，自己的姑娘和人家的姑娘也不能比。平日里，大家伙儿都是有话说话，没话也就不多说。那会子我们家里头的，又在外头出门做事，十多天回来一次的，我也就该出门干活的时候就去干活，不干活的时候就在自己房里头待着，哪里也不能去，能去哪里啊，谁也不认得的……就想着，什么时候闲下来了，回家里去，和我姐姐妹妹的在一起，想着也才能高兴起来。[①]

“小媳妇”与“婆家人”之间交流与相处的敏感期时间长短不一，但身为“小媳妇”都要经历这样的一个过程。在“小媳妇”的初婚生活中，其处境是比较尴尬的。虽然在仪式意义上，“小媳妇”已经是名副其实的婆家人，但是由于自己“外来人”的身份，无论是夫家成员还是“小媳妇”自己都还需要在日常生活中经历一段较为漫长的磨合期。

---

① 被访谈人：ZCL，女，白族，1973 年生，大理龙龛村人。访谈时间：2011 年 7 月 5 日；访谈地点：龙龛村 ZCL 家中。

（二）“小媳妇”的祭祀知识：“婆家人”的“考量”

在“小媳妇”的初婚生活中，“小媳妇”在娘家习得的规矩和礼仪将会经受“婆家人”，尤其是其婆婆和小姑子等人的一一考量，而考量的结果会直接影响到其在婆家的地位。其中，诸如“七月十四”家庭祭祀、年末本主庙“辞年”等家庭祭祀知识及祭祀礼仪的掌握是一个“有志气，行规矩”的“小媳妇”的标志：

> 我们家阿培他媳妇，你不要说她小，知道的可不少。人也是灵着呢，怎么做斋菜，做几样斋菜，做得好呢。“七月十四”的东西，也不消你说的，啊吧，做得可有“志气”，一是一，二是二的，什么都做得头头是道。我说我做，她也帮着做，我看她衣服剪得可好，那金银锞子做的跟真的金元宝似的，我们这里是不会做她那种的。她娘家做得比我们讲究。我们在“包”上粘个金银锞子就行，她啊，讲究得很，非要剪纸花，你看那些都是她做的，一双手是多么的巧啊！不过，日子慢慢过，不会的，我们只能教给她，尤其是“祖先席”前面的事，不教也是我们“背过”（遭受罪过）。以后的家，说到底是她的了，我们老了老了，她都能操持了，我们也安心了。①

反之，一个连基本的家庭祭祀知识和祭祀礼仪都不懂的“小媳妇”就经常会遭遇婆婆的微词：

---

① 被访谈人：HJM，女，白族，1953 年生，大理龙龛村人。访谈时间：2011 年 5 月 12 日；访谈地点：龙龛村 HJM 家中。

> 现在的“小媳妇”们也是不比我们以前了。哎，讨她的时候说是能干呢，“回来了”（意为嫁到婆家后）才知道不会的不知道有多少。这些“过节过月”的事务，我们那会子谁教啊，不都是家里的妈和奶奶做的时候就偷着学，看在眼里，记在心里，自己虽然做得少，但是也学着行规矩，讲礼路。该怎么办，要做起来也是可以的……我们家小媳妇日子浅呢，该学的也多，她娘家妈没教会她的礼路，“回来了”就得教，该说的不说行吗，不行啊，是我们家里人，出去了就是我们家里的“志气”了。①

和“为闺女”时期的“女囡子”一样，初婚的“小媳妇”也在婆家继续学习相关的祭祀知识，并开始在女性长辈，尤其是婆婆的指导下开始进行一定的神坛实践。值得注意的是，“为闺女”时期的神坛实践是作为一种生活知识传授的，是“女囡子”是否“懂规矩，识礼路”的娘家教养表现之一，而婚后的“小媳妇”，其祭祀知识及其神坛实践则是考量其在婆家是否“当家为人”的一个重要标准。

> 一个村和一个村“行的规矩”也不一样，别说女囡子的时候在娘家学得多少，学得好坏，嫁过来之后总是要学些新的规矩礼路。刚过来的儿媳妇总是愿意学的，我也在去庙子里敬献的时候让她时不时地帮衬着些，倒是也帮不上什么，但是让她看在眼里，知道该怎

---

① 被访谈人：ZYH，女，白族，1948 年生，大理龙龛村人。访谈时间：2011 年 5 月 26 日；访谈地点：龙龛村 ZYH 家中。

么做，规矩礼路是什么……哎，说不清啊，有时候说她教她的时候也是一点就通，有时也是怎么说都不明白。我只怕是她现在教着不愿学，以后为人当家了，背地里人家说她没“志气”。①

可见，初婚的“小媳妇”无论在其娘家是否习得神坛祭祀的相关知识，也不论其习得祭祀知识的多寡和实践能力的高低，到了婆家之后都要重新接受婆家女性长辈，尤其是婆婆的进一步指导，使其适应婆家社区的“规范”。而这些新的规矩礼路也成为婆家人进一步考量“小媳妇”“是否为人”的另一个标准。

① 被访谈人：HJM，女，白族，1953 年生，大理龙龛村人。访谈时间：2011 年 5 月 12 日；访谈地点：龙龛村 HJM 家中。

第四章　“她”的神坛：“莲池会”妇女家庭祭祀及其角色实践

第一节　初掌神坛：“掌家婆”的日常生活及其祭祀实践

“小媳妇”的初婚生活作为由娘家到婆家的过渡一般会持续两到三年，此后便渐渐进入生育阶段，成为一个家庭新生儿的母亲。孩子的出生，显然会带来“小媳妇”角色的转换。这种身份变化最明显地体现在对新生儿母亲的称呼上，她不再被称为“××的媳妇”，在生了孩子之后，在夫家及夫家的村里，小媳妇更多地被长辈或平辈们称为“××他妈”。新的称呼标示着小媳妇在夫家家庭地位的确立，同时围绕新生儿的诞生，以丈夫、妻子、孩子为中心的“小家庭”也由此确立起来，它也将成为“小媳妇”日常生活的核心。在一个扩大的夫家大家庭中，随着逐个核心“小家庭”的建立及由此确立的新的家庭关系，大家庭的分家便不可避免。

一、“烧锅底”分家

分家，村里人称作“烧锅底”，有时也叫做“分灶头”，在村里人看来“分开吃”、“不在一起做饭”便是分家的重要标志。分家之前，家里“当家”的是公婆，他们统一安排家庭生产，收入归大家庭所有，“为家”送礼等家庭事务支出也由大家庭统一支出，而作为大家庭的成员都应当积极主动地承担家庭经济生产的责任。在村里，婚后的“小媳妇”在分家之前都要经历一段较长时间的“大家庭”生活。在夫家的“大家庭”生活中，由于在“同一个灶头上吃饭”，“小媳妇”与夫家成员之间的日常联系比较紧密，这有利于她较快融入夫家家庭，并与夫家大家庭成员，尤其是女性家庭成员之间建立起比较好的家庭关系。这是一个家庭关系较为敏感的阶段，不论是作为家庭新成员的“小媳妇”还是夫家家庭成员都会较为小心翼翼地建立和维持着与“小媳妇”之间的关系。这一阶段尽管不会持续太久，但在“小媳妇”及夫家所有家庭成员看来都是至关重要的。

小媳妇儿A：起初刚嫁过来的日子，大家总是客气的。想帮着做些什么都说让我闲着，闲着。人家客气，我们也不能就真闲着，做什么还是要勤快些……那会子也小，刚过来，别人的脾气也捏不着，不小心就得罪了XX他妈（大嫂），那会子不觉，不过人前背后的就会讲的……我就当做没听见。你知道，这很难办的，起初倒也没什么意思，听几次也觉得窝火。小姑子年纪小倒是可爱，但是婆婆也不是一直那么好脾气的，做不好总要被说的……不过有时候管的也是多了，我们家里男的有时候也受不了，和她顶几句。顶了顶了，儿子是自己的儿子，气还是在我的头上了。我跟你说，麻烦的！

小媳妇儿B：我们家倒是好，大姑在我们之前就嫁了，他弟弟也还小，不过也快到给他说媳妇儿的时候了。起初也倒是客气，后来也都是熟悉了，该说的就说，婆婆也不是嘴碎的人，有时候做得不对的，她说就让她说两句，一个家里头哪里没有锅碰到瓢的时候，就是上嘴唇还有咬到下嘴唇的时候呢。①

经过半年至一年时间的相处，“新人”已经成了“旧人”，各家庭成员之间已经比较熟识，较为固定的家庭关系也由此建立起来。尽管在“小媳妇”初婚生活中所建立的家庭关系并不会固定不变，但就是这种在短时期之内建立的初期家庭关系及其成员相处模式，会持续影响到之后各家庭成员乃至各“小家庭”间的生活。

“烧锅底”的提出，一般有两种情况：一是长辈提出的分家。公婆看到孩子们各自“小家庭”建立并察觉到大家庭兄弟妯娌之间“为一个大家”中存在的微妙矛盾，为避免矛盾激化由此提出分家；二是小辈提出的分家。公婆与媳妇，尤其是婆媳之间在日常事务的处理上存在不同意见，由此产生间隙，甚或发生口角争吵，因矛盾激化或避免矛盾激化由此提出分家。无论何种情况导致的“烧锅底”分家，其中“小家庭”中的女人们总是有自己的说法，而且很多年之后对于“烧锅底前后的那些事务”她们都记得十分清楚。

有那么一次，我到现在都记得清楚得很。那会子，我们都是一个锅里头吃饭，收入支出都是他妈管，男人出去做副业赚的钱也是归家里……那次身子上来事儿，做姑娘没嫁过来的时候就老爱犯这病，娘家里头天就不下地干活了，在家带我弟，喂猪、做饭的……那会子也

① 根据2011年5月18日WJ和HLY之间的谈话记录整理。WJ，女，白族，1989年生，大理龙龛村人；HLY，女，白族，1987年生，大理龙龛村人。

是刚嫁过来，小媳妇家家的，哪里好意思跟婆婆说这个，就撑着去地里头，早上就下地踩水插秧苗。啊吧，那会子是怎么熬过来的也不知道了。等到收工回家，实在受不住，就去躺着了，也没到厨房帮着做饭，让嫂子和小姑子自己忙。我这还没在屋里头躺下呢，就听我婆婆大声地说我会养，又说享福谁都会享的。他娘（小姑子）也是搅，不知和婆婆嘀咕了什么，反正没好气了。我身上来事，肚子痛，有他大伯叔叔在，我也不好出去说，就当没听见。饭也没出去吃，我下午也没下地干活。想着伤心呢，但是还是忍着了，在家给他们做好了饭回来在厨房里，自己先吃了不理会他们。哎，还是不一样，你说我躺着，硬是没一个人来问一下的……男人不在家，你不知道，那几年我真是泪水拌着米饭吃啊！这样的事情是太多了，婆婆就看不下我，小姑子还经常搅事，那会儿还没大闺女呢，心里就想着要不然就分开吃算了，省的天天受这些闲气。①

随着大家庭中各“小家庭”的建立，无论从经济上考虑，还是从家庭成员关系上来说，分家都成为必要。

讨她（儿媳妇）过来之前，是想着她的脾气着实是好的。她和我们家小妹是朋友，有事没事都喜欢来我们家玩，手脚也麻利，说话总爱笑，就说给她三哥做媳妇……谁知道呢，讨回来了就不一样了，东西乱扔，家庭事务是一样都晓不得，不收拾不打整，“志气”一点

① 被访谈人：HXZ，女，白族，1958 年生，大理龙龛村人。访谈时间：2011 年 7 月 5 日；访谈地点：龙龛村 HXZ 家中。

儿都没有了。家里的活路倒是奔忙，你想我不说，不教给她怎么行。教也是教不出来了，说说她就不行，有事没事就回娘家待着去了。①

她不喜欢我，我是知道的。他哥娶媳妇的时候难娶，说了几个都给退了。所以婆婆要特别对嫂子好点儿，总是偏心的。不过我们从来也不说什么的……你看那会子，他哥结婚的时候家里哪家置办缝纫机的，都是在他们之后我们那会子才兴起的风气。但是结婚的时候，婆婆就说了，要一样地办，我们买了缝纫机，也要给他嫂子买……嫂子家二闺女比我们家大闺女大四十多天，那会儿还在一个灶头上吃饭呢。清早九点出工，都没见嫂子。婆婆说，昨晚她二闺女闹腾得厉害，哭了一夜，让她多睡会儿，在家做饭。我们的新房是离得远，孩子哭大约婆婆是听不到的……我说我们家孩子从小就知道心疼我，吃饭的时候乖着呢，虽然比他们家二闺女小四十多天，但是一个人坐在“椅子轿”里拌着红糖吃饭，就看他们家孩子她妈喂了她爸喂，她爸喂了奶奶喂，就那个闹腾的劲儿，还以为将来要成怎样的人物呢。我总说他妈偏心，但是男人总说我不会做人，在婆婆面前不会说漂亮话……想着，反正都有孩子了，“吃开”（分家）也快了。②

---

① 被访谈人：WJZ，女，白族，1926年生，大理龙龛村人。访谈时间：2009年8月14日；访谈地点：龙龛村WJZ家中。

② 被访谈人：HXZ，女，白族，1958年生，大理龙龛村人。访谈时间：2011年7月5日；访谈地点：龙龛村HXZ家中。

无论谁提出分家，总要征求大家庭诸成员的同意。一旦议定分家，公婆便着手准备。分家的一个重要标志是“立新灶头分开吃”，因此在分家之前，作为长辈，尤其是婆婆，就得给各“小家庭”都置办好铁锅、铁桶、水瓢、铁盆、锅铲等主要厨房用具。一式几套定做或购买，在分家当日分别分给几个“小家庭”。尽管分家的标志是“分开吃”，但是实际上并没有那么简单。一般而言，分家是大家庭自己的事情，但在分家当日，他们也会邀请“本家”中德高望重的老人前来主持和参加，近年来也会邀请村长、村组长等村干部前来参加。他们是家庭分家的主持者，也是分家的见证人，在分家当日议定的有关土地、房产以及老人赡养等问题会以文书的形式记录下来，并请各家庭的主要成员签字画押，作为对日后大家庭纠纷进行仲裁的依据。

> 家里有兄弟三个，各自都成了家让我们分开吃，有了孩子，父母也想让我们分家，提了很多次，但还是没有分成。那年，就说要分开了，家大了，彩路礼路的都各自分担，家里就不想管了。再说，家大了，也不好管了……厨房是个问题，家里只有一间厨房。老厨房议定给大哥继续使用，所以二哥和我们家的就得重新再搭一个简单的。我们住的是“长三间”的房子，左右侧房分别给了二哥和大哥，我们一家四口就住在堂屋里头，父母就住在“长三间”的楼上。分的时候，每人就一间房、一间猪圈、一间简陋的厨房，父亲跟我吃，母亲跟二哥家，大哥每月分别给父亲和母亲五块钱的生活费。①

① 被访谈人：ZTB，男，白族，1956年生，大理龙龛村人。龙龛村第4村民小组组长。访谈时间：2011年8月10日；访谈地点：龙龛村ZTB家中。

此外，“分锅底”中一个仪式性的行为就是分家自立门户的“小家庭”都有了自己的“祖先席”。一般而言，分家之后，子辈“小家庭”都应当按照自己所属辈分，各自重新誊写“祖先席”并悬挂于自家堂屋的左侧。当然，如果各“小家庭”还未盖新房，无悬挂祖先席的地方，誊写“祖先席”也可以延至新房建成之后。但是，无论如何，分家之后，各“小家庭”都必须独立履行祭祀的义务，不仅每月初一、十五的日常焚香祭祀，逢遇年节祭祀，如每年农历“七月十四”为期半个月的祖先祭祀，每日三餐均需将饭菜祭品送至“祖先席”前供奉祭祀。分家之后的“小家庭”不仅在仪式上，而且在现实生活中都已经脱离了原来的“大家庭”而成为一个独立的家庭单位。村里人办事请客对象不再是“只送一份礼的大家庭”，而是“几兄弟都要自己送一份礼的小家庭”，从此，男人成为家里的“顶梁柱”，而“小媳妇”也成为新分“小家庭”中名副其实的“掌家婆”。

二、“掌家婆”的祭祀：“做给人看的礼路”

在村里，“掌家婆”是对家庭主妇的通称。在“烧锅底”分家之后，媳妇便成为自己小家庭里名副其实的“掌家婆”。村里人常说“这个家掌得怎么样就看家里女人的了”，“掌家”是考量一个女人为人的重要标准。

就一个女人的生命历程而言，分家之后所获得的“掌家婆”身份是她这一生所要扮演的最重要的角色之一。分家之前，她只是夫家大家庭的附属者，由于自己的“新人”身份，不仅日常生活要听从家里婆婆的安排，而且在年节祭祀，甚或初一、十五的焚香祭祀中，婆婆都会招呼媳妇前来学习并加以指导。

我们家媳妇儿，田里的活儿倒是干得差不多的，但祖先席前的事务就不怎么会的。我们迟早也是交给她的，不教怎么行，门里门外的礼路都不懂得，以后自己分家了怎么担得起家，这个家也是掌不好的了……到头来，不说她娘家妈，就是我这张脸都得往她后头背呢！①

……跟婆婆学倒是好的，我们也不是不学，但是受人约束的日子总是不好过的。像我们这辈的媳妇，祖先席、本主庙的事情哪个是都会做的啊？做“女囡子”的时候奶奶妈妈倒是也教会了一些，但是村和村之间的规矩也是不一样的。过来了自然也要和婆婆学的，逢年过节的祭祀虽然都是婆婆在做，但是也是看在眼里，学着的……自然也知道，分了家就自己掌家了，这些事务做不好也是会被人家笑话的啊！②

分家之后，独立“为家”的“掌家婆”便承担起了家中日常的祭祀活动。在初掌“神坛”的她们看来，日常家庭祭祀不仅是“做给神灵以求得家户清吉平安的，更是做给别人看的礼路”，是评价一个“‘掌家婆’会不会掌家”和“把自个儿家掌得怎样”的重要标准。

婆婆总说，烧锅底分开吃之后各家的事情她都不管了。初一、十五祖先席前焚香是要记住的，不要没

① 被访谈人：HJM，女，白族，1953 年生，大理龙龛村人。访谈时间：2011 年 7 月 6 日；访谈地点：龙龛村 HJM 家中。

② 被访谈人：YYQ，女，白族，1976 年生，大理龙龛村人。访谈时间：2011 年 7 月 6 日；访谈地点：龙龛村 YYQ 家中。

“志气”让左邻右舍笑话。村里有人来卖香的时候要备下一些，初一、十五讲究的，不仅要在自家门前点大红香，而且还要去本主庙里敬上一对香，添上一点儿香油，这才是“有志气”的……家里的男人是不管这些事务的，他们什么都不管。这些事情女人得是有记性的才是。做这些好事，是家门清吉的；不做的、做不好的，被村里人笑话不说，祖先本主也是会怪罪家门的。所以，凡是祭祀都不能不恭敬的……自己会的就自己做，不会的，就得去请婆婆帮忙，婆婆不能来的就得请村里的其他老奶奶们来帮忙，尤其是逢遇着周岁、本命年等孩子的祭祀还是请那些老人来做的好，就怕自己做不好，对本主老爷就不恭敬了，对孩子也不好。①

对于初掌“神坛”的“掌家婆”而言，由于大多还未正式加入“莲池会”，因此还不完全具备“神坛”祭祀者的身份，她的祭祀还仅限于家庭空间内部。凡是遇到要去本主庙或村外祭祀的场合，都会请自己的婆婆或较为年长的“莲池会”妇女前来帮忙主持，她们说那样子才算是“做得恭敬的”。

刚分家的时候，我们还是住在老房子里，每日里祖先席前的焚香清扫还是婆婆做的……之后我们盖了房子，也誊写了新的祖先席，每日里的清扫和焚香就得自己来做了……初一、十五大门口的焚香也是这样，从分开吃开始就得自己来做了……但是去本主庙的话，就不能是自己一个人办了……大闺女满周岁的时候还没分开

① 被访谈人：YYQ，女，白族，1976年生，大理龙龛村人。访谈时间：2011年7月6日；访谈地点：龙龛村YYQ家中。

吃，去本主庙祭祀是婆婆和我去的，那会儿她外婆也来帮忙，该怎么做，她们是在行的了。到小儿子生的时候，已经分开吃两年了，他奶没和我们吃，我们又住在村头，关系也是疏远了很多。早就和她说了要去本主庙，但是老人家也是模棱两可地说看到时候有没有时间，分明也是摆出了没有她还不行的样子……这样，我也不好说什么，心里觉得怎么样这也是她自己的亲孙子，就算平日里看不下我这个做媳妇儿的，这样的日子她不来别人眼里也是过不去的。不过，防着她不来，我还是请了隔壁的文奶奶了。不过，说起来，那天一大早，他奶奶还是很早就来了，还带了好几样刚从田里摘回来的新鲜蔬菜，用来做到庙子里的斋菜。①

“烧锅底”之后“掌家婆”的祭祀，被村里人视为“是做给人看的礼路”。初掌家庭内部祭祀的“掌家婆”，其日常祭祀进行得怎样，是否熟识“祖先席”前的日常祭祀礼仪、是否懂得在年节点儿及各家庭成员特殊的生命节点上进行祭祀，是衡量一个“掌家婆”是否“当家做人”的重要标准。而作为“掌家婆”的她将祭祀仪式操办得怎样，也会成为村里人衡量她是否“有志气”，她的家庭是否“懂礼路，行规矩”的标准之一。

人活着就是要争口气的……分开吃以后（婆婆）就更不管我们了。在一起吃的时候就经常说我了，说我在娘家的时候就什么都没学会，到了龙龛还是什么都不会。平日里说着，私底下也在村里说着我的不好，说我

① 被访谈人：ZCL，女，白族，1973 年生，大理龙龛村人。访谈时间：2011 年 7 月 5 日；访谈地点：龙龛村 ZCL 家中。

> 不知道“当家做人”，不知道规矩礼路，我又不是聋子，该听的听不到？……依她那么说，我们“烧锅底”之后我又是怎么维持着的？初一、十五的，别人家都没从床上起，我就点好香了。七月十四接祖先没有她，我们不也照样做“包”、做“衣服”？每年的烧包祭祀有哪一样又是少了的？年节里的“辞年”，她是肯定不会来的了，我还不都是准备好了猪头、鸡、鱼，做了干拉斋菜的，请人帮着去本主庙里祭祀？村里认识我的哪个不说我做得好？谁都说我是有“志气”、讲礼路的呢！①

可见，初掌神坛的“掌家婆”虽然还未加入“莲池会”，但是迫于“当家为人”的要求，她们已经对家庭日常祭祀及“莲池会”妇女们的本主庙祭祀十分了解。在村里人看来，无论是家庭内部的祭祀还是本主庙的祭祀，还是为家庭某成员进行的村落之外的祭祀，都是村里人应当遵守的“礼路”，是作为龙龛人应当遵守的礼仪。而一个“有志气”的“掌家婆”凭借其在分家之后的家庭祭祀“礼路”实践赢得了“讲礼仪，懂规矩”的“当家为人”的评价，同时也为加入“莲池会”之前的她在村落内部赢得了好的威望和名声。

第二节 “老婆娘”的日常生活

很难确切地分清“掌家婆”和“老婆娘”的区别。一般而言，“老婆娘”也是家里的“掌家婆”，但“掌家婆”未必都是

① 被访谈人：ZCL，女，白族，1973 年生，大理龙龛村人。访谈时间：2011 年 7 月 5 日；访谈地点：龙龛村 ZCL 家中。

“老婆娘”，她有可能还是较为年轻的刚分家或者分家没几年的主妇。而当你发现一个主妇不再经常回娘家，在村里认识的人早已超过了自己娘家村的人，而回娘家时却发现那里很多人已经渐渐不认得她；又或者是她在年龄相仿的同辈人里开始“没皮没脸”地说话，在男人和女人之间开着“不大正经”的玩笑时，你会发现她们已经是村里人眼中的“老婆娘”了。这个时期的妇女，从年龄上看大致四十至五十岁，就生育周期而言，她们一般都已经完成了生育，养育儿女的责任也几近过半，甚或少数妇女已然结束了养育的职责，儿女们也已经到了“说媳妇，找婆家”的年纪。

一、“当家为人”中的家庭经营

“老婆娘”的家庭结构形式与刚分家时候的家庭结构形式较为一致，一般都是由丈夫、妻子和自己未婚孩子形成的核心家庭，当然，其中也有一些家庭是和自己的公婆一起住的。这个时期，丈夫和妻子一般都处于中年时期，孩子们一般都已经上了初中，或是初中毕业以后已经出外打工。此时，家庭关系较为稳固，即使是和公婆一起住的“老婆娘”们，由于长时期与公婆的相处与磨合，也已然建立起了较为和谐的相处模式。夫妻之间，尽管有时候还是会“拌嘴闹架”，但是比起年轻的时候却是少得多了，无论在家庭生产和分工还是在日常家庭事务的处理上都形成了默契。

刚嫁过来那会子，脾气也是刚直，我和他爹两句说不上嘴就得吵架。没吃开的时候，吵起来了是公婆经常劝着，吵得不可开交的时候也动过手的……那时候各自不了解脾气，过了多少年，好像自己也没那么大气性了。拌拌嘴就算了，再说孩子也渐渐长大了，脾气就那样，再吵也没什么意思，再像以前那么吵吵闹闹的也就不合适了。再说，吵归吵，闹归闹，不管怎么样，身边也就这么个知冷知热的人了。①

在亲子关系的处理中，村里人崇尚“严父慈母”的亲子教育和相处模式。父亲通常被树立为家里的权威，具有不可侵犯的地位。因此，在父子关系中，孩子们一般都体现出服从。当然，这种父亲权威的建立，各家庭成员都参与其中。在管教孩子时，母亲常称“你再不听话，就告诉你爹”，奶奶则说“再捣蛋得了，你爹的棍子你不害怕就行”，兄弟姐妹之间通常也会以“你要怎样，否则便要将所做的坏事告知父亲”为要挟达到自己的目的。可见，父亲在孩子们心目中具有绝对的权威。在孩子心目中，他是呵斥和打骂的代名词。较之父亲，母亲的教养方式显得更为琐碎，也更为温和，这也使得孩子与母亲之间更容易建立起较为亲密的亲子关系。而当逐渐长大的男孩开始挑战父亲在家中的权威时，母亲往往是家庭关系的“润滑剂”。

哎，你说家里养孩子真的是够伤脑筋的。小的时候调皮还有他爹管着，我的话是简直不听的，做什么总是和我“讲价钱”的。孩子做错了什么总是不能都告诉他爹的，他那个暴脾气，不是打就是骂的。不过，说回来，家里有个人怕还是好事，现在大了大了好似谁都不怕了……现在初中毕业了，在家里待着，不好好干活还和他爹吵架，以前是肯定不敢的了，现在大了，有点管

① 被访谈人：HXZ，女，白族，1958 年生，大理龙龛村人。访谈时间：2011 年 7 月 5 日；访谈地点：龙龛村 HXZ 家中。

不下了。他爹是个暴脾气，说你大了就以为不敢打了；儿子也是，说打死了最好。我是好说歹说才把他们分开了……我跟他爹说现在孩子大了，打已经不能管什么事儿了，还是抽时间问问孩子到底是怎么想的。儿子这边也是，我说爹毕竟是爹，有话还是得好好和你爹说，不能没大没小不懂规矩的，我们家没有那么不懂规矩的儿子，以后可不能那样。①

可见，母亲一般都是家庭情感沟通的纽带，她是维系和经营家庭内部各种关系的“黏合剂”。

村里人崇尚“男主外，女主内”家庭分工及夫妻关系模式，虽然没有明显的“男尊女卑”的等级划分，但是在日常生活中，家里的男人却被认为是“一家之主”。这种文化规范不仅有现实经济条件的支持，同时也有生活习俗和日常舆论的规范。村里人指称某家一般都冠以丈夫的名字，而村里的女人在没有孩子之前也通常被称作“××他媳妇”，少有直呼妇女之名的；另一个例证就是村里人办客，如果只请一个人，一般都只会请家中的男人，以“一家之主”的身份出席。当然这样的情况在开“村民代表大会”的时候更为常见，通常只有家里的男人才去参加。在村里人看来，家里男人的能力（主要指赚钱养家的能力）与社会地位如何，直接决定了妻子甚或是整个家庭在村落社区交往中的地位。村落社区的日常舆论认为，妻子当尊重和顺从丈夫。一个在家中压服男人甚或公婆的女人在村里都会受到否定评价，而一个办事精明能干，在家中又能尊重丈夫、孝敬公婆的女人则能得到社区舆论的肯定。然而，社区规范与现实生活并不等同。

① 被访谈人：HGH，女，白族，1970年生，大理龙龛村人。访谈时间：2011年7月18日；访谈地点：龙龛村HGH中。

现实生活中的家庭关系往往是被“老婆娘”的策略所支配的。在处理家庭关系时，村里的“老婆娘”们都遵从“家丑不可外扬”的原则，就连和家里男人吵架的当儿，都会时常说“不吵不吵，声音那么大，听了让周围的人笑话”。一位颇有感触的丈夫这么说道：

> 我婆娘算得是个好的，我脾气暴的时候知道让着我，不和我吵，也不和我闹。脾气上来了也是一会子的事儿，等过去了，也就知道自己的不是了。那时的婆娘却是振振有词的，再问为什么那么生气的时候，我倒是觉得自己没道理了。这些年都是这么过的，也多亏了她的好脾气！①

在“男人养家，女人为家”的家庭分工模式下，丈夫似乎掌握着家庭“大事儿”的决定权，而妻子却掌握着家庭日常琐事的决定权。然而，倘若真如村里人所言“大事儿都归男人管”，那么村里的男人在家庭中绝对具有权威。但是，如果我们更为细致地考察所谓“赚钱养家”、“娶媳妇嫁闺女”等这些头等“大事儿”的决策过程，那么现实情况可能就没那么简单了。

> 素芬家现在是村里有名的养牛专业户，今年家里还养了五头菜牛和两头奶牛。说起养牛的事儿，那是2006年的事情了。素芬家两口子原是一齐在外头做副业的，男人原来在北京建筑队干过的，也算是个能干人，2003年北京闹“非典”就回到村里。由于大理地

① 被访谈人：HF，男，白族，1977年生，大理龙龛村人。访谈时间：2011年7月25日；访谈地点：龙龛村HF家中。

区耕地有限，政府政策鼓励村民发展多种经营。素芬和男人商量，现在政府无息贷款鼓励发展农村养殖，应该抓住这个好时机。家里的男人也觉得是个好机会，于是就开始着手打听。男人说还是养鸡比较合适，素芬的观点是村里养猪、养鸡的太多了，现在市场对牛肉和牛奶的需求比较大，而且价格非常高。一头菜牛犊子价格是三千多，一年多之后卖出就能卖一万多，而且在村里家家种菜，可以低成本给牛买菜叶子吃。男人同意了，于是开始在附近的村庄物色好的牛犊子，后来还是素芬托人打听在附近的五里桥回族村里买了三头菜牛犊子回来。随后又在中龙瓮村里买回来了两头奶牛，就这样开始了养殖业。这些用的都是自家的钱，素芬又和男人商量，政府现在有三年的无息贷款，家里其实是可以抵贷一些，两人合计之后便去村里的农村信用社贷了三万元，在门口闲置的场地上搭建了一长排八间简易的牛圈……男人觉得还是养菜牛比较划算，奶牛产奶量也不是很多，花时间给牛奶厂送奶也不值当，而且赶上夏天，奶也容易变质。素芬跟男人说，还是养着吧。她看着现在村里的孩子都喝牛奶，这新挤出来的牛奶不比那买回来的袋装的差。于是，请人写了帖子告示，贴在村里学校门口，有时间也挨家挨户地问着是否需要送奶，一瓶奶每天只要两块钱，按月订，每天都送。如果不打算订了，也随时可以取消。一开始订的少，就有七八家的样子，但是后来传开了，订奶的还真是不少，除了村里的，还有邻近村子的。送鲜奶的工作也一直由素芬承担着，一个月除了给奶站交的牛奶之外，村里的两头奶牛订送鲜奶的纯收入就有1400元左右。

在这个关于家庭经济发展的养牛项目中，尽管“能不能干得成还是得男人说的算”，但是养牛的想法以及在买牛、贷款、建圈、送奶等各个环节中，丈夫的决策都是由妻子来推动进行的。尽管这个关乎家庭赚钱养家大计的决策是夫妻双方共同做出的，但是在具体决策过程中是以妻子的想法为主导的。

而关于“说媳妇嫁闺女”这样的“大事儿”，一位中年丈夫也调侃地说道：

> ……都说家里的大事儿由我做主，小事就听婆娘管。但是想想家里头哪里有那么大的事情，日常里的都是些小事，都是吃穿出路、请客礼路往来的，这日子也是这么一天天地过，想想都是婆娘管得多的。家里娶媳妇儿嫁闺女算是大事儿了吧，但是没经过她的同意我又哪里能做主，凡是她想做的，就天天在你耳边说，今天说明天说，磨着碎嘴儿，一定要到了我拍了板才行。想想天天说大事儿让我管，这家里头哪件事儿婆娘是没管的？不过她倒是个能干人，她爱管的我就不管了，也得了清闲！①

可见，在村落中，女人对“大事儿”的参与和决策是在过程中体现的。尽管家庭对外的代表是家里的男人，但是在现实生活中，能干的“老婆娘”们总是在“当家做人”。女人们的“当家”是在尊重和顺从丈夫“面子”的情况下进行的，这是村落妇女在家庭事务处理方面的特点。丈夫在家庭事务决策方面具有公开的、象征性的决定权，但是“老婆娘”在家庭事务的决策

① 被访谈人：ZYB，男，1953年生，龙龛村人。访谈时间：2010年8月23日；访谈地点：龙龛村ZYB家中。

方面却体现出私密性和经验性。如上文所言，女性权力是在家庭事务的具体决策和操持过程中体现的，正如村里女人们所说的，“在外面总是要面子的，不和他扭，有什么回去私底下和男人说，他总是会听一些的”。

当然，“老婆娘”们的家庭经营不仅限于家庭内部，作为“当家做人”的独立小家庭中的主妇，妻子还建立了有利于自己家庭生活的人际网络。一般而言，家庭交际网络都有赖于女人们的日常交往实践，如果某家“为人”不好，一般都归咎于家庭中的女人“不会当家做人”。“老婆娘”们凭借年节送礼、出门“打拼伙”、赶会、走亲戚、探望病人等方式来往于朋友和亲戚家，可以这么说，一个家庭社会网络的大小在很大程度上取决于家中的女人。从“烧锅底”分家开始，作为家中的“掌家婆”，女人们就开始逐渐建立自己的社交网络，其中最为重要的就是通过日常交往和互帮互助建立起来的村落女性同龄群体。村里人喜欢用“辈”来划分女性年龄群体，同一属相的、“前后脚嫁到村里的”、“一起生老大的”都被看做是“一辈里的人”。她们大都年纪相仿，有相同的交往圈，并在各家家庭的日常事务中互帮互助。村里的人，无论男人还是女人都非常注重培养这种村内“一辈里的人”的人际关系。

> 一辈里的人，有事儿请客什么的是肯定少不了的。好几天都是为家里奔忙。每家都是这样子的，你们家有事儿，我们家帮忙，我们家有事儿，你们家帮忙的。平日里就都熟，不来忙一忙，面子上也是过不去的……不说请客，就是平日里家里收拾菜蔬什么的忙不过来，叫着来搭把手，那也是常有的……没事儿的时候，晚上也

经常走动，在一起闲闲，聊聊家常的。[①]

笔者发现，在“一辈里”的诸多村落同龄群体中，同辈份的“老婆娘”们是其中最为活跃的。她们在互助、闲聊、外出赶街、“打拼伙”等活动中建立起了较为稳固的关系。如果这些“一辈里的人”还是住在自家附近的邻居，那么她们之间的亲密程度有时甚至会超越了自个儿的娘家人。这种人际交往网络，是通过“老婆娘”的日常实践努力建立和经营起来的，也是村里人评价妇女“是否会当家为人”的一个重要方面。

二、“走会的日子”：新身份的家庭适应

第二章中“村落妇女入会历程”谈及，按照村里人的规矩，四十岁以后的妇女都会陆续加入“莲池会”。而四十至五十多岁的“老婆娘”们处于这个年龄段，几乎每个人都要经历一个入会仪式，从个人小家庭走向更大的村落空间。这样的身份转变，对妇女个人而言，不仅会带来如前文论述过的“身心差异”，而且不论是对入会的“老婆娘”个人，还是对有了新“莲池会”成员的个人家庭而言都需要新的身份适应。

对于我入会，家里的男人倒是没说什么。一辈里的都走会了，自己不去也不像个样子。尤其是平日里处的好的几个约起来，那一年“朝斗”的时候我们就一起去了……反正每家的情况也不一样，四十以后走得开的

① 被访谈人：LYH，女，1963年生，龙龛村人。访谈时间：2011年6月27日；访谈地点：龙龛村YDF家中。

就都走了，走不开的就再等两年，反正都是前后脚走的了。[1]

四十以后开始“走会”，对村里的女人们来说，是她们“到了年纪”就应当遵守的礼仪，凡是“懂礼路”的“老婆娘”们都会在四十岁之后开始去“走会”。一般而言，家里人都不会反对妇女“走会”，但是在什么时间“走会”，在某些家庭夫妻间会存在一些争议：

（丈夫）我不是不同意她妈入会，她说她一辈里的人都去走会了，再不去不像样子。说起来嘛，她的年纪在村里倒是都去了的，但是我们家的情况和别家也不太一样。快五十岁了，一辈里的人，有的结婚早的儿子都已经说上媳妇结婚了，还有更早的都要做奶奶了。你说这样子人家有的是闲工夫去走会，可是我们家里的情况不一样的。我们结婚就稍微晚些，大闺女一直在外面上大学，小闺女还上初中，家里怎么扔得下，我们经济负担也重，会是要去的，我只是说晚两年再去，你现在也才四十六，还没到五十呢。[2]

（婆娘）每次都说再推两年，再推两年，我们一辈里的都走了，就剩下我了，就连比我小的都已经走了不少了。又不是说走了会就不管家里的事情了。人家还不是家里有事儿的时候就不去庙子里了，家里紧了就紧着

① 被访谈人：LSF，女，白族，1953 年生，大理龙龛村人。访谈时间：2010 年 8 月 24 日；访谈地点：龙龛村 LSF 家中。

② 被访谈人：ZTB，男，白族，1956 年生，大理龙龛村人。龙龛村第 4 村民小组组长。访谈时间：2011 年 8 月 10 日；访谈地点：龙龛村 ZTB 家中。

家里，哪次庙子里的会是所有人都去了的……现在像我们这样年纪的都去了，平日里有事儿到会期去不了的，就只需要给人家拼点钱拼点米就行了，我们不去庙子里吃，就算是家里的“功德钱”就是，多少钱都用了的，哪里需要心疼那点儿。[①]

当然，即使存在诸如此类的争议，但是“老婆娘”们至晚也不会超过五十岁入会。入会的确会占用家里主妇“老婆娘”的许多时间，她入会是需要作为“一家之长”的丈夫同意或默许的。在最初入会的日子里，家里人不会发现自己的妻子和母亲有什么明显的变化，她大多数的时间还是在家里，和父亲一起去田地里干活，维持着家里的日常事务，用她的话来说“还是和以前一样啊，该做什么就做什么”。她在大理街天赶集的日子里买的“拜经”用的蒲团和木鱼，还是在那里，“也没见妈妈用过似的，一直放在那里”，尽管一直嚷着让识字的女儿帮忙去经母那里记下“拜经”的经文，可是至今还是没得空去，刚入会那会儿从村头XX他妈那里复印下的经，到现在也未见母亲拿出来看过几次。有时，庙子里有会，“莲池会”轮值的几位“搭头”就总是会来到家里，而她也常表示歉意，说自己太忙了去不了，拼上一元钱二两米作罢。“搭头”们也表示理解，因为这样的情况在刚入会没几年的“老婆娘”那里真是太多了。

尽管如此，在“老婆娘”入会之后，家里人也会不经意间发现：

如果哪天一大早就看不见妈妈的面，那么人肯定就

① 被访谈人：HXZ，女，白族，1958年生，大理龙龛村人。访谈时间：2011年7月5日；访谈地点：龙龛村HXZ家中。

在庙子里了。一天的饭只有自己做了，只要去了庙子里就会一天不着家了。①

或者又会在“老婆娘”不在家的当儿：

会期的钱和米我已经帮你拼了，腊月初八的会期，我想那会子我们可能要忙着收拾芹菜，你去不了庙里，所以就只帮你拼了一块钱和二两米。②

当然，有的时候上了初中的儿子会被“老婆娘”派了任务，帮妈妈抄写口述的“莲池会”经文。她们也会时常夸奖自己的孩子“密密麻麻的字，他那认真的样子，比写自己的作业还认真”。至于闺女，便要在日常的祭祀中跟着母亲学各种祭祀知识，“无论能学到多少，只要闺女在着，就要来帮忙”。于是在家中的女儿也时常会听到这样的唠叨：“女儿家家的，该学的就得学，我们也是这么过来的。现在不跟着你妈学，以后就得跟婆婆学，还得看人脸色呢，说我什么都没教给你，让人笑话我们没‘志气’。”可见，作为家庭中最重要的成员之一，“老婆娘”所获得的新的身份不仅对她自身有影响，而且对几乎所有的家庭成员都有影响。这个新身份的适应过程不仅是对入会的“老婆娘”而言的，同时也是对生活在同一家庭内部的所有家庭成员而言的。

村里的男人和女人们都知道，一旦妇女入会就要轮值做一年

① 被访谈人：HF，男，白族，1977 年生，大理龙龛村人。访谈时间：2011 年 7 月 25 日；访谈地点：龙龛村 HF 家中。

② 被访谈人：ZTB，男，白族，1956 年生，大理龙龛村人。龙龛村第 4 村民小组组长。访谈时间：2011 年 8 月 10 日。访谈地点：龙龛村 ZTB 家中。

的“搭头”，负责一年当中“莲池会”的所有会期事务。尽管这看似是女人们自己的事，然而，在现实生活中却是几个家庭共同的责任。只要入会，就要轮值做一年“莲池会”的搭头，这是“莲池会”不成文的规定，只要是会员就要履行这一义务。每年“搭头”的数目不一定，按照“莲池会”会员数量而定，一般四至六人不等，一般从八月底接手做“搭头”到来年农历九月“朝斗”前结束。

> 村里那些入了会的婆娘，尽管不是每个本主庙会期都来走会，但是都希望能尽快地办了自己做“搭头”的事儿……差不多时间入会的，我都让她们在私下里商量着约好了，四个人一年，按顺序做“搭头”。无论是新入会的，还是早些年就入了会的，都希望能尽快地轮值，把“搭头”做了，也算了了一件大事儿……现在她们年纪也轻些，去外边办会也有精力，年纪大了精力也就不够了，再说大家都是想趁着几个人的妈妈婆婆也还都在会里头，身体也算好的，会里的事也还能帮得上忙，所以都是能了一件算一件，总是要做的，还是早做了早好。“搭头”是一年，这一年里有多少个会期啊，每天都得要耽搁，碰上“朝斗”，六月就得六天，九月就得九天，还不是都得天天去，算算一年里也要有那么七八十天是耽搁在这做“搭头”上去了，没仔细算过，如果加上各种杂事杂务的，估计都不止七八十天。①

虽说是四个“莲池会”会员做“搭头”，但现实情况却是

① 被访谈人：ZZH，女，白族，1940年生，大理龙龛村人。龙龛村“莲池会”的“经母”。访谈时间：2011年7月6日；访谈地点：龙龛村ZZH家中。

“这四家人这一年都有的忙的”：

家里婆娘的事情，难道我是家里男的我不管，太忙的时候，孩子们都得出去帮些忙呢……会还没接过来呢，她们四个人就已经买好了一年会期用的柴禾了，一共拉了两车，下在本主庙里一些，下不完的就放在了我们家里……这每逢会期，女人就得去忙，在本主庙里的还好，就在村里，要是去外面就更麻烦了。好几天前就得准备，锅碗瓢盆、灶头柴禾、各种香烛纸火的，四个人哪里忙得过来，都得四家人一起忙才行。①

……去年里就知道她今年要做“搭头”，所以田地里都种上玉米了，要是种菜的话哪里有工夫和时间去收拾呢。这我还得跟着忙呢，帮他们租车、背东西、买菜、记账的。有时候家里的大闺女有工夫也还得跟着忙呢。真是出去一回，怕一回，事务太多了。就比如说二月十九这天的观音会，就得做四五十个人的饭。这一年里，大会小会的也不下四五十次，家里也是紧得很呢！这还不能做得不好呢，做不好了就得有人说你，这会里会外的，村里人大家都丢不起这个面子啊。②

可见，“老婆娘”加入“莲池会”之后，便获得了新“莲池会”成员的身份。这种新的身份要求村落妇女自“走会”之日

① 被访谈人：ZTB，男，白族，1956 年生，大理龙龛村人，龙龛村第 4 村民小组组长。访谈时间：2011 年 8 月 10 日；访谈地点：龙龛村 ZTB 家中。

② 被访谈人：ZYB，男，1953 年生，大理龙龛村人。访谈时间：2010 年 8 月 23 日；访谈地点：龙龛村 ZYB 家中。

开始，便要按照社区的角色期待来扮演自己作为“莲池会”成员的角色。然而，在自我家庭内部，“老婆娘”依然还是“当家为人”家庭经营的主要力量。当然，如前文所言，就这一时期的“老婆娘”而言，她们“走会的日子”呈现出不连续性，“但是只要走得出来就一定会去”。她们说“能走会的日子就要出去学着‘拜经’，有空的时候也要跟着别人学经”，尤其是轮值当头的这一年里，新入会的“老婆娘”们，她们中的每一个人都不可避免地要承担轮值“搭头”的责任和义务。做过“搭头”的人都会说：

> “搭头”的这一年是最累人的，虽然就几百个人的会，但是事情还是多，每个月都有会期，少的两三天，多的时候八九天十天的都有会，每个会期都是不能落下的。要招呼大家伙食吃喝，还要照顾祭祀拜经。①

尽管所有的人都会说“搭头”事务繁重，但是一年的“搭头”事务却让新加入“莲池会”不久的“老婆娘”们熟识了“莲池会”的基本事务。尽管她们有可能对“莲池会”的经文记得还不是那么滚瓜烂熟，但是对于每月的会期，“莲池会”每个会期的具体事务、神灵祭拜系统及祭祀的仪式程序基本已经烂熟于心了。可以这么说，轮值做“莲池会”的“搭头”是新入会的“莲池会”会员了解“莲池会”的重要途径。经过一年的“搭头”生活，她们基本已经从一个“百事不通”的新会员成长为“资深”的“莲池会”会员了。从此，无论在家庭内部还是在本主庙，甚或在山林野外，无论是为家庭成员进行祭祀，还是

---

① 被访谈人：HYX，女，白族，1958 年生，大理龙龛村人。访谈时间：2011 年 7 月 6 日；访谈地点：龙龛村 HYX 家中。

为社区进行祭祀，她们对于仪式程序已经十分熟悉，在没有婆婆的指导和年长的“莲池会”会员的帮助下，作为已经完成一年“搭头”轮值的较为“资深”的“莲池会”成员，“老婆娘”们已经能够独立进行“神坛”祭祀了。

第三节　神坛操演：“老婆娘”的家庭祭祀及礼仪实践

前文论及“村落人观”时，我们谈到龙龛人“做任何事情都是有讲究的”，这种所谓的“讲究”，就是村落日常生活中的各种“礼仪”，是村落礼俗的体现。因此，一个做事“讲究”的人，在村里人看来就是“懂规矩，讲礼路”的。在村里，于一个“掌家婆”而言，评价其做事是否“讲究”，是否“当家为人”、有“志气”的一个重要标准就是看其是否“在该为自个儿家做祭祀的时候，都去庙子里敬了”，尤其对已经入了“莲池会”的“老婆娘”们而言更是如此。如果说刚分家没几年的“掌家婆”由于年纪轻，还未加入“莲池会”，因此“自个儿家里的祭祀还得找人帮忙”是可以被理解的话，那么作为一个“走会了的婆娘”，如果“该为家里人去庙子里敬的时候不去”、“斋菜做不来”、“该敬该送的都不清楚”的话，就会被村里看做是“没志气”的，也是“当不了家，为不了人”的。可见，在村里人看来，一个“老婆娘”的家庭祭祀，不仅是为家庭成员谋福祉、求清吉的人神互通的祭祀仪式，更是一个村落评价某个家庭是否“懂规矩、讲礼路”，一个女人是否“当家为人”的重要标准。

一、“卡在命里头”的神坛：生命祭祀中的礼仪实践

自生命个体的诞生之日起，伴随其成长的一生，各家户都会为其举行规模不等的祭祀活动。“生命祭祀”，作为本土“地方性知识”中的一个概念，泛指那些在个体生命的成长历程中所要经历的所有与其个人生命及其福祉相关的祭祀活动及礼仪实践。“生命祭祀”概念是针对个体生命周期而言的，就这一意义来说，针对生命体的个人来说它与民俗学“人生礼仪”的概念范畴有重叠的地方，却又不完全等同。较之“人生礼仪”，“生命祭祀”概念所囊括的内容更多更广。人生礼仪，或人生仪礼，一般指的是“人在一生中几个重要环节上所经过的具有一定仪式的行为过程，主要包括诞生礼、成年礼、婚礼和葬礼等”①。而作为本土概念的“生命祭祀”不仅囊括了“做三桌”、“娶媳妇，嫁闺女”、“抬丧”等诞生礼、婚礼、丧礼等人生礼仪庆典祭祀，而且还包含了周岁、本命年及诸如外出、生病、意外事故、考学求职等“卡在命里头”的祭祀仪式。当然，就“生命祭祀”而言，无论是诸如“请客办事儿”的重大家庭祭祀庆典，还是周岁、本命年以及考学等求个人生命福祉的一般家庭祭祀仪式，于个体生命而言，都发生于其人生的重要“节点”上，“是卡在了自个儿命里头的”重要时间点：

每家每户都有办事儿的时候，算来算去也就是“做三桌”、娶媳妇、嫁闺女、“抬死人”、盖房子这些。我们是小辈的时候，是上辈子的人给我们“办结婚客”，到了有孩子了也是长辈“做三桌”，办完几个人

① 钟敬文：《民俗学概论》，上海：上海文艺出版社，1998年，第156页。

的“结婚客”，孩子们各自分家，各人有各人的家了，我们就得养老送终，等他们没了，就轮到我们去办“抬丧”的客。等上辈子的人没了，我们就成了长辈了，于是跟他们一样，也操办孩子的婚事，等他们有了孩子就“做三桌”，人生一辈子也就是了这么几件大事儿。①

……周岁要去感谢本主老爷，有他老人家的大伞照在我们身上，孩子才能无病无灾地过了一年……都说是一年里的孩子是最难养的了，这年头过去了也就好了，以后就做我们的“香火柱”了……本命年，几辈子人手里都说是不好过的。凡事我们在家里都会说在这年头里，家里人都要忍时待运，出门在外也要多小心些。本命年不论什么时候了，小孩子十二岁要去，到了二十四岁了也要去，三十六、四十八岁，反正只要是本命年里的都要去本主庙敬的……这都是家里女人的事情，到了他生日这天就要去，过年的头一炷香去庙里，向本主老爷祝告的时候也要一起祝告上去，就说今年家里的哪一位是本命年，就要多需要本主老爷看顾了。②

然，虽说都是“卡在命里头的”祭祀，但是它们之间还是有细微的区分。如前所述，“做三桌”、“娶媳妇，嫁闺女”、“抬丧”等重大庆典活动属于严格意义上人生礼仪中诞生礼、婚礼

① 被访谈人：HJM，女，白族，1953 年生，大理龙龛村人。访谈时间：2011 年 7 月 6 日；访谈地点：龙龛村 HJM 家中。

② 被访谈人：ZZH，女，白族，1940 年生，大理龙龛村人。龙龛村“莲池会”的“经母”。访谈时间：2011 年 7 月 19 日；访谈地点：龙龛村 ZZH 家中。

和丧礼的范畴，是家庭中最重大的礼仪庆典活动。尽管仪式主要在家庭空间内部进行，但是仅凭“掌家”的“老婆娘”个人，甚或所有家庭成员的努力是不可能完成的。逢遇“做三桌”、“娶媳妇”、“抬丧”，各家户都会“请客办事儿”，这样的“生命祭祀”庆典活动要在许多人的协同合作中才能完成。值得注意的是，重大的人生礼仪庆典是需要“请客办事儿”的，家户和作为“掌家婆”的“老婆娘”只以“主家”的身份参与其中，而“办事儿请来的人”才是仪式的实践者。这样的人生礼仪庆典，以其仪式本身对个体生命、所属家庭，甚或村落社区所能产生的“重大效力”而言，人类学“过渡仪式”、“结构与反结构”等仪式理论分析框架对其十分有效。

相比较家户个人不能完成的诞生礼、婚礼及丧礼等人生礼仪祭祀活动，家户为其成员所举行的周岁、本命年祭祀以及诸如外出、生病、意外事故、考学求职等祭祀活动，“老婆娘”个人就能完成。它们虽同属于非人生礼仪的“生命祭祀”，但从严格意义上来说，还有许多较为明显的区分：

首先，“定时”祭祀与“不定时”祭祀。就周岁和本命年祭祀来说，祭祀仪式的时间具有固定性。周岁祭祀，即在孩子一岁生日这天，由已经加入“莲池会”的“老婆娘”自己，或还未加入“莲池会”的年轻的“掌家婆”请人帮忙为周岁的孩子在家中准备祭品前往本主庙祭祀。据此，时间是固定的；同样，本命年祭祀也是由还未加入“莲池会”的“掌家婆”请人帮忙或“老婆娘”自己在家庭成员归属本命的年份，在新年伊始的正月，亦可在出生月份的某一天为其去本主庙祭祀。据此，时间大体也是固定的。可见，不论是周岁，还是本命年祭祀，基本是一个“定时”的祭祀仪式，是每一个生命个体在其生命历程中都必须经历的仪式。然而，就外出、疾病、意外事故及考学求职等祭祀仪式而言，仪式时间和仪式对象均不是固定的。有时，针对个体生命进行的有关疾病、意外事故的祭祀，不是每个生命个体都会经历的，它们对个体生命而言具有“个人性”和“偶然性”，因而也呈现出“不定时”性的特点。

其次，“定点”祭祀与“不定点”祭祀。一般而言，周岁与本命年祭祀都在村落本主庙中进行，仪式程序基本相同。以下是我亲历的一个周岁祭祀仪式：

> 农历六月二十是村里五组寿芬儿子满周岁的日子。寿芬是前年招女婿的，去年就生了孩子。眼看小孙子的周岁就要到了，寿芬的母亲很早便开始准备小孙子周岁祭祀。在祭祀前一天，寿芬背着孩子和母亲一起到大理城里的菜市场买了一个猪头（祭祀用的猪头需要和猪尾巴一起买，意指全猪）、一只活鸡和四条巴掌大小的活鲫鱼。因为家在农村，做素菜祭品所需的蔬菜自家田里就有，所以不需要再在菜市场购买了。于是她们转向菜市场门口“卖土杂”那里，买了明日里祭祀所需要的四打金银纸钱（金黄色和银色的粗草纸）、两包红蜡烛、两串炮仗、一把红香和三打“干拉”米片。备好了这些，祖孙三个人便急忙地回到家中，她们要保证市场上买到的活鱼到明天还是新鲜的，因为鸡和鱼都是要到祭祀的正日子才要杀的。
>
> 第二天是祭祀的正日子，母亲和寿芬很早就起床了。一家人的早点吃过之后她们就开始忙活起来。母亲交代寿芬先将猪头收拾干净，用大锅煮上，这是最费时间的活儿，煮一个猪头大约就得需要三个小时的时间。在这当儿，遵照岳母大人的吩咐，寿芬的男人已经将活鸡杀好了，寿芬将其清洗干净，也用另一个大锅煮上了。鸡不需要煮得太熟，大约一个半小时就好。母亲此

时已经从外边回来了，她在村里“写表文”的先生那里分别写好了一道本主表、子孙娘娘表和财神表。放好了这些东西，母亲便开始刮土豆、削茄子，清洗茴香和菜花，这些都是做素菜祭品需要的。此时，素芬已经用电饭锅闷好了饭。按照顺序，母亲在锅里放好了油先煎三色的“干拉”米片，之后就是炸粉丝和炸糯米团子，这三种斋菜，作为素菜祭品，几乎在每次祭祀中都会用到。母亲做祭品的时候，素芬一直在身边看着，当然，母亲也会不厌其烦地讲述着煎“干拉”、炸糯米团的要领。所有的素菜供品都做好的时候，时间已经是中午了。寿芬已经在做中午的饭菜了。午饭是比较简单的，因为今天晚餐会比较丰盛……吃过午饭，已经约是一点钟。煮好的猪头和鸡早已经出锅了，它们分别被放置在一个大盆里。盆里的鸡是蹲立的，鸡头昂首挺立，嘴里叼着母亲放置的红色的干拉片。猪头也是正面放置着的，猪尾巴放在一侧，一双筷子左右一支分别插于猪头两侧，大盆的一侧还放置着切菜用的大菜刀。准备出发，寿芬和母亲将所有的祭品都整齐有序地放置在“挑子”（用扁担抬着的两只箩筐）里。祭品一一放入完毕之后，母亲还泡了一壶浓茶、带上一瓶白酒，又在事先准备好的小玻璃瓶中倒上了香油，这都是不能缺少的。三双筷子、三个碗、两个茶杯、一个酒杯和两个托盘也分别放入了“挑子”。出发了，母亲手提着一大袋折好的金银纸钱，寿芬担着“挑子”向本主庙走去。

图4－1　龙龛村本主庙子孙殿送子娘娘、王母娘娘、奶母娘娘塑像（由左到右）

……一路上遇到人，都会互相问候，于是都知道了这是寿芬家去庙子里为孩子做周岁祭祀。本主庙的祭祀是严肃而庄重的，寿芬都是听从母亲的指挥。她将“全猪”、全鸡、鱼和素菜祭品都小心翼翼地一一敬放到本主正殿的正坛前，母亲也将三道表文分别放置于各位神灵塑像坛前敬奉。点好了蜡烛，添好了香油，便开始敬奉。在母亲的吩咐下，寿芬在正坛前磕过三个头便跪立不动，等着母亲将本主表文拿到自己的手中。她作为孩子的母亲将要为自己的孩子向本主上表。母亲借着火盆里点燃的纸钱的火光，将表文在火上烘过，便将其移交到寿芬的手中。寿芬双手接了表文，将表文直立，并将写有本主名讳的正面向外，母亲用蜡烛的火光将金银纸点燃，点燃的金银纸搁置在表文的上方，表文也随之燃烧起来。只听母亲口念“点火升炮”，震耳欲聋的炮仗就在本主庙里的院子里响起。表文烧着，母亲口念经文，嘴里不停地祝告。在寿芬“上表”的时候，表文时不时地会来一个“火炸”，那是村里人认为的灵验。每一次“火炸”，母亲都会念念有词“再给一次，再给一次”，素芬的表文很快就上完了，母亲说，“本主的这道表文上得好，有三次‘火炸’呢”！

正殿正坛敬奉完毕，就将祭品一一移到左右两侧坛前。母女二人分别磕头祝告，先敬奉右侧的“大黑天神”，然后才是左侧的“兴亡太子”。正殿左右两侧的墙壁上都绘有阴司判官，在撤走正殿的祭品之前，他们也是需要敬奉的。本主正殿祭祀完毕，就得移向正殿南侧的子孙殿祭祀。此时，米饭和素菜祭品都需要重新更换，而至于猪头、鸡和鱼就可以直接送至子孙殿财神老爷的坛前。母亲吩咐，子孙殿的三位娘娘：王母娘娘、子孙娘娘和奶母奶奶都是吃素的，因此正坛前不得沾染荤腥，只需要供奉素菜即可。依例的，寿芬先在子孙殿正坛前上了表文，又在财神老爷坛前上了财神表文，又将财神老爷前的鱼肉荤腥祭品在痘二哥哥坛前敬献过。子孙殿的祭祀才算完毕，她们这才将所有的祭品移到正殿门前的台槛上。

寿芬的母亲跪立在台槛上，口中念着几乎所有她可以识得的本主庙内神灵的名讳：“本主老爷景庄皇帝，大黑天神，兴亡太子、王母娘娘、子孙娘娘、奶母娘娘，金花太子、银花小娘，财神老爷、痘二哥哥、大姑奶、二姑奶、三姑奶、聋子姑奶，马三老爷，所有的兵马元帅，你们全部都请到这里来，吃素的请素，吃荤的请荤。今天何氏门宗的‘小花童’满一岁，过来感谢您们，还是一直打着您们的金伞，喝着您们的蜜水，自从今天感谢您们之后，还是请您们继续看顾他，让他顺顺利利越长越大，一年有了十二月，月月保平安……”，寿芬的母亲还在不停地祷告着。完毕，便开始撤席了。母亲一边说着“动刀下筷”，一边取下了猪头上的筷子，又拿起了大菜刀，分别在猪嘴、猪耳朵部位切下了一点儿肉，又分别取了鸡肉、鱼肉、若干素菜、干拉、糯米团放置到本主庙院里栽有姊妹花的花坛上，母亲说那是给享受不到祭祀的其他神灵和游魂吃的。说完了最后的吉利，只听母亲说“当堂撤席，大吉大利”，便开始招呼寿芬收拾东西准备回家了。这时，时间已近三点半钟了。

图 4－2　周岁祭祀中“莲池会”妇女正在本主大殿外祭祀

而诸如外出、疾病甚或噩梦，包括车祸、溺水、摔伤等意外事故的祭祀，其祭祀地点就不是固定的。如前所述，不仅这样的“生命祭祀”是“不定时”发生的，具有很强的“偶然性”，而且在仪式地点和仪式程序上也不尽相同。一般而言，诸如疾病、意外事故等这样的“卡在自个儿命里头”的关乎个人福祉的“生命祭祀”，作为家户的个人和主持祭祀仪式的“老婆娘”都是不清楚“去哪里敬”的。在村里人看来，对个人生命的威胁，不论是疾病，还是车祸、摔伤、触电等意外事故的发生都是因为触犯了某一神灵，只有前往祭祀敬献才能免去对个人生命的危害和威胁。而具体触犯了哪位神灵，应该前往何处去敬献，甚或怎样去敬献，只有通过找人“看香火”[①] 才能知道。

> 我们家阿凤那会子还是“女囡子”呢。也不知道怎么的，忽然脸上就长出了很多的东西，黑黑的，一块一块的起来，不烂也没有脓水。一开始以为是晒伤了，还是吃错东西了过敏，但是半个月过去了黑色是越来越明显。村里的大夫说是不清楚，只有去城里的人民医院专门治皮肤的地方检查，也从医院里拿回来了很多药，说是先吃着看，过段时间再去查查……我是急死了，你说正是要“找婆家”的年龄呢，怎么就摊上这么个奇怪的无根无种的不痛不痒的病呢，要是这脸皮治不好了，我这闺女该怎么办。还是隔壁的淑芬她妈说让我去问问“香火”，说不好是阿凤出去“闯着什么了”。后来我就真去了上关那头去问香火了，都说那里“看香火”看得是最准的。“看香火”的人说阿凤是闯着村里“三姑奶”的神气了，所以才会得这个怪病，让我回去

① 意为请人占卜问吉。

一定要做斋菜赔罪“三姑奶”，把“瘟”送走了才行。送的时候要在太阳落山之后，天黑之前，家里做好了斋菜，从家里出发，送往村头的东南方……虽说还是有点半信半疑，但是做了还是求个心安。阿凤的药在人民医院连续吃了有半年时间，花了点儿钱，但这病那年总算是给她治好了。①

此外，在村里人看来，如果某家庭成员遭遇如溺水、触电、车祸等意外事故，那么，当事人会因为受到惊吓而使其“魂魄”远离了他的身体，如果不为其举行祭祀仪式“将魂魄叫回来”，那么在接下来的日子里，当事人有可能还会遭遇更多的意外。一般而言，“老婆娘”叫魂开始，一般都要先烧“叫魂纸马”。带上一包家里的米和茶，从叫魂的地点开始，“老婆娘”一路都要喊着魂魄的名字并沿路撒下生米和茶叶以保证魂魄不会走错了方向直到回到家中。如果途中过桥就得烧“桥神路神”纸马以保证魂魄能够顺利通过。“叫魂”至家中，一定要到厨房烧“灶君”纸马，意在把魂魄交给“灶君”看管，不再让它随意离开。

那一年我记得还只是13岁，我们家还住在老房子里。我们村在洱海边上，夏天一到，我们都会去海子里游泳。那次，大家就说再往海子的深处游些，那也是我们平日里游习惯了的。几个人就一起往里游，我其实水性还是好的，平时也很能游泳的，可是就是那一次，游回来的时候感觉自己全身无力，一点儿游的力气都没有。我害怕极了，只感觉自己的身体不听使唤地往下

① 被访谈人：LSF，女，白族，1953年生，龙龛村人。访谈时间：2010年8月10日；访谈地点：龙龛村LSF家中。

沉。幸好，伙伴们赶紧叫唤，在海边游泳的一个大哥哥把我救了出来。之后自己就像生了一场大病一样，阿爹阿妈都很是担心。后来，阿妈说要帮我去海子里“叫魂”去，说溺水之后我的魂还在海子里头呢。于是阿妈选定了日子，我们一家人早点过后就到我游泳的海边杀鸡煮鱼、生火做饭，直到太阳快落山才回家。回家的时候妈妈一路都喊着我的名字，经过本主庙的时候还让我进本主庙里磕头，到了家还在祖先席和灶房里“灶锅老爷”那里磕头。母亲就一路喊着我的名字，说“回来，会来……”一路撒着茶叶和生米，直到我们回到家中。①

总之，就“老婆娘”能够独立完成的“生命祭祀”而言，周岁、本命年的祭祀是每一个家庭成员都必须经历的，其祭祀时间、地点和程序都是较为固定的，是村里人都要经历的最一般的“生命祭祀”仪式。而因疾病、意外事故等的发生而进行的祭祀，具有偶然性和随意性，这个类型的祭祀仪式因个体经历而稍有差异，是个体生命历程中特殊的“生命祭祀”仪式。可以这么说，每个人的人生经历各不相同，“卡在他们自个儿命里头”的“生命祭祀”仪式也必然不同。在村里人看来，不论是具有“通过仪式”意味的婚丧、诞生礼等人生礼仪，或是生命周期仪式的周岁、本命年祭祀，还是如“叫魂”、“送瘟”等以“护生”为目的的日常祭祀仪式，都是“卡”在每个人“命里头”不得不做的“生命祭祀”仪式。因此，祭祀仪式的进行不仅对仪式实践的主体，即个体生命具有意义，同时也是村落社区评价

① 被访谈人：HYJ，女，白族，1982 年生，大理龙龛村人。访谈时间：2009 年 8 月 24 日；访谈地点：龙龛村 HYJ 家中。

个体家庭中的“老婆娘”是否“当家为人”、“有志气”的一个重要标准，就这个意义而言，祭祀仪式的进行蕴藏着“礼”的涵义，是村落社区礼仪实践的重要组成部分。

二、“年节点儿上”的神坛：节日祭祀中的礼仪实践

上文论及的“老婆娘”们操持的“生命祭祀”以个体生命为切入点，这些祭祀仪式是以个体生命的成长周期为序，针对家庭内部某一特殊的家庭成员而进行的。而此部分将要论及的节日祭祀则是以一年度的周期时间为序，不针对个人，而是为所有家庭成员及整个家户所进行的祭祀仪式。从这个意义上而言，各家户的节日祭祀仪式也同时具备了村落岁时礼仪实践的意义，而作为各家户主妇的“老婆娘”们则是家庭节日礼仪中最重要的实践者。

就节日的概念而言，在地方性表述中有广义和狭义之分。广义的节日概念是囊括了节日和会期的所有祭祀庆典活动，就如村里人所说的“三天一个会，两天一个节”；而狭义的节日概念却仅指“过节过月”，而被称作“节月”、“年节”的节日在村里人看来是屈指可数的。虽然，在日常表述中，村里人经常会将“会期”和“节日”并称并归入广义节日范畴，但是在日常生活中却有明显区分。“会期”，如“观音会”、“城隍会”、“东岳宫会”、“中和山会”等是需要“去赶”或“去逛”的，届时不同村落，甚或不同地域的人都会你来我往在会期当日聚集在这一固定的地点，以应有的方式参与和实践着会期庆典。会期是“大家一起过的”，虽然会期中的参与者可以是个人、家户甚或村落，但任何一个单一参与者或实践个体都不可能完成“会期”庆典。就这一意义而言，“会期”以其地方性、流动性、交际性、聚合性等特点在地域社会内部发挥着广泛的社会功能，这样

的“会期”具有高度的群体性特征。就节日祭祀庆典而言，凭借家户“老婆娘”个人的主体实践是不可能完成的，而更多以“莲池会”群体实践的形式参与，这在下一章笔者将会详细论述。

表4-1 家庭“年节点儿上”的祭祀一览表

年节	时间（农历）	地点	内容
春节	正月初一	家中祖先席	祖先席前“供元宵”
清明节	清明	苍山墓地	前往苍山祖坟扫墓祭祀
本主节	五月初一	家中	请外村人来过本主节①
端午节	五月初五	家中祖先席	祖先席前“供粽子”
火把节 本主节	六月二十五	家中祖先席	本主席前三餐供奉 晚上耍火把
中元节	七月初一至七月十六	家中祖先席	每日三餐供奉 农历七月十四烧包祭祀
中秋节	八月十五	家中院子	院中设坛祭祀 供奉各种瓜果月饼
冬至节	冬至	家中祖先席	外嫁的闺女回到家中 本主席前三餐供奉
除夕	腊月三十	本主庙	“辞年”祭祀

① 白族地区的本主节节期一般均为本主寿诞日。农历五月初一是龙龛村本主景庄皇帝蒙世隆的寿诞，村里人都说这天才是真正的本主节。但是由于农历五月初一正是农忙时节，没有空闲时间来请客过节，因此经过商议，将本主节移到了农历六月二十五，也就是火把节这天。但是具体从什么时期开始移到六月二十五的，就算村里的老人们都不得而知了。现在，按照村里的规矩，六月二十五这天，村里请非本村的人来家里做客，而农历五月初一这天则是全村人“打拼伙”在本主庙祭祀本主寿诞。

村里人的“节月”，属于狭义的节日范畴，虽然在地方社会亦具有普遍性，是“家家都过的节日”，但就节日实践而言却是“家里人自己过的”。而在一年的“节月”中，在村里人看来，农历七月初一至七月十六的“七月十四”和农历年底的家户“辞年”是最为重要的，也是需要家里的“老婆娘”费力操办的。

“七月十四”是村里人对中元节的地方性表述，在一年的“节月”中，它为期最长，从农历七月初一一直到农历七月十六。为期半个月的“七月十四”节日旨在祭祀祖先，包含接祖（农历七月初一）、日常祭祖（农历七月初一至七月十六），重大的祭祖仪式（农历七月十四）等一套较为复杂的家庭祭祀仪式。祭祖活动以家庭为单位进行，其中各家户的“老婆娘”是节日祭祀仪式最主要的主持者和实践者。接祖仪式，是祭祖仪式的开始，也是“七月十四”的开端。仪式一般在傍晚举行，由“老婆娘”携带家中的其他女性一同进行，家里的男性及年幼的孩子一般都是仪式的“观礼者”。

> 接祖，都是女人的事……接祖是每家都要进行的，除了村里已经死绝了的人家。我们去接的时候也让小辈儿学着，这家里的事儿迟早些交到儿媳妇手里，这些事情女的总是要学的，不然就会被看作没有“志气”，家里也会被人耻笑。①

接祖仪式结束后，祖先便回到了家中。此后的半个月，都要长住家中，每天都得进行日常祭祀。在此半月中，“老婆娘”都

① 被访谈人：WJZ，女，白族，1926 年生，大理龙瓮村人。访谈时间：2009 年 8 月 14 日；访谈地点：龙瓮村 WJZ 家中。

是日常祭祀的主要承担者。

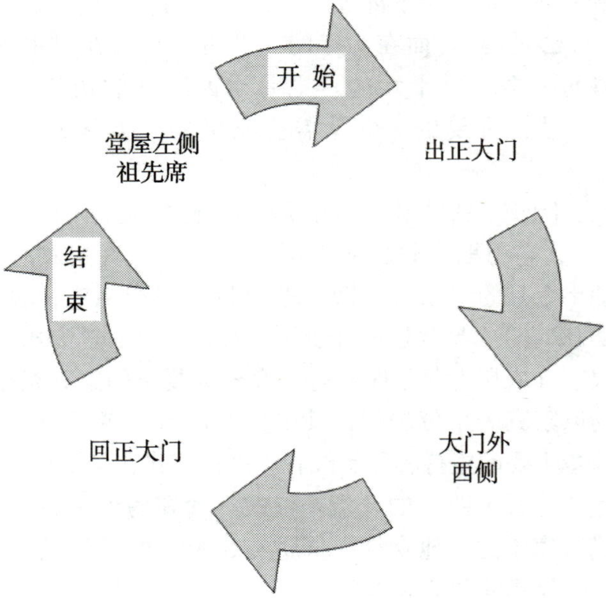

图4－3　“接祖”仪式路线图

早上七点多钟，家里的主妇早已经打扫好了堂屋，老婆娘先到祖宗席位前擦洗柜头，然后在席位前点上一炉香，更换供奉的三杯酒水和茶水，接着在柜前点上一支长约一米左右的大红香，它要到晌午的时候才能燃尽。早、中、晚三餐都要“供祖”，“供祖”都是在饭菜刚刚做好，家人没有吃过之前进行。家里所有的人都有义务参与“供祖”，不论在做什么，在三餐“供祖”的时候，只要在家的人，无论男女老少都要到祖先的席位前按照长幼顺序磕头。在家人磕头的同时，主妇就在席位前烧上几个

（一般是三到五个）“提包”[①] 并点上三支香。三餐供祖均需如此。村里人认为烧送的“提包”是祖先们平时的零花钱，因此对于烧送“提包”，家人从来都不吝啬。

此外，“七月十四”的重大祭祖，其仪式活动所需的各种烧送品的准备工作一般也多由“老婆娘”承担。“包”是“七月十四”每家每户都必须给祖先烧送的祭祀品，村里人说那是祖先们的“行囊”，“包”里装着“提包”，是后代子孙给祖先在阴间享用的“财产”。一般家庭从七月初二开始就准备做“包”，这是家中主妇们的大事。“包”的原型是一张印刷简单的版画，依次经过：初剪裁—填姓名—封“包”底—打“提包”—灌“提包”—封“包”口—粘“包花”等七道工序之后，一封“包”才能制作完成。一般而言，“填姓名”一般由家里的男性承担，当然，能干的“老婆娘”们有时也会自己亲自下笔填写。

---

① “提包”，村里人对“七月十四”期间使用的一种纸质品的称呼，形状如小型的手提袋。由两张“清草纸”（berpzit）和一张金银纸（jiefnidzit）做成。用一张 15×15 厘米的“清草纸”将一张约 13×6 厘米的金银纸卷裹起来，卷裹的纸团一角和另一张约 15×15 厘米的“白草纸”的一角相重合，将两斜角对折之后，向下再折三折，在折合处积压成褶皱状。这就是村里人所说的“提包”。“提包”是七月半每家每户必备的烧送给祖先的东西，一般由家人买来“清草纸”之后自己制作，由于制作比较简单，因此孩子们经常也是“提包”的制作者。村里人认为“提包”是祖先们平时或在家的时候使用的零用钱，她们一般都准备很多的“提包”在每天三餐祭祖的时候烧送在祖先的席位前。

图 4-4 一家三代人正在制作“七月十四”烧送的“书箱包”

填写一封完整的“包”，以一张姓男子写给自己已亡故的祖父的“包”为例：右侧填写：大中华国云南省大理市龙龛村追修孝孙儿张 XX；中间填写：祖考张公諱 XX；左侧填写二零零七年七月十四日具。“包”的填写是有一定讲究的，不仅把收“包”祖先的名讳写清楚，还要写清楚敬奉后代的姓名。①

表 4-2 祖先名讳及后代子孙对应称呼表②

祖先		后代子孙	
男	女	男	女
太祖考	太祖妣	来孙	来孙媳、来孙女

① 据 2011 年 8 月 10 日 ZTB 现场填写“包”时田野笔记整理。ZTB，男，白族，1956 年生，大理龙龛村人，龙龛村第 4 村民小组组长。

② 被访谈人：ZTB，男，白族，1956 年生，大理龙龛村人，龙龛村第 4 村民小组组长。访谈时间：2011 年 8 月 10 日；访谈地点：龙龛村 ZTB 家中。

续表

祖先		后代子孙	
男	女	男	女
高祖考	高祖妣	玄孙	玄孙媳、玄孙女
曾祖考	曾祖妣	曾孙	曾孙媳、曾孙女
祖考	祖妣	孙儿	孙媳、孙女
伯祖考	伯祖妣	侄孙	侄孙媳、侄孙女
叔祖考	叔祖妣	侄孙	侄孙媳、侄孙女
显考	显妣	孝儿	孝媳、孝女
伯考	伯妣	侄儿	侄儿媳、侄女
叔考	叔妣	侄儿	侄儿媳、侄女

村里的“老婆娘”们一般在农历七月初十左右，就会将“包”、“衣服”、纸钱、“提包”等烧送品准备完毕，以备农历七月十四傍晚的家庭祭祀使用。村里的女人都说，“七月十四是个大日子，这一天都有的忙活了”。早上九点多，刚吃过早饭，“老婆娘”就已经在锅边忙开了。

今天是祖先们请客的日子，要给他们做“八大碗”①，其他家的祖先也会来吃饭。他们在今天走亲戚呢，我们就该为他们早点预备好饭菜。②

准备祖先们的“八大碗”花去了家里妇女们一早上的时间。

① 村里婚丧嫁娶款待客人席间的八样菜式，包含五荤三素。

② 被访谈人：WJZ，女，白族，1926 年生，龙龛村人。访谈时间：2009 年 8 月 14 日；访谈地点：龙龛村 WJZ 家中。

中午十二点左右，饭菜全部供上了“祖先席”，同时插放松枝、烧香、烧纸，“让祖先们热热闹闹过节”。当日，席前的油灯要长明不灭。傍晚六点半左右，所有的家庭成员都已经回到家里。祭祀在堂屋正门口进行。祭祀将始，所有祖先席位前的供品都移到堂屋前的一张方桌或长桌上①，制作好的烧送品也从堂屋拿出。仪式开始，“老婆娘”磕头祝告②，然后按长幼顺序先男后女分别磕头。磕过一轮之后，便开始按照顺序念诵每一封“包”并递到“老婆娘”手里“化奉”（焚烧）。“包”烧毕，家里的“老婆娘”还得拿着“清草纸”、“衣服”、“提包”、“金银纸”和“水饭”③ 等到大门口烧送“纸火”。

> 那不是给祖先烧送的，村里有人家现在已经没人了，成了孤魂野鬼回不了家里，在村里的路上闲逛，这些是烧送给他们的。④

村里人的规矩，燃尽的灰烬不能乱扔。七月十五是大理东岳宫会⑤，“老婆娘”们都会去那里赶会，燃尽的灰烬将扔到那里，

---

① 包括：一盏油灯、一尊香炉、一杯茶、两杯酒、一盘“干拉”、一盘糕点、两盘水果、三碗白饭、三双筷子、“八大碗”等。

② 内容是：“三代祖宗，四代宗亲，张世门宗列祖列宗，今天张氏门宗烧‘包’祭祀，在得近的，远的，都请过来。张氏门宗祭祀，小鬼请让开，大鬼莫挡路，张氏门宗列祖列宗都请过来。”老人磕过九个头之后才起身。

③ 水饭，白语称为 xuixfvxhepsit，［$ɕui^{33}$ fv^{33} xe^{42} si^{31}］。用祭祀过祖先的祭品米饭、“干拉”、蔬菜等简单地做成，在门口祭祀烧送完毕之后撒在路边，是为回不了家的祖先准备的饭食。

④ 根据2010年8月24日“七月十四”HJM家家庭祭祀仪式过程中的访谈记录整理。HJM，女，白族，1953年生，大理龙龛村人。

⑤ 东岳宫会，白语 yilaofdaozwut，［i^{33} lao^{35} dao^{32} u^{31}］，是大理地区东岳大帝会期。人们到庙会上烧送“纸火”，超度亡灵。尤其是死于非命的人，家人在这一天要为他放河灯以拯救在他在地狱忍受煎熬的魂灵。

顺水漂流而下一直流向洱海。

除了“七月十四”，农历年底的“辞年”是村里人最为重视的家庭祭祀仪式。“辞年”是村里人对年终祭祀的地方性称呼，村民一般择日在农历腊月二十三之后至除夕之前进行。“辞年”祭祀仪式与前文周岁、本命祭祀仪式程序大体相同。仪式由家中的“老婆娘”主持，在选定“辞年”日子之后，她便开始着手准备和制作各种仪式所需的祭品，即荤祭三牲：“全猪”、全鸡、全鱼和各种素菜供品。仪式所需的祭品准备完毕，“老婆娘”便携带家中的女性和孩童一起前往本主庙祭祀。“辞年”祭祀的仪式程序与前文论及的周岁、本命年的本主庙祭祀大体相同，此处不再赘述。然，虽仪式程序基本相同，但因“辞年”祭祀仪式是为整个家户所有家庭成员进行的祭祀，因此“老婆娘”在仪式中的祝告会有所差别。

> 本主老爷景庄皇帝、大黑天神、兴亡太子、王母娘娘、子孙娘娘、金花太子、银花小娘，痘二哥哥、财神大老爷，今天张氏门宗过来辞年，感谢您们这一年里的看顾，感谢本主老爷您们的金伞打在我们身上。今天，来感谢您，还是让我们清吉平安，顺顺利利……家里做的生意，还是让我们万事如意，出门遇着了财神，金银财宝撒在我们前面，让我们能用一把，抓一把……家里一对小花童、小花女还是全部靠在您身上，全部仰仗您，吃您的饭，喝您的蜜水，让他们还是越长越大，无病无灾。小姑娘考大学还是要让她万事如意，让她考一科得一科，考了中专考大专……今天来感谢您，还是全部靠在您身上，一年有了十二月，月月保平安。
>
> ……敬茶，富贵荣华；敬酒，富贵长久；敬干拉，红干拉，绿干拉，四季保平安；敬了鱼头，吃不愁，穿

> 不愁；敬了鱼尾，余余剩剩；动刀下筷，（将猪头中间切开口子）财门大打开，金银财宝滚进来，滚进不滚出；切了鸡嘴，闲言碎语全免……当堂撤席，来年大吉大利！①

当然，相较于“七月十四”和“辞年”这种“年节点儿上”的重大祭祀仪式来说，其他如春节、端午、火把节等的节日祭祀活动就显得较为简单，凭借家户“老婆娘”个人的实践就能独立完成。在龙龛，凡逢节日“老婆娘”都必须在祖先席前进行奉祀。

> 逢年过节的都需要“敬祖先”。“节月”里，祖先席前要点灯、点香炉、烧红香。油灯是不能熄灭的，从早上就要一直点着。节月里，祖先也会回来和我们在一起的，所以三顿饭都要敬，早点就要开始供奉，供奉的时候要磕头祝告。②

村里人常说“敬祖先是任何‘节月’都不能少的”，而“‘节月’里，祖先和我们同在”的观念，在每个村民心里都根深蒂固。因此，在节日里，我们时常能听到家里的“老婆娘”类似“不能关了堂屋门，祖先们进进出出不方便”这样的叮嘱。

可见，在几乎所有“年节点儿上的”祭祀中，“老婆娘”都是节日祭祀仪式中最重要的实践者。节日礼仪，从来都是家庭礼

---

① 根据2011年1月31日WJZ在本主庙举行的“辞年”祭祀仪式现场录音整理。WJZ，女，白族，1926年生，龙龛村人。

② 被访谈人：LSF，女，白族，1953年生，龙龛村人。访谈时间：2010年8月24日；访谈地点：龙龛村LSF家中。

仪和社区礼俗最重要的组成部分。而作为家庭成员的“老婆娘”，她不仅自身实践着节日礼仪，而且也身体力行地将节日祭祀礼仪传授给了正在成长中的“下一辈”。还未出嫁的“女囡子”在与母亲的亲身实践中习得了祭品的制作方法，这将成为她出嫁之后在婆家显示“母亲教的规矩和志气”的重要资本；而刚结婚的“小媳妇”也从自己的婆婆那里目睹了如何进行节日祭祀，她铭记于心，因为分家之后，成为“掌家婆”的她也一定会承担自我小家庭的节日祭祀。自分家开始，作为家庭经营的主要力量，她将在自我家庭中承担神坛祭祀的责任，而“年节点儿上”的祭祀将成为“她应该知道的礼路”，而这些“礼路做得怎么样”、“规矩行得对不对”都将成为别人评价她“是否当家为人”的重要标准。

第五章 “她们”的神坛：“莲池会”妇女村落祭祀及其女性群体实践

第一节 “老妈妈”们的日常生活

在笔者看来，在村落社会以年龄为标准对女性群体进行划分是不太准确的。事实上，村里人对女性身份的划分，从来都不是以年龄为标准的。“女囡子”指的是还未出嫁的闺女，而更为细致的对“小女囡子”、“大女囡子”的区分则是以女性月经初潮为界的，一般而言“身上有了‘那个的’就是‘大女囡子’了”；以婚礼为界，出嫁的妇女在短时期之内会被称作“新媳妇”，而至迟到身怀有孕，“新媳妇”的称呼将不再适用，从此成为“小媳妇”。随着第一个孩子的降生，妇女成为母亲，以丈夫、妻子、孩子为核心的核心家庭的建立，分家之后的“小媳妇”就会成为村里人眼中名符其实的“掌家婆”。此后，“掌家婆”的称呼会一直伴随着妇女，年轻的“掌家婆”有时被称作“小婆娘”，而入了“莲池会”的“掌家婆”则被村里人看做是“老婆娘”了，直到她的儿女们纷纷成家，她成了奶奶和外婆，由此才成为大家眼中的“老妈妈”了。回顾村落妇女的一生，每一次称谓的改变，都是由女性个人经历引起的。每一次新的生命体验，都伴随着妇女身份和角色的转变。可以这么说，对女性身份的界定是一个经验性的划分，它没有一个非常严格的年龄限制。

一、“老妈妈”家庭角色的调适

很难确切地说，在哪个年龄段的妇女就是“老妈妈”。在村民的日常表述中“老婆娘”和“老妈妈”在五十至六十岁的妇女中也经常被混用。如前文所言，或许当一个女人儿女都已经成婚并已经有了孙子女或外孙子女时，那么在村里人眼中她就是“老妈妈”了。通常在村里，五十岁以后的妇女都会渐渐步入“老妈妈”的行列。当然，以儿女分家为界线，“老妈妈”们的日常生活也会呈现不同的状态。

分家之前，“老妈妈”们和丈夫一起作为大家庭的家长共同行使着长辈的权力。她们和丈夫共同或独自承担着诸如农田种植、家务安排、请客随礼、儿女婚事等家庭经营中的各种事务。在此阶段，“老妈妈”们颇有“多年的媳妇熬成婆”的派头。这不仅是因为娶了儿媳妇自己成了婆婆，而且就算是在家庭事务决策权方面，甚至包括一些较为重大的家庭事务方面，她们都可以自己做主：

> 都说儿多母苦，这句话是真没说错。我们家三个儿，哪个都操心。老大媳妇是三文笔村的熟人给介绍的，人勤快、能吃苦、干活也麻利。幸好的是，我们看上了，小的两个自己也合意。结了婚，两口子过得还不错。小孙子快两岁了，伶俐得很，我们看着也很喜欢……老二是麻烦的，小的时候就捣蛋调皮，没有坏事不干的。他爹打的打，骂的骂，硬是不懂事。我想着送他去当兵，我们管不下的，让部队去管教他去。一开始

不愿意去，他爹说要是孩子不愿意去就算了，转眼就该到了娶媳妇结婚的年纪了。我硬是不同意的，说这事儿必须我说的算，好说歹说，总算给他送走了，就在昆明部队上。虽说出去几年耽误了结婚，但是退伍回来倒是在大理谋了个好工作。现在也结婚了，只盼着他们赶紧也跟老大一样生个孩子就好……小儿子倒是稍微听话些，但是也是不省心啊，他爹除了田里的活路就什么都不想管，凡事只要孩子高兴就依着的。最小的，前年高三考大学考不上，见村里伙伴有去下关打工得1500块钱工资还包吃包住的就想跟着去，硬是被我给拉回来了。他爹还反对我，说孩子不想上就不上了，男孩子有想法出去闯荡闯荡也是好事。我为他不跟我一个主意还跟他爹闹了一回，好几天不说话。我说我已经帮你在大理一中交了补习费5000块了，你不去也得去。他们爷两个拗不过我，后来老小还是去了。浪费了一年时间，总算好歹考上个大学，我们家门也算是出了个大学生。哎，你不知道，这把年纪，当这个家真个是不容易啊①。

当然，在“当家为人”方面，在村里人请客“办事儿”的场合，“老妈妈”们也经常会“率领”自己的儿子、儿媳妇前来主家帮忙，自己则去挂礼的地方为整个大家庭随礼。在与娘家关系方面，此时的“老妈妈”已经从先前倚靠娘家支持转变为支持娘家人。“老妈妈”有时会说服村里的“包工头”给自己娘家的外甥提供工作机会，如果父母还在世，她们也会主动承担起照

① 被访谈人：HJM，女，白族，1953年生，大理龙龛村人。访谈时间：2011年7月6日；访谈地点：龙龛村HJM家中。

顾娘家父母的责任并给父母力所能及的日常经济支持。当然，在父母去世之后，娘家于大多数的“老妈妈”们而言已经不再是个亲密的概念，她们除了外甥外甥女们结婚和“七月十四”回家给父母送“包”之外几乎不怎么回娘家。“这会儿娘家的父母早已经不在了，都是兄弟的家了。两个外甥都已经娶媳妇生孩子了，再过两年就是他们当家了。”用她们的话说，“现在是各自维持各自的家了”。她们开始时不时地嘀咕两句娘家人的“不是”，并指责娘家人的“为人不当”，诸如“他舅母在我们老大结婚的时候就只随了400块钱，她老大结婚的时候我们可是随了500块的”等等。“老妈妈”与娘家之间的关系已经逐渐淡化，她的生活重心已经完全转移到夫家家庭，同时通过自己在村落社区中的“当家为人”，已经渐渐成为夫家村落社区交际网络中的主要人物。在日常生活中，她们交往最多的是“同一辈里的那些娘们儿”，是抬头不见低头见的左邻右舍，而谈论的就是村里头那点“你嘴头上说了我嘴头上传”的事儿。在家庭关系的经营方面，对于嫁了闺女又娶了儿媳妇的“老妈妈”们而言，她的家庭既是自个儿闺女的娘家，又是儿媳妇儿的婆家。作为娘家，女儿虽然已经出嫁，在仪式意义上已经是“婆家人”，但是在实际生活中，尤其是在初婚的几年内，嫁出去的闺女还是会经常回到娘家。“老妈妈”们忠实地履行着作为闺女娘家的职责，在每年的大年初二、端午节、本主节、火把节、中秋节、冬至节时都一定会将出嫁的闺女女婿和外孙子女们接回娘家来过节。

分家，可以说是“老妈妈”作为女性家长所主持的最后一项重大家庭事务。随着大家庭中儿女们各自核心小家庭的建立，分家成为许多“小媳妇”的诉求。

哪个儿子说起来我也是不愿意分的，都是他们自个儿的媳妇儿要闹着分。现在她们个个的男的都在外面干活赚钱，都觉得自家男的挣得多了，但是钱都交了家里头了，自己落不着花。琢磨着，分开吃了，自己男人的钱就归自个儿小家了，由她当家，她说的算了……闹了两回，说不分不分的，硬是带着自己的孩子回了娘家住，说是定要分开了才能回来过。①

当然，有时分家也不总是因为“儿媳妇们闹的”。大家庭中兄弟、姑嫂和妯娌之间或多或少会存在一些摩擦，“老妈妈”时常还是这些矛盾和摩擦的调节者。“明白的”“老妈妈”们会比丈夫更早觉察到孩子们渐渐都为各自小家庭奔波，兄弟之间的关系越来越紧张，小矛盾频频出现。作为女性家长，“老妈妈”将主动提出分家以缓和矛盾。前文提及在分家过程中“老妈妈”会为兄弟分家购置“分灶头烧锅底”所需的厨房用具，且在分家过程中划定和分割家庭财产。此外，作为原来大家庭家长的“老妈妈”和“老倌倌”自身的赡养问题，即村里人所说的“跟谁吃”，也会成为兄弟子女分家中的一个重大议题。在村里，父亲在卸下大家庭男性家长的重担之后，一般就会处于“休息”状态。他或是学习乐器加入“洞经会”，或是养花草、下象棋、打麻将、喝茶聊天。“洗衣做饭看孩子的事情从来都不是男人该做的”，所以即使是在分家之后，父亲也极少会承担家务活，一般来说“到了吃饭的点还要请他老人家的”；与父亲的角色不同，“母亲从来都是做惯了的，闲不下来”。在卸下女性家长的重任之后，母亲还会操持许多的日常家务，如三餐饭食、带孩子、家庭卫生的清洁等。就分家的兄弟姐妹而言，长子或长女由于其年岁稍长于其他兄弟，在为人处世和经济能力方面一般都会

① 被访谈人：HJM，女，白族，1953 年生，大理龙龛村人。访谈时间：2011 年 8 月 3 日；访谈地点：龙龛村 HJM 家中。

比其他的兄弟强，且在分家时自己的孩子又大多已经过了需要看护的年龄。而较之其他的兄弟，刚结婚不久的幼子就是几个兄弟小家庭中最弱的。这大约就是在龙龛为什么会普遍出现“父亲跟大儿子吃，母亲跟小儿子吃”现象的原因。分家不仅将各兄弟小家庭实际分开了，而且也将“老妈妈”和“老倌倌”象征性地分开了。当然，在“独儿子”的家庭中，这样的情况就不会出现，父母双亲赡养的职责毋庸置疑地都由唯一的孩子来承担。

分家之后，“老妈妈”们已经“不当家了”，用她们的话来说“这个家就交给媳妇来当了”。家庭的经济大权和事务决策权就此交到孩子们手里，她们辛苦多年经营的家庭由分家开始瓦解了，此后将开始“媳妇当家”的时代。这于她们而言也是需要一段时间来适应的。当然，如果分了家之后的“老妈妈”还经常对儿子、儿媳妇的家庭事务指手画脚，那么不仅在儿子和儿媳妇那里得不到理解，就是在村里人看来，“她也是一个非常多事的老妈妈”。如果就此与子辈们发生口角争执，那么她也将因为自己的“多事”和“对家庭事务的不肯放手”而不会得到多数人的同情。有时，即使是嫁出去的女儿回到娘家，都会如此宽慰自己的母亲：

> 已经给他们分了，现在都是我哥他们自己在当家了。你要是嫌他们忙得很，就帮着做做饭，带带小孙子，要是觉得连这个都不想做的，他们也是不会说什么的。不该管的就不要管了，省的嫂子烦，我哥看着也生气……没事儿了，也可以上我村上去住几天，老妈妈了，自己怎么过着舒服就怎么过，不要为难了自己。人家给你钱用，你就拿着，反正平时喂猪喂鸡小事小务的也是做在家里头了，按理用些钱也是应该的。别老是说

> 自己有，委屈了自己……操劳一辈子了，老了老了成“老妈妈”了，也该改改“多事”的脾气，过几天闲日子。①

可见，在大家的眼中，“卸任”了的“老妈妈”已经是家里的“闲人”了，家里已经没有什么“要紧的事务”让她管。于她而言，既然是“闲人”，那就管好那些“闲事闲务”就行了。

二、村落“闲人”身份的确认

在前文有关村落“闲”风及村社组织的公共性中我们谈到，在龙龛村，女性“莲池会”的中老年妇女被看作是村里最大的“闲人”。的确，作为“卸任”的“老妈妈”，她们已经不再需要承担家庭经营的重任，是“耽搁得起”的、“可以连续好几天不在家去走会”的“闲人”。由此“莲池会”也就成了村里人口中“老妈妈们的闲会”。然而，“闲”在地方性表述中却不仅仅指这个含义。通过前文对地方概念“闲”的分析我们知道，“闲”在村落社会中具有一种超越性，它是逾越了“个人”、“家庭”等私人价值樊篱去投身村社公共事业以寻求自身公共价值的一种行为和境界。对“闲”的追求蕴含着村民对“为人”观念的一种价值判断。如前文所言，“爱管闲事的人”被村里人认为是“有公德心”、“讲道理”、“懂礼节”的人。可见，“闲人”和“闲事”相联系，指的就是那些积极投身于“村落公共事务和公共福祉”的人，而作为村社组织，被村里人称作“老妈妈会”的“莲池会”具有一种公共性，它就是为村社的公共福祉

① 根据 2010 年 8 月 24 日 YDZ 和母亲的聊天记录整理。YDZ，女，白族，1979 年生，大理龙龛村人，现已经嫁到大理才村。

服务的“闲会”。

在有关“老婆娘”日常生活的讨论中我们提到，四十岁之后的“老婆娘”都陆续加入“莲池会”，这也被看作是“老婆娘”们“有礼有节”的表现。在经历了入会仪式，尤其是在其完成“莲池会”一年“搭头”轮值的责任之后，她可以独立承担并实践着具有家庭“礼仪”之蕴意的家庭节日祭祀和除诞生礼、婚礼、丧礼之外的所有“生命祭祀”。但是因为“老婆娘”还承担着家庭经营的重任，“入会了但是家里还是很少能有走得开的时候”。可以这么认为，入会了的“老婆娘”其生活的重点和中心还是她的生活家庭。由此可见，四十岁以后的“老婆娘”们通过“入会”这一途径只是象征性地实现了个人从家庭私人空间到村落公共空间的跨越，在现实生活中这种“由内而外”的空间跨越和价值追求却要到她们成为“老妈妈”之后才能得到彻底地确认和实现。

村里是有百多个会员的，但天天来的都是那么三四十个了。“拜经”的时候站在左右两边前排的都是常来的。入会的时候哪个人的位置站在哪里都是排定了，都是按顺序来的，先来的先排，后来的就往外、往后排……站在左边最里面的就是这会里年纪最大、资格最老的了。你去其他地方看，到处的会都是这样了，只要是位置在里面的都是老的了……常来庙子里头的也就是前两排的“老妈妈”了，后面的都是年轻些的，她们能来的时候来，家里有事也就不来。站在前面的这两排倒是天天来了，每次庙子里的会都来。反正都是“老妈妈”了嘛，家里也没什么要紧事情做，没什么丢不下的，实在要带孙子、重孙的就带到庙子里来也是常有的了，“老妈妈”都喜欢小孩子，供过的祭品给他们吃点儿，孩子们还高兴得很。[①]

“老妈妈”经营的大家庭随着分家而衰落，尽管在“儿媳妇当家”的家里她还是会得到应有的尊重，但她的内心却远没有以前自己作为女性家长时那么满足。这种不满足感，主要来源于“老妈妈”在新的生活家庭中自我价值的难以实现。在新的子辈“当家为人”的家庭生活中，“老妈妈”基本已经丧失了对重大家庭事务的决策权，做饭和带孙子女几乎成了她日常家庭生活的全部。如此单调乏味的家庭生活使得“老妈妈”们对“走会”的日子充满了期待。

……其实每次来庙子里“走会”都是很辛苦的，比在家里辛苦。在家里嘛，做饭的时候给孩子们做做饭，小孙子上幼儿园了也不需要我管，倒是嫌“闲不完”（意为时间太多不好打发）。每次上会，回去都是累得很啊。一大早不吃早点就来庙子里了，一来就帮着“搭头”的几个打扫卫生，八点多的样子出来“拜经”的人也是陆陆续续地来了，没吃过早点的吃早点，开始“摆坛”（布置祭坛、摆放祭品供果等），都准备好了就等着经母“开经头”，我们就跟着“拜经”。九点多钟开始拜，拜完一部经就休息一会，喝点儿茶水，聊会子天，说着各家家里的那点儿事儿，都是些家长里短的，也谈村里的各种闲言八卦。然后等经母招呼了，大家又开始拜，一直要连续拜差不多三个小时才要吃午饭……饭后依然继续拜经，一直要拜到差不多太阳落山了才

① 被访谈人：ZZH，女，白族，1940 年生，大理龙龛村人。龙龛村“莲池会”的“经母”。访谈时间：2011 年 7 月 18 日；访谈地点：龙龛村 ZZH 家中。

> “收经”。午饭吃素，晚饭倒是吃荤的。六个菜算是现在好的伙食了，三荤三素，大家都是拼了钱米的，所以每个人的量都是有份数的，吃不完的就带回自己家里去……去庙子里拜经就不能给家里做饭了。他们干完了活才回来做饭，所以晚饭自然也会晚些。我们在庙子里分吃的东西正好带回去还能给几个小孙孙“打个点”（在正餐之前吃点儿饱肚的东西），填填肚子。[①]

如果说作为主妇的“老婆娘”们，是通过对生活家庭的经营及“当家为人”的实践获得了夫家家庭及其村落社区对她的肯定，那么作为附属于子辈家庭的“老妈妈”们，则更多地是通过自己在村落社区的实践获得家庭成员对她价值的认可。也就是说，一个女人的家庭内外的角色和价值是互通的。一个曾经在她还是“掌家婆”时“当家为人”非常好的女人，当她“卸任”成为“老妈妈”开始“天天走会”时，她在“莲池会”中的地位也不会很低；同样，一个“老妈妈”在“莲池会”中的地位和威望也会影响到她在家庭中的地位。村里女人的一生，无论是“女囡子”、“小媳妇”还是“掌家婆”，甚或是作为大家庭女性家长的“老婆娘”，都是凭借自己在家庭内部的日常实践来获得外部价值认可的。自己生活的家庭如同一个“舞台”，只有自己“当家为人”的实践活动“表演”好了，才能获得作为“外部”的村落社会的认可和“掌声”。但是作为“老妈妈”，她已经失去了这个可以让她继续表演的家庭“舞台”，正因如此，她力图寻求一个可以让她继续表演的身份和“舞台”，以获得内部家庭和外部社区的价值肯定。于一个晚年的“老妈妈”

① 被访谈人：WJZ，女，白族，1926 年生，龙龛村人。访谈时间：2009 年 8 月 14 日。访谈地点：龙龛村 WJZ 家中。

而言，村社组织“莲池会”及“莲池会”的“闲人闲家”的身份让“老妈妈”们具有了一个新的身份和“表演舞台”，凭借这个身份，她们可以在“别人家有事儿”的时候去帮忙做些“闲事闲务”，也可以在“村里头有事儿”甚或村落社区的“危难之际”做些“公心公德的事儿”，为村落民众谋福祉，由此来实现自身更大的价值。

第二节 “村里的”神坛：“莲池会”村落祭祀与社区礼俗的女性群体实践

一、“请客办事”：庆典祭祀中的村落人生礼俗

在龙龛，“生孩子‘做三桌’”、“打发姑娘娶儿媳”、“盖房起屋”和“抬丧”是村里人“一辈子当家做人必须得办的四台大事务”：

> 我们小的时候是爹妈请客给我们结婚，等到有了孩子也是他们给孩子“做三桌”……都说是“六六三十六，建房起屋的时候”，分家的时候每个兄弟都只分到一间房，我和媳妇打从分家开始想着就是好好“苦钱”，等钱攒够了就盖房子。村里人成家立业之后都要盖房子，孩子渐渐大了，没地方住啊，加上以后总是要娶媳妇儿的，没房子现在的“女囡子”都挑得很呢……房子有了，就得是孩子的大事儿，孩子们也快到了结婚的年纪了，眼看接着就是打发大闺女，他弟弟娶媳妇，还有将来他奶奶去世抬丧，这些事儿没办心里的

石头就落不了地啊。[①]

在村里人的日常表述和现实生活中，“盖房起屋”和生孩子、结婚一样，在一个人的生命历程中具有非常重要的地位。村里人常说，“六六三十六盖房起屋”。盖房，于村里人来说，是分家之后的小家庭最重要的奋斗目标，至迟到儿子结婚的时候，家里是必须盖了新房的。因此，“盖房子”和“子女结婚”、“给孙子几个办三桌”和“给他爷他奶抬丧”一样都是家户中最重要的事，都是需要家里人，尤其是作为家长的夫妻双方一件件操办的。一般而言，诞生礼、婚礼和丧礼同属于人生礼仪的范畴，作为生命个体，每个人都会经历这些仪式，每一次仪式的进行都带有“通过仪式”的含义并连带着个人身份和角色的转换。就此而言，“盖房起屋”的房诞礼似乎缺乏了这一重要特征，不应当被囊括进人生礼仪的范畴。但在村落社会中，房诞礼又真真正正是“村里人一辈子不得不为的事”。在此，为与人生礼仪的概念相区别，又尊重本土的地方性知识，笔者欲使用“人生庆典”的提法将“建房起屋”的房诞礼与“做三桌”的诞生礼、“打发闺女娶儿媳”的婚礼和“抬丧”的丧礼并列起来使用并对其作出地方性的界定和解释。在村里人看来，在“请客办事”的人生庆典仪式中，经历仪式的不仅是“通过仪式”的个人，即诞生礼中的新生儿、婚礼中的新人、丧礼中的亡人，而且操办仪式的家户，尤其是操办庆典的“当家人”同样在经历一个“仪式”。一个普通的龙龛人，他一生中所要经历的人生庆典仪式一般都是这样的：

① 被访谈人：HGH，女，白族，1970 年生，大理龙龛村人。访谈时间：2011 年 7 月 18 日；访谈地点：龙龛村 HGH 中。

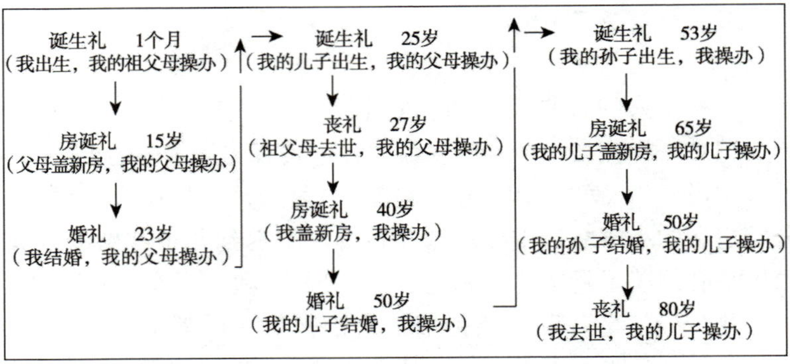

图5－1 “我”一生经历的人生庆典仪式

注：图中年龄标示仅是一般性的年龄约数。

这些人生庆典，在村落社会不仅对仪式中的个人具有“通过仪式”的内涵，而且对于操办仪式的祖辈、父辈来说都具有重要的意义。那就是“每次请完客，办过了事儿”就由此完成了“他们人生中的又一件大事儿”，完成了他的社会角色所赋予他的又一个责任和义务。

与前文提到的家户“老婆娘”为家庭成员举行的诸如周岁、本命年、叫魂等祭祀仪式不同，尽管仪式也关乎个人福祉，但是在村里人看来那都是些“自己家里的婆娘就能办了的小事小务”。而诸如“做三桌”、“房诞”、“抬丧”等“人生庆典”仪式不是单凭家户“老婆娘”，甚或家庭成员的努力就可以完成的，它需要家里人“请客办事”并在很多人的共同参与下才能完成。其中，“莲池会”的“老妈妈”们就是庆典仪式中重要的参与者和实践者。在前文有关“女性角色交替与‘莲池会’代际知识传承”一章的论述中，我们已经详细描述过“莲池会”的“老妈妈”们在诞生礼“做三桌”和婚礼庆典活动中的仪式实践，此处不再赘述。以下，笔者将着重讨论另外两个人生庆典，即房诞礼和丧礼，并展示和分析作为中老年女性群体的

“莲池会”怎样在仪式庆典中发挥作用。

（一）房诞庆典中的“莲池会”祭祀仪式

在龙龛人的日常表述中常用“做房子生日”来称呼房诞礼。在村里人看来，房子建好了“不给房子做生日，不请房诞客是不行的”：

> 盖房子得动土，动了土就得“谢土”，不论是修路还是建房都得“谢”，不要说盖房子这样的，就连在自家院子里建个小猪圈都得“谢土”的。不“谢土”，家里都会不安宁的……所以村里各家房子建成之后或迟或早地都得要“谢土”。没做过房子生日，没“谢过土”的房子，家里的老人都住不了。搬进去住着一旦去世那死了连家都回不来了。所以家里有老人的，孩子们都会考虑早一点办了“房子的客”，也算是为家里人求个清吉平安……再说，房诞客家家都请，亲戚朋友家做房诞的时候各家送出去的礼也不少，谁家都会请这个客的。①

可见，由“老妈妈”们主持和实践的“谢土”仪式是房诞庆典仪式的核心。

> 村里人办房子生日都是要请客的。有的人家是请“洞经会”谈经，有的是请“莲池会”来家里拜经，就看主人家怎么想了。请“洞经会”的多，但是请“莲

① 被访谈人：ZCL，女，白族，1973 年生，大理龙龛村人。访谈时间：2011 年 7 月 17 日；访谈地点：龙龛村 ZCL 家中。

> 池会”的也不少。不过就算是主人家请了“洞经会”的来谈经了，还是会请上几位“莲池会”的“老妈妈”的。“摆坛”还是“老妈妈”的事情，而且晚上的“谢土”没有“老妈妈”们还是不行的……以前“洞经会”来谈经做客是不收礼的，主人家也不给他们钱，就算是为主家劳累，有时主家会准备红糖蜜果的答谢他们。但是这几年“洞经会”谈经的说是忙不开了，要去的话要给钱。但就算是给钱，村里人请的还是不少……不过要是请了“莲池会”来“拜经”倒是会省下不少钱，“老妈妈”们倒是从来不要钱的，也就是吃主人家的这一嘴饭了……拜经的拜经，去本主庙敬的就去本主庙敬，忙得很呢？白天拜经就忙得很，到下午四五点就收经了。“老妈妈”们吃过晚饭，天黑之后就得“谢土”。要是请到了，就得是一整天从早忙到晚上。①

夜幕降临，前来帮忙的“老妈妈”们就得开始忙着准备谢土仪式了。她们在堂屋前的院子里布设一个五方八卦，在东、南、西、北、中五方分别设立祭坛，北方黑帝、东方青帝、南方赤帝、西方白帝、中央黄帝，因此东、南、西、北、中五方分别用紫黑色、青绿色、水红色、白色、黄色纸制作颜色不同的旗子一对、扎制的“人骑马”图样一尊同插于一块草坪上，周围分别放置有“土纸”一份、“泥馒头”一块、生鱼、生肉、生螺、金银纸钱等。东、南、西、北、中五方虽颜色不同，但祭坛摆放均如此。“莲池会”的几位“老妈妈”布设好祭坛，仪式开始。首先要到主人家门口迎接土地诸神灵：

---

① 被访谈人：ZYH，女，白族，1948 年生，大理龙龛村人。访谈时间：2011 年 5 月 26 日；访谈地点：龙龛村 ZYH 家中。

土公土母、土老土爷、土子土秀，今天张氏门宗做安龙奠土。我们来将你们请，你们也来到了家门口，我们出来把你们接。全部靠你们的，我们出来把你们接。①

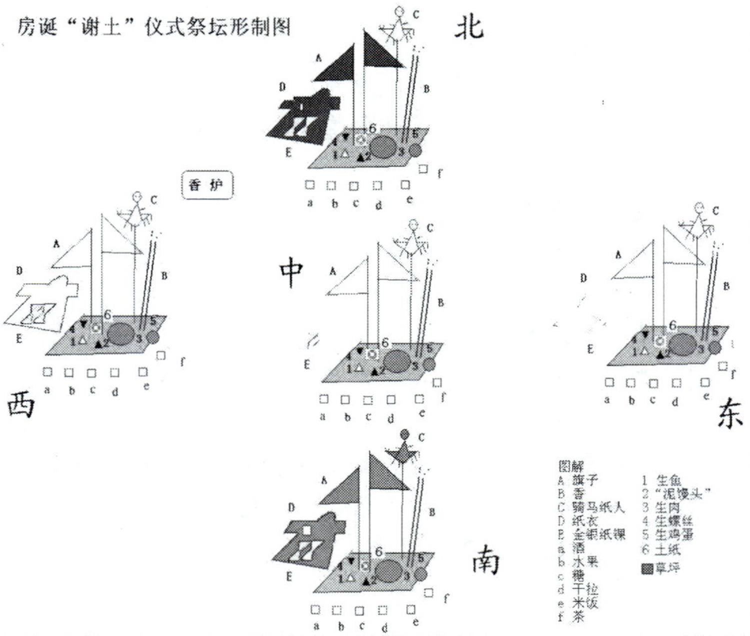

图 5－2　房诞“谢土”仪式祭坛形制图

说完，一位“老妈妈”将托盘里的一杯酒、两杯茶分别倒

---

① 根据 2011 年 6 月 29 日 ZZH 在 ZLH 家的房诞祭祀仪式现场录音整理。ZZH，女，白族，1940 年生，大理龙龛村人；ZLH，女，1971 年生，龙龛村人。

在了地上，以示请神完毕，回到院里。此时，院子里坛前已经围坐了很多人。只见两位“莲池会”妇女，一人手拿锄头，另一人手执笤帚。她们从东方开始，抬锄头的人作势挖地，拿笤帚的人便跟着扫一下，然后说道：

围城画在正中央，围城安置在东方。土子已经被请到，左手牵着小花马，背上背着笛一支。骑马吹笛入围城，我们将土子安请。

围城画在正中央，围城安置在南方。土秀已经被请到，左手牵着小花马，右手拿着花一把，骑马献花入围城，我们将土秀安请。

围城画在正中央，围城安置在西方。土公已经被请到，左手牵着小花马，右手拿着弦一把，骑马弹弦入围城，我们将土公安请。

围城画在正中央，围城安置在北方。土母已经被请到，背上背着箩一个，里面背着酒一壶，吃酒划拳入围城，我们将土母安请。

围城画在正中央，围城安置在中央。土老已经被请到，左手牵着小花马，右手拿着一琵琶，骑马弹弦入围城，我们将土老安请。①

① 根据2011年6月29日ZZH在ZLH家的房诞祭祀仪式现场录音整理。ZZH，女，白族，1940年生，大理龙龛村人；ZLH，女，1971年生，大理龙龛村人。

图5－3　“谢土”仪式上拿着锄头“说吉利”的“莲池会”妇女

图5－4　“谢土”仪式上正在唱调子的“莲池会”妇女

此后，几位拉二胡、三弦的便开始在一旁奏乐，会唱调子的

“老婆娘”也开始唱起了白族调。一阵热闹过后，几位“莲池会”妇女便开始“说吉利”：

> 围城画在正中央，画得多热闹，旗子五对插五处，茶水几杯香喷喷，酒水几杯亮堂堂，自从今天安龙谢土后，一年十二月，月月保平安。
>
> 围城画在正中央，围城画在屋中央。五对旗子高高插，五地五方稳稳扎，自从今天安龙谢土后，让张氏门宗四季保平安。
>
> 围城画在正中央，围城画在幸福家。土子土秀进了门，土公土母也到家。自今天安龙谢土后，让他家里老的过百岁，小的读书做大官。①

每说一句“吉利”，周围的人都会异口同声地说“谢金口”。“说吉利”结束，前来参加仪式的人，便围着地上的五方八卦开始弹三弦、吹树叶、唱调子，院子里好不热闹。“老妈妈”们说“让大家玩一会儿，这会子收拾的话，大家就没得乐了”。大约十点钟左右，“老妈妈”们开始收拾地上的祭坛，她们将八卦图、土纸、生熟各类祭品收拾起来，在主人家的院子里焚烧。

（二）丧礼中“莲池会”的祭祀仪式

龙龛村实行土葬，丧礼包含了一个较为庞大的仪式系统。广义的丧礼过程十分漫长，包含了出殡、“头七”、“五七”、“上新坟”、“烧新包”、“退孝”六个仪式过程，其中尤以第一年祭祀活动最为频繁。其中，前五个仪式程序都在第一年内完成，而

---

① 根据2011年6月29日ZZH在ZLH家的房诞祭祀仪式现场录音整理。ZZH，女，白族，1940年生，大理龙龛村人；ZLH，女，1971年生，大理龙龛村人。

“退孝”则在服孝期满之后进行。孝期依死者性别而定,男性为两年,女性为三年。在龙龛,凡此六个程序未完成之前,丧礼就不算真正结束,死者的后代家属不仅需要遵守相应的禁忌,同时还要邀请“老妈妈”们来家里举办一系列的祭祀仪式以告慰新故亡灵。①

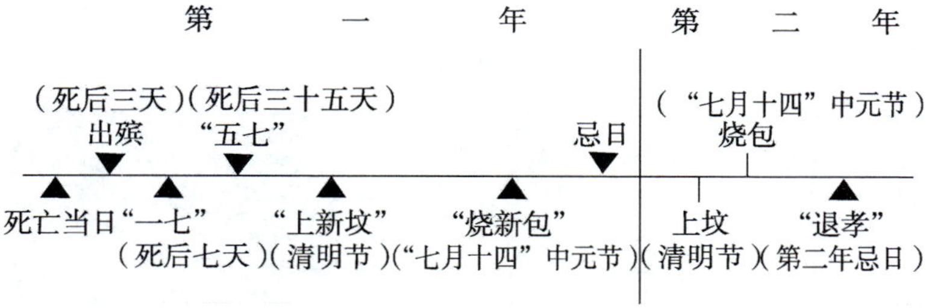

图 5-5 丧礼仪式程度示意

在整个丧礼过程中,“莲池会”的“老妈妈”们都是主要的仪式参与者和实践者。在丧礼诸过程中,“出殡”、“五七”、“烧新包”、“退孝”四个过程均需村落“莲池会”的共同参与。出殡当日,午饭后“莲池会”的“老妈妈”们会在村外“抬丧”

① 死者丧礼从死者离开人世就开始操办。停尸三日后便要出殡。出殡当日,亡者家中都贴以白色挽联,这些挽联表达了生者对死者的怀念。从死者死亡当日到“一七”之间,即死亡当天到死后的第七天,亡者直系亲属们都不能到外人家中,那样做被认为是不吉利的,村民们十分忌讳。因此,丧事的请客都是请村中直系亲属之外的人来帮忙操办。“一七”之后,死者家属便可以出门进行公共活动了。“五七”,即亡故之后的第三十五天要为新亡者进行出殡之后的第一次大型祭祀。祭祀当日,家中将白色挽联改为浅蓝色的挽联。在此后的三年(男性死者为两年),一直到“退孝”,对联都使用浅蓝色。如未“退孝”,家中一般不操办喜事,逢遇年节,春联也不能使用红色,仍使用浅蓝色对联。服孝期满,“退孝”之后才能办喜事,贴红色对联。

路上搭起“路祭”[1] 的神坛，她们在“亡人还没从家里抬出来之前”要在“送亡”的路上拜诵“祖先经”。出殡队伍从家里出发便结束。如果亡人为女性，那么“莲池会”还会为其送葬。她们每人手举“莲幡”顺序行走在送葬队伍的前列。在村里，凡与亡人有关的祭祀仪式均需拜诵《祖先经》。也就是说，广义的丧礼所包含的“抬丧出殡”、“五七追修”、“烧新包”、“阕服退孝”等仪式，“莲池会”均需拜诵此经文。

图 5－6　丧礼中的“莲池会”妇女正在刚抬出的棺材前拜经

> 一谢天地后拜恩，二谢日月照明灯，三谢国王水土恩，四谢天王养育恩，五谢父母有元寿，过世父母早超生。

① “莲池会”妇女们在村里通向村外的大路上搭设祭坛，为死者魂灵拜经超度。死者的棺材到达这里，便要停下一会儿，后代子孙要在这里跪拜。

一拜内外诸亲宗，七月打开地狱门。在家父母有元寿，三代老少转西方。莲花化生，有名教主，地藏王菩萨。

西方极乐世界，请出父母来串会。破开地狱门，赦父母之罪，莲花化生，有名教主，地藏王菩萨。

四大天王大运新，一心要去寻父母。鬼魔破开地狱门。严而化，化而生，有二名教主，地藏王菩萨。

地狱门前一条河，生儿育女罪过大。一世饥饿一血河，养了儿来替双亲。替了双亲出血河。有二名教主，地藏王菩萨。七退修行七退堂，上无爹来下无娘。姊妹兄弟无靠处，提起蒲团上佛堂。香龙点火找姊妹，十殿阎罗找爹娘，找得爹娘好伤心。找的佛祖哭一场，丢下我，独儿子，越哭越心寒。有二名教主，地藏王菩萨。

一更一点进佛堂，想起亲生我爹娘。我娘怀我十个月，磨得我娘面皮黄。白日不想茶和饭，夜晚难过五更寒。想起我娘恩难报，灵山会上烧宝香。二更二点进佛堂，我娘房中生下我，一倒血盆换衣裳，儿奔生来娘奔死，隔了阎王纸一张。想起我娘恩难报，灵山会上烧宝香。

三更三点进佛堂，我娘养我十五六，有酒有肉别人吃，招下祸来我娘担。想起我娘恩难报，灵山会上烧宝香。

四更四点进佛堂，我娘养我十七八，养儿配妻妻要好，养女配夫夫要良。一对儿女配完婚，丢下我娘守空房。想起我娘恩难报，灵山会上烧宝香。

五更五点进佛堂，我娘老来病不起，三日不思茶和饭，四日走到望乡台，一对儿女哭哇哇，阎罗面前进茶酒，不准老娘转回家。想起我娘恩难报，灵山会上烧宝香。

打来清水洗恶臭，一天糟蹋三盆水，三天糟蹋九盆霜。生儿育女罪过大，一世罪恶水火加。西方路上一盏灯，常山莲花遍地生，五百莲花真念佛，合会弟子来诵经。一人念一念，阿弥陀佛念千声，一朵莲花一千佛，一千一万弥陀佛。西方路上求忏悔，忏悔圆满消罪业，你准得安生，阿弥陀佛。[①]

图5－7 “退孝”仪式中“莲池会”妇女正在摆放祭坛的祭品

“五七”在亡人死后的第三十五天举行，届时会邀请“莲池会”的“老妈妈”来家里祭祀拜经。“五七”之后，家里人便可以安排除“红事”以外的家庭活动，家中的白对联也会更换为

① 根据2010年7月17日龙龛村经母ZZH和HZL口述经文《祖先经》记录整理。ZZH，女，白族，1940年生，大理龙龛村人；HZL，女，白族，1929年生，大理龙龛村人。

蓝色对联。上文论及“老婆娘”的节日祭祀时提到一般家庭在“七月十四”节期都会祭祀祖先，其中农历七月十四的“烧包”祭祀就是其中最重大的仪式活动。而如果家里有新亡故之人①，那么就得请“莲池会”的“老妈妈”们来家里帮忙举行“烧新包”祭祀。与一般家庭的“烧包”祭祀不同，“烧新包”祭祀一般在农历七月十三进行，这一天新故者后代家属要为死者举行大型的祭祀活动。村里人根据自身情况，会请村里的“洞经会”前来超度或请“莲池会”来“拜经”，两种形式皆可。一般新故的家庭要请八至十二位较为年老的“莲池会”成员前来“拜经”。而即使邀请了“洞经会”前来超度，主家还是少不了要请两至三位“莲池会”妇女来帮忙，她们负责祭坛前的琐碎事物，例如烧纸钱、更换祭品等。堂屋是一个家庭中最神圣的地方，“烧新包”在堂屋举行。“老妈妈”们分向站立在堂屋两侧拜诵经文，“拜经”一般从早上九点开始要到下午六点左右才结束。“退孝”在亡人孝期已满之后进行，届时亡人家属会为亡者进行祭祀，并在“莲池会”的主持下脱去服丧的“白孝”。村里人“退孝”都会请“莲池会”的“老妈妈”参加。“莲池会”当日的祭祀活动与“五七”、“烧新包”一样均为设坛“拜经”。而与其他仪式不同，“退孝”当日拜经结束后“老妈妈”们要为主家举行“挂红”仪式，她们为跪在祖先席前的男人们头上挂红线、为女人们戴上红头巾，象征服孝期满，丧气已除。仪式结束，家中改贴红对联，此后便可以操办“红事”了。

综观家户“请客办事”的“做三桌”诞生礼、婚礼、房诞礼和丧礼等人生庆典，村社组织“莲池会”都是祭祀仪式中最为活跃的实践力量。作为村落“莲池会”成员的“老妈妈”们，

---

① “新故”指的是在当年“七月十四”之后到次年“七月十四”这一年内死亡的人。

她们在人生庆典中的仪式实践，不论是“做三桌”中的“教孩子”、婚礼中的“接新娘”、“塞枕头”，还是房诞礼中的“安龙谢土”、丧礼中的“路祭拜经”、“烧新包”和“退孝”，她们的仪式实践都不再是独立的个体行为，而是作为村社女性组织的“莲池会”群体性实践而存在，且她们的群体性仪式实践在人生庆典仪式中居于核心地位。这些庆典仪式及其祭祀，在村里人看来是“不能不做的礼路”，具有“礼仪”之含义。我们发现，在地方性的表述中，“礼乐文明”被“乡土风俗”的概念所置换，其中村社组织“莲池会”以其公共性在村落社区礼俗实践中发挥着重要作用。而就“请客办事”的人生庆典之于家户和村落社区的重要性而言，村里人都用自己鲜活的生活实践诠释着人生庆典礼俗之于乡土社会“礼乐文明”的内涵和意义。

二、“上庙走会”：公共祭祀里的村落节庆传统

龙龛，是一个被各种节庆、会期、祭祀与庆典包围的村落。一年里，村落本主庙总是热闹不断，几乎每日里都有人在本主庙祭祀。在田野中，笔者也时常惊讶一个村落社会为什么会有如此众多的会期与节庆？村里人不断忙碌其中，尤其是那些“耽搁得起”的“老妈妈”们，她们对村落里的每个节日和会期都如此的重视，逢遇节日会期都会“上庙走会”，办着一件件村里的“闲事闲务”。

在村里人的日常表述中，常用来表示节庆的词汇有“节月”，“过节过月”、“上会”、“走会”、“逛会”、“赶会”、“赶热闹”等，有时村里人还用“上庙”、“拜佛”来泛指本主庙里的会期节庆活动。在田野中，笔者发现只有做过“搭头”的“莲池会”的“老妈妈”们才能十分明了一年中的所有会期名称和时间，这被认为是“懂礼节”、“讲礼路”的表现。至于年轻

人，甚或各家户年长的男人们，于他们而言，“那都是闲人闲家的事儿”，“这些东西只要家里的女人们知道就行了”。当然，他们有时只能说出几个有限的会期名称，但情况常常是他们所说的会期名称与会期时间难以相符。他们知道当自己的妻子或母亲不在家中，那么就是“上庙走会”去了。尽管龙龛村的节庆很多，但是除了“莲池会”成员之外，村里很少有人会去参加本主庙里的会期集会和祭祀。因此，村里的会期和节庆，并没有“神圣”与“世俗”、“日常”与“非日常”的明显划分。在龙龛，会期祭祀几乎是一种“常态”，各家户的日常生活不会因“老妈妈”们的会期祭祀而中断。逢遇本主庙会期，“上庙走会”的只是各家户的“老妈妈”们，其他人还是会一如既往地进行着家庭日常事务。

表 5－1　“莲池会”在本主庙内的节庆会期

时间	名称
正月初一	春节
正月初一	弥勒佛诞
正月初六	太阴诞
二月十五	火官诞
二月十六	鳌官诞
三月二十	子孙娘娘诞
四月初八	太子会
五月初一	本主诞
五月初五	端午节
六月初一至初六	朝南斗

续表

时间	名称
六月二十五	本主节、火把节
七月初七	“漂针会”、牛郎织女
七月十四	中元节
七月十七	瑶池金母诞
七月十五	关圣帝君诞
八月十五	中秋节
八月二十三	阿老尼寿诞
九月初一至初九	朝北斗
十一月十八	太阳诞
腊月腊八	辞年会

一般而言，在本主庙举行的节庆活动大致可以分为以下几类：(1) 传统节日“朝贺”，包含春节、端午节、本主节、火把节、中秋节等；(2) 神灵寿诞会期祭祀，包括弥勒佛诞、火官诞等；(3) 特殊节期的村落重大祭祀，主要是“七月十四”节期里的“要香龙”和“莲池会”村落祭祀活动。

(一) 传统节日“朝贺”

此类节日包含春节、端午节、本主节、火把节、中秋节等，是以家户为单位的“过节过月”。在前文有关“老婆娘”家户“年节点儿上”的节日祭祀及其礼仪实践的讨论中我们知道，这些节日基本都是以家户为单位展开的，作为家庭主妇的“老婆娘”要在家中“祖先席”前举行祭祀仪式，以祭祀“在年节里回到家里过节的祖先们”。而作为村社组织的“莲池会”同样也在这样的节日里，去本主庙里集会“拜经朝贺”。

> 像“过节过月”的，春节、火把节、粽子节和八月十五这样的，在家里祖先席前祭拜过之后，一大早就到本主庙里去了……“搭头”的几位倒是早早就在了，先要摆好了坛，糖食、蜜食、水果、干锅、茶水、酒水的都摆好了，就开始拜经朝贺了……等着经母开经头，我们就开始拜。有时间，出得来的都要出来拜经，因为在这样的节月里，拜经也就拜半几个小时超不过一个小时的时间，很快就结束了，就各自回家去了……我们过节，本主庙里也要向本主老爷和各位神灵朝贺，他们也和我们一起过节的。①

因此，在春节、端午节、火把节、中秋节等传统节期中，“莲池会”成员在简单的家庭祭祀结束后，都需要到本主庙祭祀“拜经”。在春节、端午节、中秋节的“经堂”中，除了一般的祭品之外，还会供上节日里特殊的饮食，如正月初一的糯米元宵、端午节的粽子、中秋节的月饼等。这样的节日主要是以家户为单位展开的，因此“拜经”的时间不会很长，一般在上午九点左右开始十点左右就能结束。

本主节是村落较为盛大的节日。龙龛村本主为“景庄皇帝”蒙世隆，作为“本境之主”，本主老爷掌管着村里人日常生活中的一切。这在前文有关“老婆娘”为家户成员举行的本主庙祭祀中就能窥见一斑。鉴于本主在村民日常生活中的重大作用，本主节节庆活动比起其他节日来说对村民也具有更大的意义。关于其节期，村里人有这样的说法：

① 被访谈人：ZYL，女，白族，1940年生，大理龙龛村人。龙龛村“莲池会”的“经母”。访谈时间：2011年6月4日；访谈地点：龙龛村ZYL家中

> 本主节就是本主寿诞那一天了，龙龛村的本主是景庄皇帝蒙世隆，农历的五月初一是他的寿诞。按道理这天就是本主节了。在其他村，也都是这样。本主节这天要请客，请不是龙龛村的亲戚朋友来家里做客……按照古辈子的说法，说农历五月初一，以前的时候没有农田水利的灌溉，五月正是我们挖田种地的人最忙的时候，那会子要是田里灌不上水的，秧苗都没法插的，所以说就商量着把本主节改到农历六月二十五这天了，这天也是火把节，所以村里的本主节和火把节就在同一天过了……但是，五月初一是本主的寿诞，全村人都会“打拼伙”的，“洞经会”谈经、“莲池会”拜经，村里人杀几头猪，在本主庙里过节的。①

因此，就现在来看，村里人过两个本主节。农历五月初一全村人在本主庙“打拼伙”以庆祝本主寿诞，而在农历六月二十五这天则请了外村人一起来村里过这个“被改期”的本主节。就五月初一的本主寿诞“打拼伙”而言，“莲池会”在其中发挥了很大的作用。当年“莲池会”轮值的“搭头”是“打拼伙”节庆活动的主要组织者，她们不仅需要挨家挨户向每个家户拼米、拼钱以用作节日当日伙食开销，而且还需要准备好本主节祭祀当日所需的祭品。当日，“莲池会”会员很早就会来到庙子，年纪稍大的“老妈妈”们在本主正殿中拜经祭祀，而年纪稍轻的“老婆娘”们则在厨房帮忙准备三餐饭食。当然，这是“村里的事儿”，凡是“闲着的”都会来庙子里帮忙，而“莲池会”

---

① 被访谈人：ZYH，女，白族，1948 年生，大理龙龛村人。访谈时间：2011 年 5 月 266 日；访谈地点：龙龛村 ZYH 家中。

妇女则是其中“最为奔忙的”。

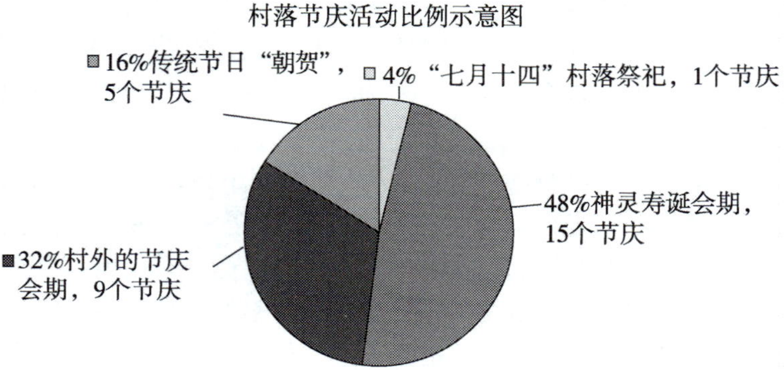

图5－8　村落节庆活动比例示意图

（二）神灵寿诞会期祭祀

前文论及“莲池会”的日常运作时，我们提到作为村社组织，“莲池会”最重要的活动之一就是在神灵寿诞之日举行寿诞会期祭祀。神灵寿诞会期一般都在村落本主庙进行，届时几乎所有的村落“莲池会”成员都要去“上会”，不论是刚入会的“婆娘”还是入会多年的“老妈妈”，都会以不同的形式参与其中。在本主庙举行的节庆祭祀中，各神灵寿诞会期的祭祀占非常大的比例，几乎每个月都会有神灵寿诞的节庆会期。如果说传统节日是以家户为主体的节庆活动，“莲池会”的本主庙“拜经朝贺”是将“家户”的范围扩大的话，那么神灵寿诞会期就是名符其实的以“莲池会”为主体的村落节庆祭祀。在村里，几乎每个月份都会有神灵寿诞会期节庆祭祀活动。各个会期祭祀时间不一：一般神灵寿诞会期祭祀多为一天，农历六月的“朝南斗”会期是六天，而九月“朝北斗”会期则是九天，这也是本主庙中两个时间最长的会期祭祀。凡逢寿诞会期，“莲池会”的“搭头”都会提前到家中通知“莲池会”成员，并确定她们“是否走得开”。“耽搁得起”的“老妈妈”们每人拼钱拼米[①]，至于那些“家里走不开”的“老婆娘”们，当会友来到家中时，就算自己不能去“走会”也会给“搭头”们拼上自己数目不等的“功德钱”。

“莲池会”各寿诞会期的节庆活动大同小异，但最主要的内容都是“拜经祭祀”。“莲池会”轮值的“搭头”在会友们来到本主庙之前就准备好制作供品的食材。“拜经”开始前，“莲池会”各成员都会忙着煎制供品、点灯、燃烛、烧香、摆放供品等。祭坛摆放完毕，经母便招呼大家开始“拜经”。会员们严格按照入会先后所排定的等级顺序排列在祭坛的左右两侧，站诵、跪诵或坐诵经文。拜经开始，经母要首先念诵“请神”，她们手里敲着木鱼，嘴里念着各种神灵名讳，“请神”结束，便开始“拜经”：

> 太阳天子大成神，天生人间现一转。暖热温和随气候，无论冬夏自调匀。太阳明明珠光佛，四大神州照乾坤……行得快来催人老，行得迟来且留存。家家门前都走过，倒惹众生叫小名。恼了太阳归山去，饿死黎民众苦生。天上少我五昼夜，地上少我无收成。[②]

---

① 倘若是吃素，则每人拼钱 8 角，拼米半斤；倘若吃荤，则拼钱 1.5 元，拼米半斤，只吃午饭；倘若因故不能参加，则只需拼钱 3 角即可。遇到重大节日如火把节、本主节等，每家拼钱 10 元，大米 1 斤，全村人每家去一个人，在庙内“打拼伙”，可以在庙内吃，也可以带回家与全家一起吃。所有拼来的钱都用于买菜、肉等，不足部分则由当年轮值的几位“搭头”共同补贴。

② 根据龙龛村“莲池会”2010 年 12 月 23 日（农历十一月十八日）“太阳诞”庆典祭祀仪式中拜诵的《太阳经》片段记录整理。

图5-9　“瑶池金母”寿诞会期在本主庙
“上会”拜经的“莲池会”妇女

拜诵的经文是有一定顺序的，一般为：《开坛经》—《礼请经》—《地母经》—《鳌官经》—《太阳经》—《太阴经》—《十二时烧香经》—《十二月修行经》—《王母经》—《火官经》—《观音经妙难求》—《灶王经》—《玉皇经》—《拜寿经》—《八向经》—《百年开》—《造船经》—《观音经》—《报恩经》。当然，有时经母也会根据具体情况加以调整，略去其中的几篇经文。但是，《开坛经》、《礼请经》、《地母经》、《鳌官经》、《王母经》、《观音经妙难求》、《灶王经》、《玉皇经》、《拜寿经》、《百年开》、《造船经》、《观音经》一般都是不能少的。神灵寿诞会期节庆中，不能缺少的一个仪式是在晌午时分给神灵“拜寿”。此时，“搭头”已经将米糕蒸好，香喷喷的米糕上面插上了新鲜的花朵，那都是为神灵“拜寿”用的。本主庙的院子中央放置了两张大方桌，一张摆放着和本主庙祭坛相同的祭品，另一张则放置刚刚蒸好的米糕。“莲池会”会员排成两排，按照东南西北中的方向，围绕祭坛五方分别“拜寿”：

> 志那心那朝，朝贺礼礼，朝礼。寿九平平山，寿花朵朵开，寿山敬寿海，福寿万万年。寿占公平买亦卖，寿九宝塔金龙山，寿享福禄千年外，寿值风华遇它山，寿比南山山加寿，福如东海万年青。四十八万田家屋，福寿阴阳是中秋。好好好好弥也，寿要好好大……①

“拜寿”完毕，“搭头”把蒸好的米糕用棉线切片，与糖茶一起送至会友们手里。吃完晌午“寿糕”，本主庙正殿的“拜经”又继续开始，一直到五点钟左右才“收经”。于是大家开始聊起天来，有的则去厨房帮忙准备晚饭。晚饭结束大家便散去了，“搭头”们开始收拾当天的各种用品，一天的神灵祭祀就算结束了。

当然，有些神灵寿诞会期并不在本主庙里进行，而是在“莲池会”私人家里举办，这就是村里人说的私人“供会”。“私人供会”指的是“莲池会”某一会员为“积功德”，在经母及会员的同意下，在神灵寿诞会期时邀请众会员将本主庙寿诞会期集会祭祀改移至其私人家中进行。逢“私人供会”时，“莲池会”会员还是依例拼钱米②，其余开支均由私人供会会员独立承担。在村里，“私人供会”是一个家庭的共同大事，会期间不仅邀请

① 根据龙龛村“莲池会”2010 年 12 月 23 日（农历十一月十八）“太阳诞”晌午拜寿经文《拜寿经》片段记录整理。

② “私人供会”时，“莲池会”的成员一般拼钱 2 元、拼米 1 斤。

“莲池会”会员参加，而且负责供会的家户的亲戚朋友也在邀请之列。因为“供会”事务繁多，不仅要负责会员及亲朋们的三餐饭食，而且作为“私人供会”者还要负责寿诞会期祭祀的一切事务，因此通常不是依靠一个家庭的成员就可以独立承担的。此时，“莲池会”成员不仅要充当祭祀者的角色，同时还需要帮忙做好供会的后勤准备工作。“私人供会”在“莲池会”会员家中进行，但是“拜经”的仪式程序与本主庙中的祭祀一致，在此不再赘述。

图5－10 农历七月初七牛郎织女相会会期“莲池会”妇女在“供会”的私人家里拜经

（三）“七月十四”的“拜经”、“撒粥”

如前所述，“七月十四”是村里人对中元节的地方性称呼，为期较长，一般从农历七月初一至七月十六结束。农历七月十四日晚，“莲池会”妇女们会在村里本主庙外的风水树底下设下亡灵坛，超度“拜经”。村里的“莲池会”妇女们在晚上八点左右就已经齐集风水树下，搭头们早已经摆置好了经堂，经母开经头，大家便开始“拜经”。离“拜经”处不远，是一个煮粥用的大灶，夜幕降临各家主妇都会拿一点自家大米出来熬“百家粥”。粥由每年“莲池会”搭头的人负责煮。晚上十点左右，粥已煮熟，“莲池会”的“搭头”将一部分米粥舀到事先准备好的两个铁皮桶里，剩下的便继续在锅里煮着，“村里人都会拿东西出来取一点回家。那是‘百家粥’，家里人吃了很好，孩子不会生病，大人吃了也会身体健康”。粥已经准备好了，年轻的“莲池会”的“搭头”挑起两桶粥，后面紧跟着六位“莲池会”的成员，她们即将出发去撒米粥。

图 5－11　“七月十四”当日夜间“莲池会”在本主庙外的风水树下“拜经”

图5－12 “七月十四”当日夜间“莲池会”的“搭头”在本主庙外煮“百家粥”

说是撒米粥，其实比这个更加复杂呢。我们从风水树出发，要把整个村子走一圈，在十一个地方拜经、烧包、烧衣服，然后最后才是撒米粥。每年都要去这些地方，这是传统了，他们有的是家里已经死绝死净，没有香火了，有些是死于非命，特别凄惨的……这些纸钱、衣服都是烧给那些人的，他们回不去家门，只能在这些地方游荡。孤魂野鬼也是需要超度的，在村子的东南西北方向都是拜经烧纸的，这样孤魂厉鬼也就不会扰乱村子了。[1]

撒米粥的路线是一个闭合区间，祭祀点都分布在村落的A线、B线干道上（参见图1－3：龙龛村村落结构简图），最后回到村里的风水树为止。每到一个祭祀地点，两位年轻的“莲池会”妇女便点火烧纸，火苗飘起，其余的四位年纪稍大的“莲池会”会员就开始“拜经”：

> 七月十四回地狱，地狱门前好孤单；有亲有戚回家去，无亲无戚领衣裳；领起衣裳回地狱，莲花化身转西方，西方极乐世界。[2]

“拜经”结束，便开始撒粥，沿着路边一路撒下去。每到一个地方都是一样的程序。大约十一点半钟，撒粥已经结束，几位负责撒粥的“莲池会”妇女已经回到了风水树下，此时风水树下的“拜经”还在继续。“拜经”一般都要到十二点以后才能结束。

综上所述，透过龙龛的节庆类型及其节庆活动，可以看到节日礼俗是如何在村民的日常生活，尤其是在“莲池会”妇女的仪式实践中展开，并在村落社会中体现出一种日常生活的节奏与社会秩序的。费孝通说，“礼是按照仪式做的意思”[3]。然而，在龙龛，节日与会期节庆并不十分符合传统人类学“结构与反结

---

① 被访谈人：LSF，女，白族，1953年生，龙龛村人。访谈时间：2010年8月24日；访谈地点：龙龛村LSF家中。

② 根据2011年8月14日（农历七月十四）晚“莲池会”的“七月十四”祭祀仪式现场“拜经”录音整理。

③ 费孝通：《乡土中国生育制度》，北京：北京大学出版社，1998年，第51页。

构”、“日常与非日常”的仪式分析框架。村民在节庆活动中也没有进入一种严格的“神圣的空间和时间”状态。作为“村落的节庆”，节日和会期祭祀更多地由村社组织“莲池会”妇女来实践，节庆活动的举行并没有完全打断村民的日常生活，而更多的只是作为一个日常生活中较为厚重的“强拍”存在。在这个“强拍”中，村落妇女以“上庙走会”的方式凸显了节日之于村落礼俗的意义。作为村落节庆礼俗实践的“莲池会”祭祀活动，是为整个村落的福祉服务的，具有一种村落集体祭祀，或公共祭祀的意味。这些节庆礼俗中“事鬼神”的仪式活动，在村里人看来，一方面它们是与村民个人经济利益及家户经济生产无关的活动，由此被他们视为一种“不要紧”的“闲事闲务”；另一方面，这些节庆祭祀和仪式活动又是“每年里不得不办的事儿”，它与整个村落的福祉安宁相关，是每个家户的人都要出来“一起忙的事”。就此意义而言，那些“闲人”也就是“忙会”的人，是为村落节庆及公共祭祀“忙里忙外”的人。这些人正如费孝通所言，他们是“替代社会去陶冶合于在一定的方式中经营群体生活的分子”。[1] 透过一个村社组织“莲池会”妇女的节庆实践，我们不仅领会了所谓“闲人”和“闲事”的具体所指，而且同时我们也真切地看到，村落礼俗生活的“服礼”和“礼治”是如何在作为行动者的个人和群体的实践活动中得以呈现的。

① 费孝通：《乡土中国生育制度》，北京：北京大学出版社，1998 年，第 66 页。

第三节 “村外的”神坛：“莲池会”朝拜祭祀与地域空间的女性建构

如果说村内的“上会”是一种祭拜，那么村外的“出境”祭祀就更像是一种朝拜。“出境”是“莲池会”妇女对跨越自己村寨之外的朝拜祭祀仪式的地方性指称。在大理，每逢会期，总能看到许多身着青色大襟衣、头裹围巾、斜肩背着绣花包的“莲池会”妇女三五成群地行进在“朝拜”庙宇的路上。所谓“朝拜”，在地方性表述中具有跨越和沟通内外的含义：本村落内部的祭祀不能称为“朝拜”，因为就地理空间而言祭祀仪式并未跨越村落社区的边界；此意义而言，“朝拜”具有一个“外出祭拜”的地理范围上的跨越，是一个由内而外的行为活动。通过个人与群体的“朝拜”实践，不仅使得村落内部和外部发生了关联，而且行动者的外部实践也会对内部产生应有的作用力，从而使得以个人和群体为中心界定的内部得以成为外部地域社会整体建构中不可或缺的部分。

依照“逢遇出境”情况的不同，我们将“莲池会”妇女的朝拜祭祀分为：“做好事”与会期朝拜两种类型。

一、“做好事”：日常生活中的朝拜祭祀

“好事”，是龙龛人对一切旨在改变当前现实生活的“不良”状态而举行的所有祈福禳灾的祭祀仪式的通称。村里人“做好事”定有目的，对家户而言如此，对村寨而言亦是如此。如前文所述，“莲池会”作为村社组织，以其“闲人”、“闲会”的身份，在村社事务，尤其是各种村落祭祀仪式中具有十分重要的

作用。“莲池会”成员，无论是“老婆娘”还是“老妈妈”，她们从入会之日起就具有了双重身份。“老婆娘”和“老妈妈”们，于各家户而言是不可缺少的家庭成员，于村落而言，作为“莲池会”的成员，村社组织“莲池会”的集体性、公共性亦决定了其成员身份及其实践活动的公共性。在此双重身份的影响之下，无论是村落“莲池会”妇女在村落内部“上庙走会”，还是外出的“出境”朝拜祭祀，就她们的实践活动而言都体现出一种个人价值“外求”倾向和公共价值“内指”倾向。个人价值的“外求”是显而易见的，这在前文村落妇女入会中已经详细论述。而公共价值的“内指”倾向虽然隐蔽，却可以在“莲池会”妇女的村落内部祭祀和外出“出境”朝拜祭祀活动中被观察到。我们看到，任何一个参与祭祀的“莲池会”妇女，在其举行村落祭祀并“无私地”实践其公共身份的时候，她们确信“自己的所为不仅能够为自己谋得一份善缘，同时也能为自己所属的家户和村寨结下应有的善果”，即确信自己“无私的”公共祭祀会给自己个人、个体家户甚至自己所属村落带来“有私的”回报。因此，在实践村落社会的公共身份时，在“莲池会”妇女“无私的”实践行为背后，一直存在的是一种不同程度和范围的“有私的”价值“内指”。可以这么说，“莲池会”妇女及其所有的村落祭祀实践在不同程度上都具有这一特征，即个人价值的“外求”和公共价值的“内指”，这是由“莲池会”妇女作为实践者的身份所决定的。非会期朝拜的“做好事”就属于这种为村落内部谋福祉，祈求内指价值的“出境”朝拜祭祀仪式之一。

“做好事”是需要日常生活“语境”的，一般都是在“需要做的时候才做”。2009 年 6 月，笔者参与了一次村里“莲池会”前往东岳宫的“出境”朝拜祭祀：

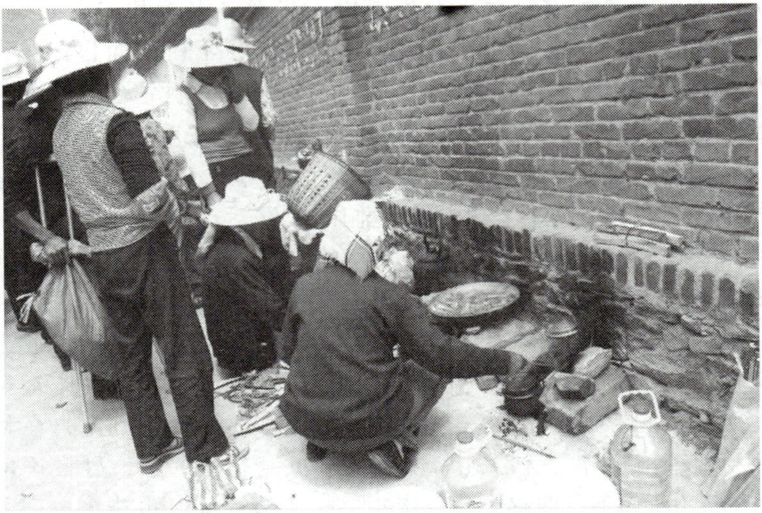

图 5 – 13 “出境”祭祀中“搭头”们正用临时搭建的锅灶做饭

龙龛村在 2009 年有 6 位村民相继去世，其中两位为老人，但是年纪也不算太大，不过村里人说他们是能“去好去处了”，另外四位都是“年纪小，死得不好”。刚过年没多久，盖房子的泥水匠没什么兆头就从盖房子的架子上掉下来摔死了，而约莫两个月前丽大路的车祸又死了个 40 多岁的男人。村里人不断述说着“白发人送黑发人”的不幸，都说这村里好几年都没这么不顺过……就在前几天，一个七八岁的孩子在打场玩又被高压线给电了，在医院里锯了右手，这会子还躺在医院里呢。“村里很多年都没有这么不顺了”，“莲池会”的几位经母和“洞经会”会长商量，“这接连死人，定是阴间的事务了”，不是小鬼出来“捣乱子”，就是得罪了阴司地府东岳宫里的主人东岳大帝。劫难来时就要消劫，看来村里人务必要去那里“做好事”，要不然还有人要死的。①

图5－14 “莲池会”妇女抬着做好的祭品前往庙宇祭祀

于是，村里的“莲池会”很快就商定了去大理古城北门东岳宫朝拜祭祀的时间。时间一定，“莲池会”当年轮值的“搭头”便开始挨家挨户通知会友，并向能去朝拜的会友们拼钱拼米，向不能前往朝拜祭祀的家户“凑功德钱”。在经母的带动下，“莲池会”妇女们在本主庙里开始做些折金银纸、剪纸衣、做“莲花灯”、写表文之类的准备工作。“出境”当日，四十多位“莲池会”成员从龙龛村出发前往东岳宫朝拜。因为人员众

① 被访谈人：ZYL，女，白族，1940年生，大理龙龛村人。龙龛村“莲池会”的“经母”。访谈时间：2011年6月4日；访谈地点：龙龛村ZYL家中。

多，需要“搭头”们携带很多准备饭食的炊具，加上她们要去菜市场采办当日祭祀所需的各种用品，“搭头”的六位会员包了一辆松花江牌的“面包车”先行前往东岳宫，而余下的34位“莲池会”会员“为表诚心”，则从龙龛村开始徒步前往古城北门外的东岳宫。大约一个半小时之后前往朝拜的龙龛村“莲池会”便到达了朝拜地点。因为不是东岳宫的会期，庙里显得有些冷清，而“莲池会”朝拜队伍的到达则让东岳宫一下子热闹了许多。她们有的将祭品拿出，摆放在东岳大帝正殿前的祭坛上，有的则将办会“搭头”们准备好的活鱼、生猪肉分别放在两个大的盆里，抱上活鸡，拿着一碗米先到正殿“祭生”。前去祭拜的“莲池会”老奶奶们先将鱼和猪肉放在中央供桌上，然后分别在城隍殿中央跪下。此时，一位抱着活鸡的老妇人将鸡放下，一只手抓着鸡尾巴，另一只手则在鸡面前洒大米。她嘴里念念有词，让鸡啄地上的米吃，在大家的注目下，活鸡将自己身前的米啄食了大半，老妇人才又将鸡抱起，磕过头，祭过活鱼和生猪肉，祭祀才算完毕。生祭结束，一行人便出了东岳宫的门，她们要用手里的鸡占卜“送神煞”的方位所在：只见“莲池会”成员准备好了香钱纸火，然后就各自开始祝告。祝告完毕，主持仪式的经母把准备好的公鸡拿过来，用清水清洗公鸡的脚、嘴和鸡冠，清洗完毕的公鸡就算是“开过光”了。经母抱着公鸡在手里转三圈，然后丢出去，她们说，鸡头朝向的那个方位就是神煞所送的方向。于是大家将祭坛的方向朝向刚才所测定的方向，并在那里设坛祭祀。“拜经”祭祀的“经堂”摆好了，除了几位年轻的会员帮着“搭头”们置办伙食之外，其余的会员都在经母的带领下开始“拜经”。她们分为左右两排南北向站立，敲着手里的木鱼，不断齐声诵念莲池经文。大约到下午三点，祭祀的饭菜熟食已经准备完毕。于是“拜经”停止，大家一同前往东岳宫正殿祭祀。她们放下木鱼，起身抬着祭祀的各式祭品、午餐菜式、香火、表文、鞭炮、蜡烛、金银纸、茶水、酒水、干果、水果等相继走进东岳宫。她们在各殿一一祭拜并奉送“功德钱”，祭祀完毕才开始围坐在一起分享祭祀之后的祭品和饭食。饭后，“莲池会”会员们便各自休息，不一会儿就开始收拾各自的行李物品。临行之前再次进入东岳宫内磕头辞行并祝告：

> 自从今天龙龛村“莲池会”合会弟子来这里祭拜之后，还是要喝您的蜜水，撑您的伞，还是让您看顾着我们，我们做得对不对，赦我们无罪。自从今天敬过之后，还是保佑我们村里人求财得财，求官得官，求平安得平安。一年有了十二月，月月保平安。①

图5-15　“出境”的“莲池会”妇女行进在朝拜的路上

① 据2011年6月8日ZZH在龙龛村“莲池会”东岳庙“做好事”朝拜祭祀仪式录音整理。ZZH，女，白族，1940年生，大理龙龛村人。龙龛村“莲池会”的“经母”。

在一阵“谢金口”的吆喝声过后，“莲池会”便要徒步走回龙龛去了。在回村的路途中，她们在地势很高的山头上能清晰地望见自己坐落在洱海边的村寨，脸上流露出的神情似乎确信“做好事”朝拜祭祀之后的村寨此后将会是一片安宁与祥和。

可见，逢遇“做好事”，一般而言都是因为村落遭遇了“不幸”与“灾难”，这种“灾难”有时与村民的生命安危相连，有时又与村寨的经济生产相关。总而言之，这种“不幸”与“灾难”的影响力已经不只局限于个人或家户内部，村民确信“不幸”的波及范围和影响力已经或者将会覆盖整个村寨。

天太干的时候，这田里种不出东西来，洱海水都少了，水比那些下雨的年头都“矮了一截的”。现在的年头，有了抽水站倒是想什么时候抽水就什么时候抽水了。以前栽秧的时候不下雨，这秧苗子就栽不下去的，但是现在可以了。没水的时候，生产队里就抽水，大家都能栽上了。但天不下雨，这钱也是抽不起的。几家人拼在一起抽水，抽一次，一家也得分担几百块钱，哪里有天天抽的道理……这样的年份，收成都是赶不上好的年头的。谷子长得不好，菜地里的蔬菜也是不好啊。挖田种地的天天到海子里挑水，累得很呢。天干不下雨的，这蔬菜哪里能好，菜叶子上全是虫子，打农药也不管事儿……我们都是“老妈妈”了，村里家家情况差不多，看着家里孩子们也帮不上什么忙，只能去龙王庙朝拜，祈求洱海龙王爷能给我们下点雨……龙王庙不在我们村里，要去小邑庄，龙王庙在他们村海边上。走路要一个小时的样子才能到。龙王是管下雨的，去那朝拜就是祈求水府娘娘、水府龙王的。①

龙龛村“莲池会”经常到邻村龙王庙朝拜祭祀。作为以蔬菜种植为主要收入来源的村落，水源在经济生产中起着十分重要的作用。“在下雨不多干田干地和雨水相当多淹农田的年份里”，村里的“莲池会”都会去龙王庙朝拜。在村里凑了“功德钱”之后，“莲池会”妇女们便带上自己的行头和炊具，到小邑庄村里去“做好事”朝拜洱海龙王，她们在那里“拜经”祭祀，为村寨居民祈求风调雨顺。在龙龛，诸如此类的“做好事”朝拜祭祀很多：

> ……今年，村里连着起火了两家，一家烧了老房子，常年不在里面住了，风干物燥，容易着火的；另一家烧了厨房，人倒是没伤到。里也是去大理南门村城隍庙火官那里“做好事”了……下关石屏村庙子里的“阿老尼”，他耳聋，听不见的，大家说他日常行事也是“疯疯傻傻的”，吃东西也只是吃生的，做好的熟的东西都不喜欢吃。所以，如果村子里连续地养不好猪崽子、牛犊子的，或是养得好好的，就发生猪瘟、鸡瘟的，就是“阿老尼”搞的鬼了，他又偷了我们的牲畜去吃了。如果是这样，我们也就去“阿老尼”那里朝拜祭祀去，在那里敬过了，村里的猪啊牛的才能养好了。②

---

① 被访谈人：ZZH，女，白族，1940 年生，大理龙龛村人。龙龛村“莲池会”的“经母”。访谈时间：2012 年 8 月 26 日；访谈地点：龙龛村 ZZH 家中。

② 被访谈人：HZL，女，白族，1929 年生，大理龙龛村人。访谈时间：2012 年 8 月 12 日；访谈地点：龙龛村 HZL 家中。

总之，从村落日常生活中居民的现实境遇出发，在不同的年份会有不同的“出境朝拜”，如“莲池会”的“经母”所言：“村里人的‘会’就是为村里人办事儿的。只要是村里发生了‘不好的事儿’，我们‘莲池会’就得为村里去敬献，‘出境’去‘做好事’。”

二、“赶会期”：会期里的朝拜祭祀

会期“出境朝拜”是跨越了具体村落社区的“朝圣”。“朝圣通过人的身体在距离较远的两个地点之间的跨越，实现了想象的宗教跨越。人类学注意到，朝圣的重要意义在于创造或重温了一个遥远的精神中心，遭遇自己共同体外的‘他者’。同时，朝圣又使朝圣者通过比照，重新认识‘家乡’。”[①] 在“出境朝拜”中，“莲池会”妇女从自己的村寨走出来，“南走北来北走南”，会集于一个远离自己村寨的地方，以庙宇神灵的祭祀活动为中心，构成了一种具有超越性的“会”。然而与人类学家所认为的“朝圣将个体从日常的具有强制性的地位等级的束缚中解脱出来，成为一个具有自由选择能力的完整个体，因此作为一条非凡体验的路途，朝圣意味着越出个人生活的轨道”[②] 不同，就各类会期中外出“走庙赶会”的“莲池会”妇女而言，虽然离开了自己生活的村落去“出境朝拜”，但是她们并没有“越出个人生活的轨道”，将“出境朝拜”祭祀与她们的日常生活世界截然分离，而是用另一种方式去接近自己所生活的世界。事实上，会期

① 梁永佳：《地域的等级——一个大理村镇的仪式与文化》，北京：社会科学文献出版社，2005 年，第 148 页。

② ［美］特纳：《戏剧、场景及隐喻》，刘珩，石毅译，北京：民族出版社，2007 年，第 247—248 页。

朝拜祭祀不仅跨越了村落社区的边界，而且拓宽了村落“莲池会”妇女的生活空间，实现了“家庭—社区—地方”的跨越。从一定意义而言，外出祭祀朝拜是作为村落妇女日常生活中的“闲趣”而存在的。可以这么说，每次“出境朝拜”都是“莲池会”妇女们一次身与心的“旅行”。

表5－2 “莲池会”的会期朝拜祭祀

时间	会期	地点
正月初九	玉皇会	苍山中和寺
二月十九	观音会	观音塘
三月初八	太婆会	小邑庄村
三月十五	财神会	古城南门
三月二十八	东岳宫会	古城北门
四月二十三		庆洞村
四月二十四	三灵会	河矣城村
四月二十五		马久邑村
六月十九	观音会	观音塘
八月十五	将军洞会	将军洞
九月十九	观音会	观音塘
十月十八	地母会	三塔寺

前文论及村落的节庆系统时提到，凡逢神灵寿诞会期，“莲池会”妇女必为其举行会期祭祀。严格地说，农历正月初九的玉皇会、二月十九的观音会、三月十五的财神会、三月二十八的东岳宫会、八月十五的将军洞会、十月十八的地母会都属村落节庆系统。与那些在本主庙举办的寿诞会期祭祀不同，这些会期比起它们来规模更为巨大，而且需要到神灵庙宇所在地点祭祀。届时，大理地域之内的各村“莲池会”都会前往苍山中和寺、观

音塘、大理古城南门财神庙、北门东岳宫、下关将军洞、三塔寺等地“出境”朝拜祭祀。

图5－16　“出境”朝拜的“莲池会”在路边设坛拜经祭祀

正月初九为玉皇大帝寿诞会期。中和寺位于苍山中和峰，中和峰是苍山十九峰的中心山峰，据说是南诏国国王禅封的中岳点苍山的中心，东部正前方直面的便是中和镇（大理古城）及洱海中心。中和寺因位于苍山中和峰而得名，庙宇建在中和峰半山腰上，塑有玉皇大帝、观音老母、大黑天神等诸多神灵。每年正月初九是中和寺主神玉皇大帝的寿诞会期，届时来自大理坝子周围县市的朝拜者络绎不绝。龙龛村“莲池会”此日也会到苍山中和寺“出境”朝拜祭祀：

以前要置办几十个人的伙食，还要带着各种炊具上山，自己打灶生火做饭，但是近些年苍山护林防火，不可以随便生火了。寺庙里有现成的小锅灶，可以租来用，我们只需要买些菜蔬带上去就行了。①

会期朝拜的主要活动是“拜经”祭祀。“出境”朝拜的“莲池会”妇女到达中和寺便在山上寺庙外的空地上摆好祭坛，有的妇女则先去“祭生”，回来再一起“拜经”。下午一点半钟左右做好了饭食，“莲池会”一行人便前往寺庙各殿祭祀。祭祀结束，大家一起在野外聚餐。吃毕，“莲池会”会员们便三三两两地各自或对调子、听小曲，或打霸王鞭、买东西，开始了她们轻松愉悦的“逛会”。一直到下午四点左右才又聚集一起下山回到村里。

三月十五的财神会，是金甲财神赵公明的寿诞会期。会期朝拜地点在大理古城南门财神庙。会期间，由于大理坝子各村“莲池会”都会到此地点“出境”朝拜祭祀，因此，财神庙外的空地上尽是各村“莲池会”妇女们“拜经”的祭坛和各种临时搭建起来的灶台。龙龛村“莲池会”年年都来此地“出境”朝拜。

“搭头”们在会期到来之前就已经和南门村的人家说好了。我们拜经的坛就安在他们家堂屋中，做饭就用他们家里的厨房，一天给他们三百块钱就行。在他们家里“拜经”也算是好事，也算是积功德。主人家人也是很好，今年去了明年也就是继续在他们家里……一到了地方，我们就先去请神，把财神老爷请到家里来，我们就在家里“拜经”了……饭在家里做，供的时候大家一起抬着去财神庙里面去敬献，那里人太多了，简直就是

① 被访谈人：ZYL，女，白族，1940年生，大理龙龛村人。龙龛村“莲池会”的“经母”。访谈时间：2011年6月4日；访谈地点：龙龛村ZYL家中。

人山人海，根本就挤不开。①

敬献完毕，吃过饭，大多数会期“出境”朝拜的“莲池会”都不再继续“拜经”，大家都说“赶会赶会，赶了会也要逛逛会”，她们有的人在财神庙附近听人唱调子，而更多的人则进南门城楼去大理城里面逛街买东西去了。

图 5－17 “出境”朝拜的“莲池会”妇女正在分食饭菜

东岳宫会，是东岳大帝的寿诞会期，在大理也称作“叫花子会”。传说：

这一天，掌管阴司地府的东岳大帝，也就是阎王老爷会放了所有阴间的鬼出来，是阴司地府大赦的日

① 被访谈人：ZYL，女，白族，1940 年生，大理龙龛村人。龙龛村“莲池会”的“经母”。访谈时间：2011 年 6 月 4 日；访谈地点：龙龛村 ZYL 家中。

子……生前死得不好的，服毒自杀、车祸、溺水而死的和那些家里死绝了的鬼魂都会在这天出来。①

村里的“莲池会”要去北门外的东岳宫“出境”朝拜祭祀。朝拜祭祀活动和所有会期一样，核心活动还是“拜经”祭祀。而在“拜经”结束后，“莲池会”的“老妈妈”们还会一起去为村里各家“搭救亡人”：

东岳宫外面有一个水潭，我们将竹子扎制好的“楼梯”放在水里，搭救那些孤魂野鬼出了苦海，又烧上“莲花灯”，祈求他们能够莲花化身，转身西方极乐世界。②

东岳宫会上，到处都是“叫花子”，“莲池会”的“老妈妈”们一路上都给他们施舍着钱和米，这是极为“积功德”的善事。

将军洞会是下关将军洞村本主李宓的寿诞会期。传说：

唐天宝年间派大将李宓率领十万大军征讨南诏。南诏王阁罗凤派人前往吐蕃求助并亲自布阵设兵在洱河北岸据守。唐李宓兵马长途跋涉，水土不服又染上瘟疫，南诏兵马前来，唐军手慌脚乱，抵挡不了，节节败退，终于被围困在西洱河畔，唐兵全军覆没，李宓沉洱河而死。李宓死后当地人在苍山斜阳峰下为他盖了一座将军

① 被访谈人：WJZ，女，白族，1926 年生，龙龛村人。访谈时间：2011 年 7 月 15 日；访谈地点：龙龛村 WJZ 家中。

② 被访谈人：HJM，女，白族，1953 年生，龙龛村人。访谈时间：2011 年 7 月 6 日；访谈地点：龙龛村 HJM 家中。

庙，塑了他的金身，尊奉为上村李家本主。[①]

图 5－18　下关“将军洞”会期朝拜祭祀的主神李宓将军造像

实际上，将军洞不仅塑有李宓，而且还有他随征的将士。龙龛村“莲池会”在将军洞朝拜祭祀：

佛会亥神[②]那天尊，拜佛量[③]拜李将军。政民天子掌兵权，掌了兵权十几万。政民天子打胜仗，全县之人得安宁。八月十五将军诞，朝贺将军万万年。[④]

---

① 被访谈人：HY，男，白族，1948 年生，龙龛村人。龙龛村“洞经会”会长。访谈时间：2011 年 8 月 13 日；访谈地点：龙龛村 HY 家中。

② 白语音译，“亥神”，意为天神。

③ 白语音译，“量”，意为我们。

④ 根据 2010 年 7 月 17 日龙龛村“莲池会”HZL 口述的《将军洞经》记录整理。HZL，女，白族，1929 年生，大理龙龛村人。

“拜经”结束，一般还要到附近的石屏村“阿老尼”那里去祭拜一下。

> 他们的会期是前后脚的，“阿老尼”的脾气是吃生，所以我们要敬生给她，熟食是不喜欢的。……一般而言，去“阿老尼”那里拜经就顺便逛着去将军洞朝拜，要是去将军洞拜经就逛到“阿老尼”那里去朝拜下。①

图 5－19　“观音会”会期“莲池会”前往朝拜祭祀的观音塘

在大理，“莲池会”“出境”朝拜最多的地方是观音塘。在前文第一章论及“莲池会”女人们的生活世界时，我们谈到，大理地区被称为“妙香古国”，到处都充满了与观音有关的传说

① 被访谈人：ZYL，女，白族，1940 年生，龙龛村人。龙龛村“莲池会”的“经母”。访谈时间：2011 年 6 月 4 日；访谈地点：龙龛村 ZYL 家中。

故事。观音在地方社会中具有十分重要的地位。因此，在大理，“莲池会”妇女们“出境”朝拜最多的地方也就是位于大理古城通往下关市公路西侧的五里桥观音塘，“一年里有三个会都是去观音塘的”：观音会是有三天的，三天我们“莲池会”都要去“出境”朝拜的。农历二月二十九是观音老母的寿诞，六月二十九是观音老母出家去修行的日子，九月二十九是观音老母“登莲台”修成正果的日子。①观音会三日的祭祀活动大体相同，“莲池会”会员们从村里徒步前往五里桥观音塘，核心活动还是“拜经”祭祀。观音老母是吃素的，所以观音老母的正坛前就不能供奉荤食。祭祀的时候也不需要“生祭”了，肉食都到背面的韦陀那里去供奉。②观音会上人山人海，“熟祭”结束之后，

图 5－20 “绕三灵”会期“莲池会”
朝拜祭祀地点之一庆洞庄“神都”本主庙

① 被访谈人：WJZ，女，白族，1926 年生，龙龛村人。访谈时间：2009 年 8 月 14 日；访谈地点：龙龛村 WJZ 家中。

② 被访谈人：WJZ，女，白族，1926 年生，龙龛村人。访谈时间：2009 年 8 月 14 日；访谈地点：龙龛村 WJZ 家中。

大家便不再围坐着“拜经”。观音塘外的大路上，摆着各种摊位，小商贩们在那里卖着农具、日用品和服装等各式商品。她们一路逛着，有时也会为自己或为即将入会的女儿或儿媳妇购置蒲团、木鱼、佛珠串和绣花的“经包”等，她们说那都是以后孩子们平日里“上会”必须用到的。

与上述神灵寿诞会期不同，“绕三灵”作为“会期”并不是某个神灵的寿诞之日。“绕三灵”，白语称为 guertsallat ［$guer^{31}$ $sa^{55}la^{31}$］，现有“绕三灵”、“绕山林”、“逛桑林”、“绕桑林”等多种称呼，而以“绕三灵”最为普遍。“绕三灵”于每年农历四月二十三至二十五日举行，会期间各村“莲池会”都会前往朝拜祭祀。“绕三灵”是大理地区规模最大的会期朝拜祭祀。村里人说：“绕三灵”是为了送金姑娘娘。“正月十七我们从巍山把金姑接回来，二十三就要回到‘蒙伙’（巍山）去了”。① 正如“莲池会”经文《送金姑经》所言：

……金宫（姑）出来长围绕，拜福（佛）弟子诚心好。天长地久重重生，石榴开花后结果。紫金城驸马公，二月朝山来请你。干（把）您加打（接回）紫金城，国泰民安好欢喜。紫金城，小今（金）姑，二月朝山来接你。初十起脚，十一走到天门衔（崖）。十四绕起脚，绕路山途下雪山。明日我往雪山过，兵荒马乱请回来，善男信女来朝贺。三月修行三月三，善男信女来串串（逛逛），送驸马回家。四月修行二十三，善男

① 被访谈人：HZL，女，白族，1929 年生，大理龙龛村人。访谈时间：2009 年 8 月 12 日；访谈地点：龙龛村 HZL 家中。

信女去绕香，合会弟子来朝贺，送金姑娘娘。①

图 5－21 “绕三灵”中“出境”朝拜的“莲池会”妇女

依照“莲池会”旧制，龙龛村由每年轮值的“莲池会”成员负责进行日常和会期间的组织活动。每到寺庙，负责伙食的“莲池会”成员总要置锅造饭，而其他的“莲池会”成员则设祭坛“拜经”祭祀。饭食备好，便前往正殿祭祀。在“绕三灵”朝拜祭祀中，村里“莲池会”愿意出一点“功德钱”让专门负责请神祭祀的人来帮忙在神前敬献，并在香阁前烧送写有“龙

① 根据 2011 年 5 月 25 日（农历四月二十三）城隍庙“送金姑”祭祀仪式现场录音整理。部分经文为白语意译。

凫村‘莲池会’合会弟子”呈进的“表文”[①]。祭毕，“莲池会”妇女们嘴里还不断祝告着，祈求村落平安清吉。随后，便回去一起围坐聚餐。三天地点不同，祭祀神灵也不同，但祭祀仪式基本是一致的。三天的“绕三灵”会期，“莲池会”从农历四月二十三日开始由大理南门城隍庙出发，北行16公里到达苍山五台峰下的庆洞“神都”本主庙，当日便在庆洞村私人家里借宿。四月二十四日从庆洞出发，向东北行进，绕道喜洲向东到达河矣城村本主庙洱河神祠，当夜借宿于村落中；四月二十五日则由河矣城村出发，向南约15公里到达大理城北马久邑村，祭拜过马久邑村的本主张玉林之后，“莲池会”成员才会拖着疲惫的身体回到村里。

三、“出境”：“莲池会”朝拜实践与地域空间的建构

“莲池会”的“老妈妈”们虽然在家庭生活中退出了“要紧的”经济生产，不再扮演私人领域内的主要角色，但凭借自己村社公共组织成员的身份，进入了一个更为宽阔的领域，并由此在村落生活中起着举足轻重的作用。如果说，村内本主庙“上庙走会”的祭拜活动增强了其对社区共同体的认同感，那么，“出境”朝拜则是体现了共同体与外部世界的勾连，“使得‘神话’与‘历史’，‘方外’与‘域内’，‘山野’与‘城乡’之间得以交换共融，从而为‘天下’，塑造了一种内外通达，兼容

---

① “表“的制作比较简单。“表心”是写有表文的“信函”，据说以前是由村里写表的人毛笔书写的，近来年表文开始使用简单的油墨印刷，黄纸黑字，长约30厘米，宽约10厘米，表文文字由右向左竖行排列。不同神灵的表文内容各不相同，但是格式基本一致。“表壳”是用来装“表心”的，形制为一个48厘米（长）×8厘米（宽）×6厘米（高）的由黄纸折成的长方体，正面贴红纸一张，由上而下竖行书写奉祀神灵的名讳及其求表之人的姓名。

文野的文明秩序与空间格局”[①]。

从村落“莲池会”外出朝拜祭祀实践的空间分布来看，在地理空间范围上呈现出一种“内外”与“远近”的区分。首先，本主庙代表了“内部”，是与村民的事无巨细的日常生活息息相关的庙宇；而“出境”朝拜的庙宇代表了“外部”，不仅其地理位置位于村落之外，而且是到了会期需要“莲池会”徒步前去朝拜的地方。就此意义而言，“外部”高于“内部”，“外部”的庙宇和神灵是高于“内部”的本主庙和本主神的。“莲池会”的“出境”朝拜祭祀庙宇空间的分布从一定意义而言也体现了一套充满了等级观念的“地方性知识”；其次，就“外部”的庙宇神灵而言，根据“远近”区分，各朝拜神灵庙宇的空间分布也正是按照“莲池会”朝拜祭祀“由内至外”的逻辑来展开的，呈现“村内—邻村—城内—城外—山林”这样的分布格局。可以这么说，离村落越远的庙宇和神灵，“莲池会”朝拜的路途就越遥远，其等级也就越高，这种等级的“正统”地位在地方的神话传说故事中得以塑造，从而使得朝拜活动更具有一种超越性。“莲池会”妇女对位于“远方”的神灵庙宇的朝拜，正如桑高仁（Sangren Steven）所提出的“朝圣作为一个‘社会剧场’，在朝圣过程中，地方的特性和等级化的社会一体性都共同地得到了展示”[②] 一样，“莲池会”妇女实践所构成的地域空间也是有等级性的。“莲池会”妇女的朝拜祭祀活动也是对等级化的社会一体性的一种展示，她们在“出境”朝拜的实践中，以抵达不同的“野外”来表现地方的等级。她们的朝拜祭祀作为一种文

① 张原：《在文明与乡野之间——贵州屯堡礼俗生活与历史感的人类学考察》，北京：民族出版社，2008 年，第 357 页。

② Sangren, Steven. History and Magical Power in a Chinese Community, Stanford: Stanford University Press. 1987. p. 87

化展演，不仅呈现了不同空间的等级性，而且也呈现了相互间的上下关联。

在“莲池会”的“出境”朝拜中呈现的是一个“由内至外”的“家户—社区—地方—社会”的空间架构格局。这种格局就物理空间而言，作为家户成员的妇女从个人家户出来，进入到社区“莲池会”，并在村落社区的礼俗生活中起着重要作用；而通过“出境”朝拜这一行为，“莲池会”妇女又从村落社区走到更为广阔的外部世界，跨越了社区边界进入到地方社会。在她们的朝拜祭祀行为中，一层层的地理边界逐渐被跨越，而“家户—社区—地方—社会”的“由内至外”的空间联系却在行动者的实践中被建构起来。在“出境”朝拜实践中，随着物理边界的消弭和自然空间的跨越，“莲池会”成员的个人“修为”也随之得以提升，从现世封闭的世俗结构进入了一个具有超越性的精神领域。当然，尽管在空间特征与象征隐喻上，“莲池会”妇女的“出境”朝拜具有走向“野外”的特点，但朝拜本身并不是一种社会生活的“反结构”。实际上，“莲池会”妇女在整个朝拜祭祀中并没有表现出一种想要逃避社会结构的欲望。“莲池会”妇女远离自己生活的“内部”社区，去到一个“较为宽阔”的“外部”社会，就在这样的过程中形成了一种通达内外的空间观念与社会宇宙观。当然，尽管“莲池会”妇女的“出境”朝拜祭祀以其地域的联合性形塑了一个地方的社会网络，但它本身是具有超越性的。它能够超越地域性的空间束缚，在朝拜祭祀过程中，通过与不同会期中“外地的”参与群体之间交流，与区域外的外部世界相关联，从而实现与更大文明体系间的勾连贯通。

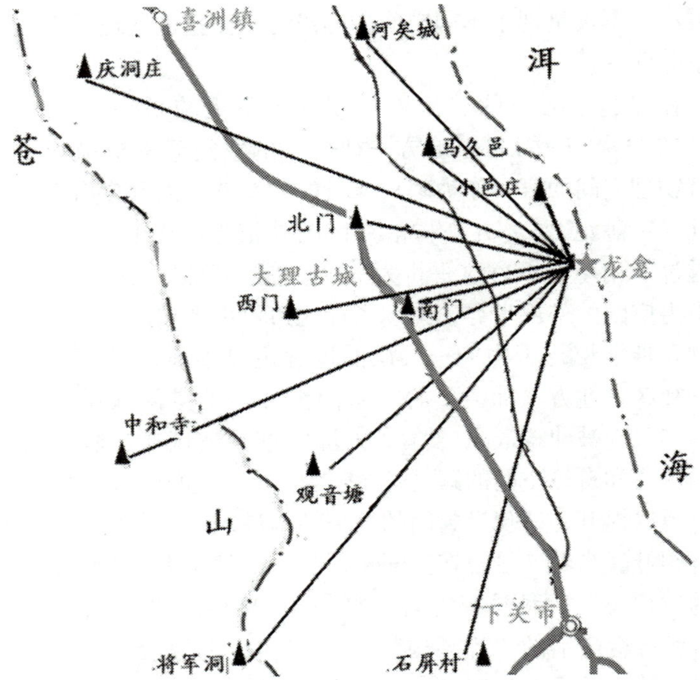

图5－22 龙龛村“莲池会”“出境”朝拜祭祀范围简图

“内外”、“远近”和“家户—社区—地方—社会”的空间划分，都不是一个被自然赐予的单纯物理空间，也不是一个被动的物质性的人类生活的容器或平台，而是一个包含了各种社会关系和多种异质性空间并凭借社会行动者的实践时刻形塑和建构着的动态空间。因此，空间是在行动者的日常行为实践中得以产生并存在的。可见，“在空间指向上朝向‘野外’的礼俗活动，成为了一种体现文明体系上下关联的社会实践，并促成了一种具有交融共通意义的社会联合”①，地方社会中的会期祭祀和“莲池会”妇女的“出境”朝拜祭祀活动就是形塑社会空间的主要力量。如前所述，在观音会、财神会、东岳宫会等神灵寿诞会期中，大理坝子各村落“莲池会”都会前来神灵所在庙宇朝拜祭祀。她们从自己的村落出发来到神灵庙宇所在地，她们在庙宇周围各自搭设祭坛分别“拜经”祭祀进行着看似独立的朝拜仪式；但是从现实的角度看，她们看似各自独立的朝拜祭祀却共同实践着一个以神灵崇拜为核心的社会联合仪式，形成了一个以地域崇拜为核心的仪式圈。从一定意义上而言，这个仪式圈涵盖的空间范围就是本土概念中的“地方”所能辐射的范围。妇女们从各自的社区出发，通过朝拜祭祀汇集于同一庙宇之中，这样的集会正是一个超越社区的社会网络得以形塑的关键。而这个社会网络本身却同时涵盖了社区间的政治、经济与通婚等关系。就此而言，“莲池会”妇女在各种会期中的“出境”朝拜祭祀活动，对于超地方的地域性区位网络构建而言是一种主体性的社会实践，从中我们能够看到一个具有超越性的“地方”和“社会”得以形塑之过程。而在此过程中，以地域崇拜为核心的朝拜祭祀不仅建构了一个日常生活中人们“可知可感”的“地方”和“社会”，而且形塑了一个跨越“家户”、“村落”的地域共同体。

① 张原：《在文明与乡野之间——贵州屯堡礼俗生活与历史感的人类学考察》，北京：民族出版社，2008 年，第 353 页。

结　语

一、女性：作为日常生活的行动者

（一）女性祭祀仪式与村落日常生活礼俗

当“日常生活”不再与民俗学“生活世界”研究范畴一样作为抽象的概念存在时，我们说到“日常”的时候，往往会和“非日常”相联系，将日常生活看作是那些“非日常”之外的生活，而“非日常”指的就是诸如节庆、会期、诞生礼、婚礼、丧礼等。然而，在我所生活和调查的龙窝，“日常”和“非日常”没有截然的区分，在村里人看来，所谓的“日常生活”就是包含了一切“没什么事儿”的“平日里”，也包含了“过年过节”的“时节”和“请客办事”的“日子”在内的所有形式的村民的真实生活。在龙窝，“节月”也好，“会期”也罢，甚或是“结婚生孩子盖房抬死人”，在他们看来都是实实在在的“日常生活”，这里没有“神圣与世俗”、“结构与反结构”的截然区分，我们也很难看到明显的仪式或节日“阈限”。当然，“没什么事儿”的“平日里”的日常生活与那些“有事儿”的“年月”、“会期”、“请客办事”相比当然还是有所不同的，它们不作为“神圣”和“反结构”存在，而只是日常生活中一个“凸起的”时刻，是日常生活旋律中的一个“重音”或“强拍”。

而当我们回顾上文论及的“掌家婆”、“老婆娘”们“当家为人”中的家庭经营及为本家户和家庭成员进行的生命和节日祭祀，以及“老妈妈”们在村落社区中的人生礼俗、节日庆典和“出境”朝拜祭祀时，我们发现，这些祭祀仪式都被赋予了“礼仪”的含义。在村里人看来，于一个家户女人而言，是否在“该去的时间”，前往“该去的地方”进行“应该有的祭祀”是考量她是否“当家为人”、“讲规矩”、“懂礼路”的重要标准；而就作为女性群体的“莲池会”而言，是否在“该行事的时间”去村子外面“做好事”和“出境”朝拜，是作为有“公心公德”的“闲人”和作为村社公共组织的“闲会”为村民和村落谋福祉的重要体现，这些“规矩”是否“做到”，“礼路”是否“尽到”，不再是考量个人“当家为人”的标准，而是作为“未知世界”和“现实世界”对整个村落社区是否“讲规矩，行礼路”的考量。简单地说，村落祭祀对村里人而言是否“做到”，一方面的评判来自“神灵”，另一方面的评判来自“行礼路”的村落社区自身。一个家户女人“不当家为人”、“没志气”会受到村民的明里暗里的指责，会被村里人看不起；而一个村落社区的“不讲究礼路，不行规矩”，则会受到来自村民自身内心深入的“自我批评和指责”，此后村里发生的一切“不好的事”，他们都会很自然地将其与“不行礼路”联系在一起。可见，无论受到哪种形式的指责，日常生活中女人们的祭祀仪式都是“行礼路”、“讲规矩”的体现，是村里人应该遵守的礼仪。在此意义上，女人们的“神坛祭祀”和家庭礼仪及社区礼俗有了一定的互通性。

因此，一个女人在祭祀活动中对神坛祭祀及仪式的掌握程度，实际上构成了一个家庭或社区对该妇女“懂规矩、行礼路、有志气”的品行和文化评价的尺度。在村里，如果一个女人掌握和通晓神坛祭祀知识，那么她很可能在很多日常礼俗生活中拥有发言权和决定权：例如，在家里“七月十四”的“烧包”中指导家里的男人按照“规矩”磕头念诵每一封“白纸包”；在村里人“请客办事”的时候指导一个孝子按应有的礼仪去安葬家里的亡人。村里的女人们会在茶余饭后“拉家常”的当儿，讨论哪一家的“婆娘”违背了常识性的神坛祭祀的“规矩”，也会讨论谁家的“掌家婆”行事“讲究礼路”，“仪式规矩都讲得面面俱到”。可见，在村里，一个女人是否“当家为人”并在家庭和村落社区具有声望，在某种程度上取决于这个女人是否通晓并掌握各种神坛祭祀知识，因为村里人谁也不愿意去主动接近和帮助一个在他们看来“不讲规矩”、“不行礼路”的“没志气”的人。

当然，在龙龛，我们很难分清“莲池会”妇女举行的诸如诞生礼、婚礼和丧礼般的仪式活动究竟是礼俗还是祭祀仪式。我们看到，在村里，几乎所有的礼俗活动都或多或少地受到本土崇拜的影响，其中很多的民俗活动，如“出境”朝拜祭祀等就是由本土信仰仪式演变而来的。当然，所谓的信仰祭祀又都或多或少地通过民俗活动的形式体现出来，因而以信仰为核心的祭祀仪式在地方社会已经完全世俗化并渗透到村民日常生活的方方面面，它不再作为纯粹的宗教仪式而存在，而是作为一个村落社区的礼仪和人们的现实生活紧密联系在一起。也正是由于“祭祀仪式”和家庭礼仪及社区礼俗这种互通性，村里人才赋予“仪式和祭祀知识”以“规矩”和“礼路”的重要性，将其看做是一个人，尤其是女人一生中应当学习和实践的“志气”。于是，一个五六岁的“小花女”就开始在母亲和祖母的指导下学习如何在祖先席前和本主庙里磕头，此后也会作为一个学习者向家里的“女人们”习得有关祭祀的“规矩”和“礼路”，这些仪式和祭祀知识的掌握和熟练程度将会成为其“找婆家”时候的重要资本；当她经过婚礼仪式，成为新娘，并到了“小媳妇”的年纪，她在娘家习得的“规矩”和“志气”将成为婆家对她和她娘家人考量的标准，而作为一个夫家的“外人”，她也将向自己并不熟悉的婆婆学习新的祭祀知识；分家之后的“掌家婆”，她的祭祀成为夫家人，甚或村里人评价她是否“当家为人”的重要标准，作为“做给人看的礼路”，尽管可能还做不好完整的祭祀，但是她应当而且必须“行好各种家庭内部的礼路”；而等到加入“莲池会”，作为家里“老婆娘”她需要为家庭和家人的福祉独立进行各种祭祀，这是她家庭经营中的重要组成部分，也是村落社区对她“当家为人”的主要考量。至此，大多数的祭祀和礼仪实践都是为家户成员进行的，而作为“闲人”的老妈妈，此后她将开始她价值外求的旅程，作为天天“走会上庙”、“出境朝拜”的“莲池会”成员，她将以其公心公德的礼仪实践为村落所有家户和成员谋福祉。总之，“她”的一生都在村落礼俗中度过，而她的一生也都在学习和实践着这种以祭祀仪式为中心的礼俗。

（二）隐秘的权力：作为日常生活行动者的女性

自 20 世纪 60 年代女性主义兴起以来，“女性”作为一个“革命性”的领域在社会科学诸领域广泛被讨论，其中涉及女性民俗研究的也不少。然而，在诸多研究中似乎都有这样一种预设，女性作为男性社会中处于劣势地位的依附者，尽管在家庭生活，尤其在生育及家务劳作中发挥作用，但在以男性为主导的社会结构中，女性在家庭和社会生活领域是没有权力的（powerless），她们生活在男性及男性权利构筑的社会规则之下。然而，事实并非如此。作为社会行动者的个人，男性和女性都是社会生活的积极行动者和构建者，女性也并不是男性权力之下的牺牲品，更不是男性社会的附属品和依附者。实际上，女性作为现实生活能动的实践者，她们能够控制和主导她们自己的日常生活，凭借自己女性角色实践，她们能获得一种真正的权力感，从而形成女性独有的口头表述及行为方式。

在龙龛，在村落社区的“公领域”，女性凭借祭祀仪式的进行获得了她们在公领域的地位。一般而言，女性在重大的村落决策，例如农田水利的整修、村里动力站的建设、打场的分配等公开场合极少拥有权威。但是她们在祭祀仪式所涉及的“公领域”，例如本主庙重修、村里路面硬化工作完成之后的祭祀谢土仪式的操办等会提出自己的观点和看法，而当这样的时刻，“老婆娘”和“老妈妈”们的意见就会被当成重要意见来参考，以至于男人们在行事时候出现的错误，也会被她们当做“不讲规矩”的行为而受到指责或当众呵斥。在这样的时候，男人们也对自己的行为表示抱歉，以“不知者不罪”为由祈求得到“老妈妈”和神灵的宽恕和谅解。

就她生活的“私领域”而言，“她的家庭”是她出于安全感和感情归属感的需要而建立起来的。这个以妇女和自己的丈夫、子女为主要成员的家庭，是妇女婚后感情和经营的中心。它存在于现实生活中，有其自身的周期，自与婆家分家时开始并随着自己孩子结婚分家而衰退。事实上，女性经营和构建其家庭的过程就是妇女积极地“当家为人”的实践过程。从此意义上而言，妇女的日常生活并不是一个消极的“适应和接受”夫家家庭和村落的过程，而是一个积极地营造和构建自己的生活环境的过程。在家庭祭祀中，家里的男人普遍认为：“在家里敬祖先、去庙子里敬献都是女人的事儿”，就如为期半个月的“七月十四”祭祀仪式，“除非是家里没个女人”，要不然他们也绝不会在七月初一的傍晚去大门口“接祖先”。尽管，祭祀仪式具有家庭礼仪和村落礼俗的意义，在村里人看来是每家每户都应当“行的礼路”、“懂的规矩”，但是于他们而言，不论是年节里本主庙的祭祀，还是“卡在家户成员命里头”的周岁、本命年等祭祀都并非“男人们的事儿”。于他们看来，他们也知道那些“卡在命里头的”和“年节点儿上的”祭祀是必不可少的，也清楚地知道为自己的孙子“办三桌”的时候要请“莲池会”的“老妈妈”们来家里举行“教花童”仪式，在“请房诞客”的时候要请“老妈妈”来做“谢土”仪式，更不会忘了在儿子娶媳妇的时候请“老妈妈”来给他“安床”、“塞枕头”，在自己父母去世时要请村里的“莲池会”来“拜经”，但是作为家庭中的男性，这些仪式似乎与他们是有距离的。他们在祭祀仪式中，即使是仪式的参与者，也是在家户妇女或“老妈妈”们的指导下进行实践的，有时候，行事者还会主动地询问自己是不是做得对，而这时，家里的女人就会以她“专业的”眼光和标准来对他进行应有的批评和指导。

此外，就日常生活中女性口头表述和日常实践的行为方式而言，我们看到，同男性权威建立的形式不同，女性权威在家庭和社区中的建立是更为“隐秘”也更为“温和”的。首先，我们在前文“女囡子”的成长历程中谈到，母亲和祖母对“女囡子”的祭祀知识和“规矩礼路”的灌输，有时候是凭借着传说故事进行的，她们运用故事和讲述故事的实践来影响和规范“女囡子”的日常行为并灌输给她基本的女性知识，不仅于“女囡子”而言是这样的，这样的方式甚至在整个家庭和社区内部都起着作用；其次，我们看到女性在孩子的教育过程中，与男性的呵斥、鞭打等较为粗暴的方式不同，她们一般都会借助情感的因素来教育孩子，例如上文中提到，当一个孩子在“七月十四”节期不懂规矩并屡教不改时，母亲有时会借助诸如“让要饭的把你带走”、“别人家的孩子都规矩，我去要过来，不要你了”等类的“抛弃式的谎言”，或者借助祖父教训、父亲鞭打等，例如“再不听话告诉你爹”等类的“假想式的谎言”来规范孩子的行为，并在此过程中建立并实践自己应有的权威；此外，如前文提及的“女童游戏”，其中，母亲日常生活所教予她们的神坛知识及日常生活的“规矩礼路”在她们的游戏中可以被显而易见地观察到，不仅如此，母亲和其他女性亲属所认同的内隐和外显的观点和想法在游戏中都得以运用和表达。这样的知识和观点不仅对儿时的“女囡子”起作用，甚至会影响她以后的“当家为人”。

就我的田野调查过程来说，我访谈的妇女们，在跟我交谈的过程中都体现并展示出明显的能动性，将自己看做是日常生活中的能动者。例如，在前文我们谈及“老婆娘”的家庭经营中，我的女性访谈人素芬谈及她的“养牛”决策时，十分明显地显示了自己在整个“养牛”决策过程中的能动性，同时也显示了其在家庭经营中的重要地位。而在大多数语境下，女性都很自然地将自己当做是日常生活中自主的行事者。有时，在没有受到更多限制的语境中，例如在自己的婆婆或家里的男人都不在场的情况下，女性访谈人也会更多地显示出她们在日常生活中的能动性和决策力，而根本不提及男性在事务决策中的关联。我们看到，在日常生活中，女性作为家庭主妇，在日常生活中具有实质性的决策力和能动性，但是这种公开性的表达在一般情况下却不被家庭或社区公开认可。一个“能干”的“婆娘”在公开场合表述自己在家庭中的决策性地位，而置自己男人的“脸面”于不顾，她在村落社区中的“名声”也不会很好。当然，大多数的男人还是会承认自己的“婆娘”在管理家庭事务过程中的重要性，就如我的男性访谈人所说的：“都说家里的大事儿由我做主，小事就听婆娘管。但是想想家里头哪里有那么大的事情，日常里的都是些小事，都是吃穿出路、请客礼路往来的，都是婆娘管得多的……家里娶媳妇儿嫁闺女算是大事儿了吧，但是没经过她的同意我又哪里能做主，凡是她想做的，就天天在你耳边说，今天说明天说，磨着碎嘴儿，一定要到我拍了板才行。”① 事实上，“显而易见的结构设置能表达男性对世界的看法，但是，在诸多更深层次上的模糊存在却表现了一个女性对世界的看法”②。

可见，女性不是没有权力的个人（或群体），女性权力以其“隐秘性”难以在显而易见的结构中被察觉，然而却是真实存在的。女性权力是一种“隐性的”的权力，女性凭借其独特的权力实践不仅构建着自己的生活世界，同时也诠释着女性对社会结构和日常生活的理解。因此，诸如“妇女在当代中国农村中的作用依然是那么隐而不见，以至于她们只不过是缺乏能力，因而同农村的政治经济是不相干的有‘德行’的妇女”③ 之类的论断是不准确的，我们在日常生活中看到的是同这种“女性的沉默”明显不一致的作为实践者和行动者的女性实践。妇女通过其一生中所担任的不同角色，“小媳妇”、“掌家婆”、“老婆娘”、“老妈妈”等，在其角色实践过程中通过不同时期的自己在家庭和社区生活中的“当家为人”的经营，采用不同的策略（如在“面子上”尊重丈夫）来构建其日常生活。她们一般都选择在不破坏“规则”的前提下实践自己在日常生活中实质性的权威。妇女们在日常生活中的能动性表明，作为显性社会结构中“无权利”的一方，并不是社会结构中真正“失语的”和“无权利的”。作为日常生活的实践者，她们的“隐秘的权力”在日常生活中时刻发挥着作用，并构建着她们在家庭和社区中的权威。的确，在龙龛，我们看到的是一套日常运作中家庭和社区运作的规

① 被访谈人：ZYB，男，1953 年生，大理龙龛村人。访谈时间：2010 年 8 月 23 日；访谈地点：龙龛村 ZYB 家中。

② Ardner Edwin. *Belief and the Problem of Women. In the Interpretation of Ritual*, ed. J. S. La Fontaine. Lindon, Tavistock, 1972, pp. 152

③ ［加］朱爱岚：《中国北方村落的社会性别与权力》，胡玉坤译，南京：江苏人民出版社，2004 年，第 199 页。

范和文化设计。而在行动和实践视角下的考察则向我们展示出妇女在实际生活中另一种形象及其“隐秘的”权力和权威，即作为日常生活能动性的构建者的形象，这两种形象共存于家庭和村落社区的日常生活中。

二、“日常生活”及其研究策略问题

日常生活研究在20世纪90年代的民俗学理论及范式转换的探讨中，尤其是在“民”与“俗”之争中逐渐呈现并成为民俗学研究的主要取向。高丙中在其《民俗文化与民俗生活》中将胡塞尔的“生活世界”概念引入对民俗学研究范畴的思考，用“生活世界”概念囊括了民俗之“民”的日常生活，提出“生活世界”应当是民俗学研究的领域和范畴，认为“生活世界是人的本来的世界和基本的世界，是普通人的世界和人的普通世界”，并认为“讨论民俗学研究领域时并不要在‘生活世界’上加定语，但在具体研究中，‘生活世界’的范围总是有所指的，总是属于某个村落、某个地区，或者某个团体”①。然而，笔者认为不论是“生活世界”还是民众之“日常生活”，都是一个整体性范畴，概念在本质上具有抽象性，即使如高丙中所言，“在具体研究中应当有其固定所指，如村落、团体、社区等”，但就某一具体村落“生活世界”这一固定所指而言，研究者们在实际研究中往往也会遭遇困难。研究者经常会自问，究竟什么是村落的“生活世界”亦或怎样的研究才算得上是对村落日常“生活世界”的研究？我们知道，田野调查是民俗学研究的基本方法，经过长时期的参与观察和深入访谈，研究者能够获得对某一

① 高丙中：《民俗文化与民俗生活》，北京：中国社会科学出版社，1994年，第137—138页。

村落包括日常耕作、三餐饮食、服饰穿戴、婚丧嫁娶、建房起屋、仪式信仰、节庆活动等各个方面的关于“村落生活”的“地方性知识”。然而，“村落生活”日复一日地呈现，作为民俗学者究竟怎样才能获得对这一日常生活和“生活世界”的认知并予以呈现？笔者认为，研究者对某一地方性“生活世界”的认知和书写，只有通过对日夜生活于其中的“人”即民俗之“民”的日常生活中的行为实践的研究才能实现，日常生活归根到底是由人的实践活动构成的。[①] 因此，怎样研究民俗之“民”，即存在于“生活世界”中的“人”就成了民俗学“生活世界”研究的关键所在。民俗学从来都不忽视对文化主体“民”的研究，研究“人”的策略也成为民俗学日常生活和俗民之“生活世界”研究的策略，也只有在此意义上民俗学才能被称为真正的“感受之学”[②]。然而，究竟如何研究民俗之“民”，如何去认识和理解日常生活世界中的“人”，民俗学至今尚未形成一套系统的理论与方法。笔者以为，常人方法学是一种针对社会群体的研究方法，社会群体中的普通人是常人方法学关注的对象。常人方法学所关注的根本问题是某一社会群体的成员在其日常生活中为完成他们的实践性行为所使用的策略及方法。[③] 常人方法学有关日常生活及行动者研究的理论及其主张的“会话分析”、“破坏性实验”、“索引表达”及“陌生化”研究策略于民俗学俗民主体的日常“生活世界”研究也具有十分重要的理论意义。

民俗学以“生活世界”为其研究范畴，而“生活世界”研

---

① 张翠霞：《民俗学“生活世界”研究策略——从研究范式转换及常人方法学的启示谈起》，《民俗研究》，2011 年第 3 期，第 107—117 页。

② 刘铁梁：《普遍和深层次的保护》，《民俗文化普查研究通讯》，2008 年第 2 期，第 20—22 页。

③ 西村真志叶：《日常叙事的体裁研究——以京西燕家台村的“拉家”为个案》，博士学位论文，北京师范大学民俗学博士学位论文，2007 年，第 11 页。

究的核心就是对置身于“生活世界”中的“人”的研究。常人方法学认为“社会日常生活是最值得注意的第一实在”，“是从最普通的老百姓的日常行动和其看待行动的思考模式出发来研究社会现象和社会中所发生的行动”，它关注普通行动者的日常实践，这与民俗学的“生活世界”研究视域及关注对象具有一致性。第一，常人方法学关注普通人，它不再将“人”看做是“文化结构的傀儡”，并认为“社会中绝大多数没有受过社会教育的普通行动者，实际上就是社会的主人，是现实的客观社会的真正建构者，也是现实社会实在的诠释者”，强调普通行动者，即“人”的重要地位。[①] 这与20世纪90年代在民俗学研究界有关“民”与“俗”的讨论中形成的关注民俗文化主体的研究取向具有相似性；第二，常人方法学不仅关注普通人，而且将普通人看作是具有行动力的个人。一方面，行动者以日常社会的理性程序，自然地按照既定的社会规范和制度去行事，不加思考地不断重复和展开他们的言行。另一方面，他们又以大量重复的习惯性动作和行为规则，同时创建他们自身所生活的社会世界。这也与民俗学“生活世界”研究中关注民俗文化主体主观能动性及其在自我文化建构中的重要性具有一致性。可见，常人方法学的研究对象及关注主体与当前民俗学研究旨趣，即关注民俗文化主体及其“生活世界”研究具有内在一致性。常人方法学在日常生活及其社会行动者“人”的研究上，已经做出了诸多有益的理论实践，其理论与研究策略在当前民俗学研究中都具有一定的适用性。

就对日常生活中的“普通人”的研究策略而言，常人方法学研究中使用的“破坏性试验”、“会话分析”及“陌生化”研

① 高宣扬：《当代社会学理论》，北京：中国人民大学出版社，2005年，第520—522页。

究方法对民俗学“生活世界”研究具有一定的借鉴意义。常人方法学认为日常生活具有表面的自然性和“想当然性”，因此在研究日常生活时，需要发现日常生活内在的结构和过程，而其中最关键的就是发现“普通人”行动的意义，而所谓的日常生活则在“普通人”的行动中得以自我呈现。[①] 由此，常人方法学在研究中主张采用“破坏性试验”、“会话分析”及“陌生化”等策略对日常生活中的“普通人”加以研究。笔者认为，常人方法学研究策略在民俗学有关俗民主体“生活世界”的研究中具有一定的适用性。

三、思考：女性民俗、女性民俗学、女性民俗志

（一）概念界定：女性民俗与女性民俗学

20 世纪 80 年代，受西方女性主义思潮的影响，我国学术界掀起了妇女研究的热潮。在民俗学研究领域也出现了有关女性民俗的研究成果。其中，邢莉主编的《中国女性民俗文化》[②] 以“女性民俗”、“女性民俗文化”为题，以民俗学学科理论为指导，对中国女性民俗文化进行了较为细致的分类和研究，涉及民间节日、生产活动、民间工艺、服装服饰、面妆首饰、生育礼俗、婚姻习俗、妇女与家庭、民间文学、文化娱乐、民间信仰、风流人物等内容，意在构建中国女性民俗文化的整体框架，几乎涉及了中国女性民俗的各个方面。但至今有关女性民俗学的研究及理论著述还非常少。近年来，人类学、民族学、民俗学等相关专业的论文不断以某一“女性民俗”为个案，通过田野调查关

① ［美］欧文·戈夫曼：《日常生活的自我呈现》，冯钢译，北京：北京大学出版社，2008 年。

② 邢莉主编：《中国女性民俗文化》，北京：中国档案出版社，1995 年。

注女性日常生活并出现了许多优秀的研究成果，然而有关“女性民俗”及“女性民俗学”的理论探讨仍然十分缺乏。

就“女性民俗”和“女性民俗学”这两个重要学术概念而言，目前我国学术界并未对其作出十分清晰的界定。“女性民俗”在“女性的民俗”、“关于女性的民俗”、“和女性有关的民俗”、“女性创造的民俗”等诸多层面被使用；而“女性民俗学”，虽有诸多学者积极呼吁，但作为民俗学分支学科其学科体系至今尚未建立。基于对“女性民俗”这一概念范畴的界定，“女性民俗学”通常也被界定为以“女性民俗”为研究对象的民俗学分支学科。由此，怎么理解和界定“女性民俗”成为关键。

在国外，有关“女性民俗”和“女性民俗学”先后出现过以下几种提法：“Women's Lore”、“Folklore of Women”、“Women's Folklore”、“Feminist Folklore”。大多数的学者认为，“the Folklore about Women”的相关记述很早就有，指“和妇女有关的民俗”，较早出现于一些小说、游记、故事文集、歌谣及民间谚语俗语中；“Women's Lore”的提法在19世纪中期民俗学科建立之前较多被使用，指的是“妇女的学问/知识”，但被提及时大多指妇女所掌握的家庭医药卫生等相关知识；“Folklore of Women”的提法首次出现于希塞尔顿—戴尔（Thiselton - Dyer）的《女性民俗》（Folklore of Women）一书中，并以标题的形式第一次被使用，虽以此为题，但该书内容只局限于故事、谚语俗语等“文本”对女性的简单记述①。

“Women's Folklore”，亦指“女性民俗”，作为一个概念和术语被使用则出现在20世纪70年代女性民俗学科建立以后，其在1985年美国出版的《女性的民俗，女性的文化》（Women's Folklore，Women's Culture）论文被集中普遍使用且至今仍被学术界

---

① T. F. Thiselton - Dyer，*Folklore of Women*. Chicago：A. C. McClung，1906.

广泛使用①。就“Women's Folklore”而言，1993年出版的《女性的信息》（Feminist Messages：Coding in Women's Folk Culture）的导论《女性文化编码》（Coding in Wornen 's Folk Culture）一文指出：许多不同文化中的妇女能够对自身女性文化及其传统进行一定形式的编码，从而实现文化表达的目的。如同使用文字书写符号系统写作而成的文本一样，女性民俗文化也有自己的文本，这个“文本”由女性个人或群体凭借其具有的特殊文化符号编码“书写”而成。而所谓的女性民俗（Women's Folklore），就是由女性口头表演、物质创造及其日常生活实践所共同形成的文化文本。这个“文本”蕴含着丰富的符码信息，通过这些文化符码，女性能够实现她们自身与不同“读者”和“观众”之间的对话和交流。由此，研究进一步认为，对女性民俗文化的研究，一方面是对女性民俗文化的信息编码过程进行探索，另一方面也是作为“读者”和“观众”对不同女性民俗文化中所蕴含的符码进行“阅读”和理解的过程。而对女性民俗文化的研究和解读，不应当只局限于民俗学的研究，而应当形成跨学科的对话，在与各学科的对话中讨论解读妇女民俗文化编码的策略和方法②。总之，研究者将“Women's Folklore”看作是“女性口头表演、物质创造及其日常生活实践所共同形成的文化文本”，这一界定将女性民俗看做是一个蕴含各种文化信息的文化系统，尽管提法无偏颇之处，但就概念而言显得较为抽象。2009年出版的《女性民俗与民俗生活百科全书》（Encyclopedia of Women's Folklore and Folklife）就“女性民俗”（Women's Folklore）这一概念

---

① Rosan A. Jordan and Susan J. Kalčik eds., *Women's Folklore, Women's Culture*. Philadelphia：University of Pennsylvania Press，1985.

② Joan Newlon Radner ed., *Feminist Messages：Coding in Women's Folk Culture*. Urbana：University of Illinois Press，1993，p. vii – xii.

做出如下界定：“所谓女性民俗既包含有关女性自身的民俗，也包含有关女性之外的其他人的民俗。在欧美，就如大家所知的那样，女性民俗经常与女性文化具有一致性。但是，女性民俗不仅仅指妇女家庭生活——母亲、孩子、食物等这些传统的女性领域。只有男性至上主义者会将男性文化看做是‘人类的’，而将女性文化看做是特殊的，是单独属于妇女和女孩群体的。女性在创造、表达和与他人博弈过程中产生的物质和非物质的东西涵盖了整个人类文化的范畴；传统和现代文化的不同形式显示了女性控制她们自身生活和经历的不同方式和模式。女性民俗同样显示了女性的权力和反抗。事实上，在女性民俗中内隐或外显的对男性父权制的抵抗是女性民俗存在的最重要的特征……女性民俗以意义的多样性为其特征，女性民俗中符号编码是外显的，而其中蕴含的对男权社会的抵抗性则是内隐的。女性民俗具有明显的交流合作性、整合性和再生性等特点。”①

至于“Feminist Folklore”一词，则是在20世纪80年代末90年代初期才出现的一个术语，它在两个不同层面被使用，既指一个独立的民俗学分支学科，又指一个以女性主义视角切入的民俗学研究路径，在当前的女性民俗学研究中普遍使用。而当前对女性民俗学（Feminist Folklore）这一学科及其研究的理解，则认为女性民俗学研究不光是从女性视角对女性的重新认识，同时也是从女性的角度对人的重新解释。女性民俗学试图通过对女性文化的补写，来重新审视人类文化，力图建立一种由女性视角和男性视角交错共视的人文视野。因此，它既是一门严格意义上的学科，同时也是一种独特的思考方式。

---

① Pauline Greenhill, Diane Tye and Norma E. Cantu, "*Women's Folklore*," in Liz Locke, Theresa A Vaughan, Pauline Greenhill eds., *Encyclopedia of Women's Folklore and Folk Life*. Westport, Conn.: Greenwood Press, 2009, p. xxiii – xxxv.

总之，在西方，女性民俗学作为新兴的民俗学分支学科，不仅在学术概念的界定上，而且在整体女性民俗学学术体系的建构上都已经渐趋完善并走向理论化。女性民俗学是女性学与民俗学的交叉学科。女性民俗学的研究不仅为女性学的发展拓宽了道路，而且也推进了民俗学学科自身理论和研究的发展。然而，当前我国的女性民俗学研究尚处于起步阶段，西方的女性民俗学研究成果应当对我们具有一定的借鉴意义。当然，需要注意的是，西方国家的文化发展路径和中国有很大不同，女性民俗文化也不例外。作为已经发展成熟的学科，我国女性民俗学学科的研究和发展可以结合我国实际适当借鉴已有的学科研究成果以促进自身理论的建设和发展。以下，作为一个年轻的民俗学工作者，笔者也只能通过自身学术实践提出对女性民俗学的一些简单思考。

（二）女性民俗学：兴起、定位与“女性民俗志”书写

女性民俗学作为一门新兴学科，其产生受到女性主义运动及其思潮的影响，它既是女性学为了完善自己的学科体系，借用民俗学理论和方法来发展女性学研究的结果，同时也是在女性主义影响下民俗学学科对自身学科理论及研究实践反思的结果。

20 世纪六七十年代，女性解放运动在世界范围内风起云涌，性别意识不断崛起，“作为第二性的女性”在波伏娃（Simon de Beauvior）和费尔斯通（Shulamite Firestone）等人的研究中不断被探讨，从而引起了此时期诸多社会领域对几乎所有生活领域中女性权力的关注。在学术研究领域，这场为女性争取与男性平等权益的运动引发了妇女研究的热潮，也刺激了民俗学对两性平等、两性差异及其女性独特日常生活经验的研究。至 20 世纪 70 年代中期，伴随女性主义（Feminism）和女性学（Women's Studies）研究的发展，在民俗学学科内部也引发了有关女性民俗及妇女行为实践研究的激烈讨论，在诸多呼吁和讨论中，女性民

俗学（Feminist Folklore）悄然兴起。许多研究者认为，没有人否认社会文化中性别要素的存在，女性文化和女性民俗是现实存在的。但是，女性作为一个真实的社会存在，在人类学、民俗学等社会科学研究领域一直处于被忽视、贬低的地位，女性民俗文化长期未被关注和提及，女性也被看做“没有声音的群体”，是“没有历史”和“没有文化”的，而“男性则被看做是传统、历史、真理以及事实的标准代言，由此男性的经历被看做是所有人的经历，甚至只要谈及‘人类’时，指的仅是‘男人’罢了”①。但现实情况却是，和男性群体一样，女性具有同等的文化创造力和生存智慧。以男性为主导的社会及其研究实践导致了对女性民俗文化研究的“漠视”或“忽视”，从而也导致了女性民俗文化的现实存在和学术研究领域之间的巨大鸿沟，由此女性民俗学研究者呼吁应当去关注现实生活中的女性及女性文化，建立一门新兴的女性民俗学学科。

此外，民俗学研究者对民俗学理论及其研究范式的反思也在一定程度上促进了女性民俗学的产生和发展。20世纪中后期，受“表演理论”、“反思民族志”、“民族志诗学和政治学”等民俗学、人类学理论的影响，民俗学学科进入了对自身研究范式的反思阶段，在研究方法和研究视角上发生了巨大的转变：从对民俗事象的关注转向对民俗事件的关注，从对“俗”的关注转向对“民”的关注，从对历史民俗的关注转向对当代民俗的关注，从对文本的研究转向对语境的研究，从对静态的文本的关注转向对动态的表演和交流过程的关注，极力实现民俗学研究范式的转换。在民俗学研究范式转换过程中，研究者们比以往任何时候都更加重视田野调查，他们关注田野中的“个人”并将个人行动

---

① Personal Narratives Group eds. *Interpreting Women Lives*: *Feminist Theory and Personal Narratives*. Bloomington and Indianapolis: Indiana University. 1989. p. 3.

和表演的语境纳入研究和考察的视阈。此外，在民俗学研究范式转换的大背景下，民俗学研究者开始重视民俗学调查和研究中实际的“场景”和“布局”，研究者认为，无论是主位（emic）描述还是客位（etic）描述，在实际的田野中一个女性表演者（performer）置身其中的表演，就如同男性表演者表演时的场景和布局一样。在学科研究实践的自我反思中，很多长期从事田野调查的民俗学研究者，首先开始关注田野中真实存在的女性群体及个人，女性民俗学研究者均认为，“女性民俗的研究不应当只局限于对编织、缝纫工艺、家庭医药、饮食方式等的探讨，而应将其扩展到女性文化表达及其可能涉及的诸多有效类型和领域”，从而开始了对日常生活中妇女笑话、流言蜚语等的关注和研究①。而诸如以前从不被关注的妇女们墙后的闲聊、关起门来的低声细语②、家里的絮叨、朋友间的谈话③等都作为全新的“类型”（genre）被纳入研究视阈。此外，针对以往以男性为主导的民俗文化书写及研究范式，女性民俗学研究做的第一件事就是开展以女性为调查对象的田野工作，致力于探讨作为文化存在的妇女们的生存状态，力图通过对女性民俗历史与现实的考察，探讨女性在人类文化中的地位和作用。女性民俗学重新把女性放在了“人”的视点上进行研究，是对以往民俗学研究忽视女性现象、用男权思想书写和解读女性民俗文化的一种反省和纠正。此外，有关女性及其民俗文化研究中的“权力”、“政治”、“族群”、“国家”、“认同”等问题也渐渐成为女性民俗学研究的领域。

---

① Marta Weigle, *Spiders and Spinsters*: *Women and Mythology*. Albuquerque: University of New Mexico Press, 1982.

② Elizabeth Warnock Fernea, *Guests of the Sheik* Garden City, N. Y: Doubleday. 1969. p. 327.

③ Beverly J. Stoeltje, *Bow – legged Bastard*: *A Manner of Speaking' Speech Behavior of a Black Woman*, Folklore Annual, 4 and 5, 1973. p. 152 – 178,

就女性民俗学学科特点及其学科定位而言：（1）女性民俗学以“人”作为思考和研究的中心。女性作为存在是一种现实状态，民俗学将作为“人的存在”的女性作为思考的出发点，关注女性在现实日常生活中的真实状态，以此展示女性这一“人的存在”所承载的丰富的文化内涵及其“存在”意义形成的历史过程，揭示出女性这一特殊存在的生成过程，以此论证女性存在的独特性和完整性；（2）女性民俗学始终以“男性”为思考的参照点。女性民俗学从“人的存在”的现实角度出发来描述女性，而“人的存在”由男女两性共同组成。女性存在和人的存在的相互关系，简单地化约为女性和男性的相互关系，二者相互制约相互影响，二者的相互关系决定了人的存在的基本格局。此外，女性民俗学不仅为女性学的发展拓宽了道路，推进并重建了传统民俗学领域中的女性问题的研究，而且也引发了民俗学对自身的反思，使人们开始以崭新的视角对许多“视之当然”的理念进行反思。女性民俗学研究者在考察知识生产、尤其是话语权威、命名、意义赋予等过程的基础上，对阶级、种族、族群和群体等定义进行了质疑，并由此对身份认同、权力、日常经历和主观能动性等学术概念做出了自己应有的解释，而这些反思性女性民俗学理论研究也给现代女性主义及其理论带来了新的解释维度。女性民俗学对诸如流言蜚语、谈话等日常合作话语“类型”的分析，关注日常语言行为中语言与社会交往的关系，研究语言怎样反映了社会性别，女性意识、女性语言行为（包括说话和沉默）在社会政治和权力划分之间的关系。女性民俗学的出现，使得民俗学研究开始真正以女性为研究本体，不仅使得传统民俗学对女性研究的话题得到全新的发展，而且从女性视角出发得到重新审视。

就研究方法而言，女性民俗学研究应当倡导撰写“女性民俗志”。在中国，“民俗志”作为文化书写的实践活动，并不是现代民俗学科建立以来才有的，事实上，“民俗志”书写传统古已有之，它存在于我国卷帙浩繁的史志文献中。伴随现代民俗学而诞生的现代民俗志概念，在20世纪90年代末由钟敬文先生首先提出，它一方面继承了中国传统民俗志之“志”的传统，重在记录和描述；另一方面受人类学、民族学等交叉学科的影响，逐渐摆脱“资料之学”的局限，积极寻求新的学术定位和书写模式，实现民俗志书写范式的转换。① 尽管当前民俗学研究多借鉴人类学的研究方法，民俗志作品也多呈现人类学“民族志”的“写文化”倾向，但较之由西方人类学翻译和转借而来的“民族志”（Ethnography）概念，“民俗志”则是一个更为本土的范畴，它更符合我国民俗学学科自身的发展规律和研究实际。所谓的“女性民俗志”正是从这个意义而言的，它不仅是一种文化表述的文本，同时也是一种研究方法，它为民俗学的民俗志撰写提供了一个独特的研究路径和研究视角。“女性民俗志”以书写和表述文化为己任，作为一种社会知识生产，它的文化表述和文化书写可以而且应该是多元的，这就使得不同类型的“女性民俗志”撰写成为可能。

首先，以记录和描述女性及其民俗文化的志书式“女性民俗志”在一定程度上可以继续存在。20世纪90年代以来，在有关民俗学研究范式转换的讨论中，民俗之“民”作为民俗文化主体“被发现”并受到了前所未有的重视。民俗学研究开始倡导“走出书斋走向田野”，人类学倾向的“深描”式“田野民俗志”由此广受赞誉。我国传统民俗志因其志书“干瘪”的“分类式资料条目”写作特色，被视为将各民俗事象“按类装柜”的“中药铺”式的文化书写，“田野民俗志”倡导者对其颇有微

① 张翠霞，谷成杰：《民俗志：文化书写的历史——基于民俗志概念及其书写范式的研究》，《青海民族研究》，2011年1月，第153－154页。

词。他们认为，传统民俗志将“民俗事件”简单地化约为“民俗事象”，使得“民”与“俗”之间“血肉分离”，已经沦为了纯粹的民俗事象的“资料集”。当前，对传统民俗志的批评仍集中于此。然而，笔者认为，现代社会并没有完全放弃对各类民俗事象“资料集”知识生产的需求。事实上，在面临急剧社会转型和文化变迁的今天，“辞书式”的女性民俗文化“资料集”整理汇编反而显得更加弥足珍贵。当前，以文化书写为己任的民俗志，“处在一个不是悲剧性的也是十分尴尬的境地”，“正当它整理好作坊，打造好工具，准备不日开工时，它要研究的材料却无可挽回地急剧消散了”①。因此，以一定的学术理念为指导，做好女性民俗事象“类型学”上的分类、整理、描述和记录工作，呈现现代女性民俗文化“资料集”式的“女性民俗志”亦是迫在眉睫。这样的“资料集”更多展示的是田野点的“地方性知识”，它可以由女性民俗学研究者来撰写，也可以由未受过学科专业训练的地方学人或者有识之士来写作，由谁书写并不重要，重要的是最大限度地呈现当前女性民俗文化的存在状态。这样的“资料集”，在今天可以是民俗学研究者参照比较研究的对象和材料，在明天将会成为民众“历史记忆”的档案，从中可以窥见人们已渐逝去的真实的生活。

其次，专业研究性“女性民俗志”应该成为女性民俗学知识生产的重点。所谓的专业研究性“女性民俗志”，是在长期田野调查基础上写作而成的。“女性民俗志”撰写者在经过正规的学科专业训练之后，以理论知识为指导、问题意识为导向进入田野，经过长时期的参与观察和深入访谈从而获得民俗志撰写的“地方性知识”，最后回到书斋完成文化书写，呈现出一个“女

---

① ［英］马林诺夫斯基：《西太平洋的航海者》，梁永佳、李绍明译，北京：三联书店，2002 年，第 1 页。

性民俗志”文本，这样的民俗志作品，不是民俗“资料集”，也不是田野点地方知识的汇编，而是“女性民俗志”撰写者对地方社会的“深描”。从这个意义而言，“女性民俗志”与“女性民族志”（Feminist Ethnography）在概念范畴及研究方法上都具有一致性。在国外，当代女性人类学和女性民俗学研究者文化书写的文本均被冠以“女性民族志”之名。“女性民族志”书写主要采用田野调查及个案研究的方法，以女性的视角通过参与观察、深入访谈等进入被研究文化主体的语境中去解读女性，真实地表现日常生活中的女性及其女性文化。受反思民族志的影响，许多民俗学和人类学研究者在女性叙事学研究中开始尝试新的民族志研究和书写方法。有的学者认为，女性民族志写作者的双重身份，即作为女性和作为研究者，其所书写和呈现的民族志挑战了传统民族志写作的范式及权威，“女性民族志工作者应当倾听其他妇女的各种声音，并以一种不是学者主导的方式来描述日常生活，展示妇女对她们的社会和生活的看法。民族志写作要书写彼此相关联的个人，研究者要参与其中并对研究对象关心和同情而不是以疏远的态度来写作，不要把自己置之于外”①。而有的研究者则将女性民俗学理论与民俗志方法相结合，分别讨论了社会性别、民俗文化类型、个人经历等问题，并在民族志研究和书写方式上做出了有益的实践。研究者关注女性生活故事的“多声部”性并对口头故事本文化过程进行探究，力图在民族志文本创建过程的研究中建立一种新的研究方法和研究路径。研究认为，女性的经历在形成她们的生活故事的同时也形成了她们看待创建意义的方式，因此应当试图去寻求“互惠民族志”的方法论（reciprocal ethnography），即一种能够囊括女性生活经历不同

① Lila Abur - Lughod, *Can There Be a Feminist Ethnography*, Women and Performance: A Journal of Feminist Theory 5, 1990, p. 7 - 27.

表述和表达形式研究的民族志方法论。民族志文本并不是自己独自完成的，而是一个合作的过程，即“两个女人互相商讨意义、然后彼此认同并最终得以成为文本”的过程。这一过程使得自己的合作报道人能够去审视、修改民族志文本并在意义呈现过程中扮演积极的角色①。当然，当代女性民俗学研究也比较重视比较研究的研究方法。“比较研究法”使得不同地域、国家、族群的女性及其文化被全方位、大规模地关注和考察。目前，比较分析法被广泛应用于妇女在社会地位、社会角色和权力的掌握等方面的研究和分析中，以揭示不同地区的女性及女性生活状态。此外，田野调查和民族志研究方法在一定程度上使得女性及其研究者开始关注自己的“身体”（body），开始去讨论和探求女性身体经历怎样影响了她们形成和组织意义的方式。与女性身体经历有关的女性民族志书写阐述女性身体经历与知识意义理解之间的联系，能够帮助我们在自我文化中理解现代女性健康问题，例如乳腺癌、不孕不育、避孕和艾滋病防治等问题②。这类具有应用性的“女性民族志”作品在女性民俗学研究中不断出现，它已经超越了本学科研究的界限，成为一个颇具潜力的研究领域。

总之，任何一个学科体系的建立和完善都需要积淀足够数量和质量的研究成果。女性民俗学作为一门年轻的民俗学分支学科，女性民俗学研究者也应当呼吁在女性研究领域进行跨学科交流与研究，实现多学科间的对话，以寻求新的研究路径和研究方法。而就我国女性民俗学学科体系的建立及其理论化而言，依然任重而道远。笔者此项有关村落女性及“莲池会”的研究也只能是当前女性民俗学研究的一次有益实践。

---

① Elaine Lawless, *Holy Women, Wholly Women: Sharing Ministries through Life Stories and Reciprocal Ethnography*. Philadelphia: University of Pennsylvania Press, 1993.

② Nicole Kousaleos, *Feminist theory and folklore*, Folklore Forum 30, 1999, p. 28.

参考文献

一、史志文献

1.《白族简史》编写组编：《白族简史》，昆明：云南人民出版社，1998 年。

2.《大理白族自治州概况》编写组：《大理白族自治州概况》（国家民委民族问题五种丛书之一，中国少数民族自治地方概况丛书），昆明：云南民族出版社，1986 年。

3. 大理白族自治州文化局编：《白族民间古诗选》，上海：上海文艺出版社，1984 年。

4. 大理市文化丛书编辑委员会编：《大理市文化志》，北京：民族出版社，1996 年。

5. 丁世良，赵放：《中国地方志民俗资料汇编 · 西南卷》，北京：书目文献出版社，1989 年。

6. 黄元治：《康熙大理府志》，大理白族自治州文化局排字版。

7.（清）寂裕：《白国因由》，吴棠校点，成都：巴蜀书社，1998 年。

8.（明）李元阳：《嘉靖大理府志》，大理白族自治州文化局排字版。

9.（清）阮原声：《南诏野史》（胡蔚本），咸丰丙辰版。

10. 向达：《蛮书校注》，北京：中华书局，1962 年。

11.（明）杨慎：《南诏备考》，亦寄轩藏本，乾隆四十年版。

12. 杨世钰：《大理丛书・方志篇》，北京：民族出版社，2007 年。

13. 杨宪典，杜乙简，张锡禄：《大理白族节日盛会调查白族社会历史调查》（三），昆明：云南人民出版社，1991 年。

14. 尤中：《僰古通记浅述校注》，昆明：云南人民出版社，1989 年。

15. 云南省民间文学集成办公室：《白族神话传说集成》，北京：中国民间文艺出版社，1986 年。

16. 周钟麟：《大理县志稿》，民国五年排字版。

二、中文专著

1. 鲍晓兰：《西方女性主义研究评介》，北京：三联书店，1995 年。

2. 陈宝良：《中国的社与会》，杭州：浙江人民族出版社，1996 年。

3. 邓志伟：《家庭社会学》，北京：中国社会科学出版社，2001 年。

4. 杜芳琴，王政：《越界：社会性别（第 1 辑）》，天津：天津人民出版社，2004 年。

5. 费孝通：《江村经济——中国农民的生活》，北京：商务印书馆，2007 年。

6. 高丙中：《民俗文化与民俗生活》，北京：中国社会科学出版社，1994 年。

7. 龚友德：《白族哲学思想史》，昆明：云南民族出版社，

1991 年。

8. 郭于华：《死的困扰与生的执着》，北京：人民出版社，1992 年。

9. 郭于华：《仪式与社会变迁》，北京：社会科学文献出版社，2000 年。

10. 李东红：《白族佛教密宗阿吒力教派研究》，昆明：云南民族出版社，2000。

11. 李霞：《娘家与婆家——华北农村妇女的生活空间和后台权力》，北京：社会科学出版社，2010 年。

12. 李小江：《女性性别的学术问题》，济南：山东人民出版社，2005 年。

13. 李银河：《生育与村落文化》，北京：中国社会科学出版社，1994 年。

14. 连瑞枝：《隐藏的祖先——妙香国的传说和历史》，北京：三联书店，2007 年。。

15. 刘晓春：《仪式与象征的秩序》，北京：商务印书馆，2002 年。

16. 梁永佳：《地域的等级——一个大理村镇的仪式与文化》，北京：社会科学文献出版社，2005 年。

17. 麻国庆：《家与中国社会结构》，北京：文物出版社，1999 年。

18. 马曜：《大理文化论》，昆明：云南教育出版社，2001 年。

19. 纳钦：《口头叙事与村落传统》，北京：民族出版社，2004 年。

20. 彭兆荣：《文学与仪式：文学人类学的一个文化视野》，北京：北京大学出版社，2004 年。

21. 沈奕斐：《被建构的女性——当代社会性别理论》，上海：上海人民出版社，2005 年。

22. 王海涛：《云南佛教史》，昆明：云南美术出版社，2001 年。

23. 王铭铭：《村落视野中的文化与权力——闽台三村五论》，北京：三联书店，1997 年。

24. 王铭铭：《社会人类学与中国研究》，南宁：广西师范大学出版社，2005 年。

25. 王建民，张海洋，胡鸿保：《中国民族学史·下卷》，昆明：云南教育出版社，1998 年。

26. 王俊义，丁冬：《口述历史》，北京：中国社会科学出版社，2003 年。

27. 王政：《跨文化女权实践》，天津：天津人民出版社，2004 年。

28. 王政，杜芳琴：《社会性别研究选择》，北京：三联书店，1998 年。

29. 魏国英：《女性学概论》，北京：北京大学出版社，2000 年。

30. 邢莉主编：《中国女性民俗文化》，北京：中国档案出版社，1995 年。

31. 徐安琪：《社会文化变迁中的性别研究》，上海：上海社会科学出版社，2005 年。

32. 徐嘉瑞：《大理古代文化史稿》，北京：中华书局，1978 年。

33. 许烺光：《祖荫下——中国乡村的亲属人格与社会流动》，王芃，徐龙德，余伯泉译，台北：南天书局，1997 年。

34. 许烺光：《驱逐捣蛋鬼：魔法，科学与文化》，王芃，徐龙德译，台北：南天书局，1996 年。

35. 阎云翔：《私人生活的变革：一个中国村庄里的爱情，

家庭与亲密关系（1949——1999）》，龚小夏译，上海：上海书店出版社，2009 年。

36. 杨堃：《云南白族的起源与形成论文集》，昆明：云南人民出版社，1957 年

37. 杨念群：《空间 · 记忆 · 社会转型》，上海：上海人民出版社，2001 年。

38. 杨善华：《当代西方社会学理论》，北京：北京大学出版社，1999 年。

39. 杨政业：《白族本主文化》，昆明：云南人民出版社，1994 年。

40. 杨知勇：《西南民族生死观》，昆明：人民教育出版社，2001 年。

41. 杨祥银：《与历史对话：口述史学的理论与实践》，北京：中国社会科学出版社，2004 年。

42. 杨筑慧《中国西南民族生育文化研究》，北京：中央民族大学出版社，2006 年。

43. 郑培凯主编：《口传心授与文化传承》，桂林：广西师范大学出版社，2006 年。

44. 郑晓云：《文化认同与文化变迁》，北京：中国社会科学出版社，1992 年。

45. 张原：《在文明与乡野之间——贵州屯堡礼俗生活与历史感的人类学考察》，2008 年。

46. 周星主编：《民俗学的历史、理论与方法》，北京：商务印书馆，2006 年。

三、中文译著

1. ［英］阿米·古特曼等：《结社理论与实践》，吴玉章，毕小青等译，北京：三联书店，2006 年。

2. ［英］埃德蒙·利奇：《文化与交流》，郭凡，邹和译，上海：上海人民出版社，2000 年。

3. ［英］安东尼·吉登斯：《社会学》，赵旭东等译，北京：北京大学出版社，2007 年。

4. ［加］宝森：《中国妇女与农村发展——云南禄村六十年变迁》，胡玉坤译，南京：江苏人民出版社，2005 年。

5. ［美］保罗·康纳顿：《社会如何记忆》，纳日碧力戈译，上海：上海人民出版社，2000 年

6. ［美］本尼迪克特·安德森：《想象的共同体》，吴睿人译，上海：上海人民出版社，2003 年。

7. ［澳］C，P，菲茨杰拉德著，《五华楼——关于云南大理民家的研究》，刘晓峰，汪晖译，北京：民族出版社，2006 年。

8. ［美］大卫·费特曼：《民族志：步步深入》，龚建华译，重庆：重庆大学出版社，2007 年。

9. ［美］杜赞奇：《文化、权利与国家：1900—1942 年的华北农村》，王福明译，南京：江苏人民出版社，2008 年。

10. ［美］加芬克尔：《常人方法学研究》，北京：华夏出版社，2002 年。

11. ［美］理查德·鲍曼：《作为表演的口头艺术》，杨利慧，安德明译，桂林：广西师范大学出版社，2008 年。

12. ［美］罗丽莎著：《另类的现代性》，黄新译，南京：江苏人民出版社，2006 年。

13. ［美］克利福德·格尔兹：《文化的解释》，韩莉译，南

京：译林出版社，1999 年。

14. ［美］克利福德·吉尔茨：《地方性知识——阐释人类学论文集》，王海龙，张家瑄译，北京：中央编译出版社，2003 年。

15. ［英］马林诺夫斯基：《文化论》，费孝通译，北京：中国民间文艺出版社，1987 年。

16. ［英］马林诺夫斯基：《巫术科学宗教与神话》，李安宅译，北京：中国民间文艺出版社，1986 年。

17. ［英］马林诺夫斯基：《两性社会学》，李安宅译，上海：上海人民出版社，2003 年。

18. ［美］迈克尔·林奇：《科学实践与日常活动：常人方法论的社会研究》，邢冬梅译，苏州：苏州大学出版社，2010 年。

19. ［法］马塞尔·莫斯，昂立·于贝尔：《巫术的一般理论　献祭的性质与功能》，杨渝东，梁永佳等译，南宁：广西师范大学出版社，2007 年。

20. ［美］梅里·E，威斯纳—汉克斯：《历史中的性别》，何开松译，北京：东方出版社，2003 年。

21. ［法］米歇尔·福柯：《性经验史》，余碧平译，上海：上海世纪出版集团，2002 年。

22. ［法］莫里斯·哈布瓦赫：《论集体记忆》，郭金华译，上海：上海人民出版社，2002 年。

23. ［美］欧文·戈夫曼：《日常生活的自我呈现》，冯钢译，北京：北京大学出版社，2008 年。

24. ［法］皮埃尔·布迪厄：《实践感》，蒋梓骅译，南京：译林出版社，2003 年。

25. ［美］乔纳森·特纳：《社会学理论的结构》（上，下），邱泽奇等译，北京：华夏出版社，2001 年。

26. ［美］让·杜歇：《第一性》，深圳：海天出版社，2001年。

27. ［美］让·克鲁德·考夫曼：《女人的身体，男人的目光》，北京：社会科学文献出版社，2001年。

28. ［美］施坚雅：《中国农村的市场和社会结构》，史建云等译，北京：中国社会学学出版社，1988年。

29. ［法］涂尔干：《宗教生活的基本形式》，渠东译，上海：上海人民出版社，1999年。

30. ［英］维克多·特纳编：《庆典》，方永德等译，上海：上海文艺出版社，1993年。

31. ［英］维克多·特纳：《仪式过程：结构与反结构》，黄剑波译，北京：中国人民大学出版社，2006年。

32. ［美］特纳：《戏剧，场景及隐喻》，刘珩、石毅译，北京：民族出版社，2007年。

33. ［美］威廉·J，古德：《家庭》，魏章玲译，北京：中国社会科学出版社，1986年。

34. ［美］西奥多·夏兹金，［美］卡琳·诺尔·塞蒂娜，［德］埃克·冯·萨维尼主编：《当代理论的实践转向》，柯文，石诚译，苏州：苏州大学出版社，2010年。

35. ［法］西蒙·波伏娃：《第二性》，李强等译，北京：西苑出版社，2004年

36. ［美］杨庆堃：《中国社会中的宗教》，范丽珠等译，上海：上海人民出版社，2007年。

37. ［美］杨懋春：《一个中国村庄——山东台头》，张雄等译，南京：江苏人民出版社，2001年。

38. ［美］詹姆斯·克利福德，乔治·E，马库斯编：《写文化——民族志的诗学与政治学》，高丙中等译，北京：商务印书馆，2006年。

39. ［加］朱爱岚：《中国北方村落的社会性别与权力》，胡玉坤译，南京：江苏人民出版社，2004 年。

四、期刊论文

1. 艾四林：《哈贝马斯论“生活世界”》，《求是学刊》，1995 年第 5 期。

2. 安德明：《家乡——中国现代民俗学的一个起点和支点》，《民族艺术》，2004 年第 2 期。

3. 程蔷：《祭祀与民间行为叙事》，《民俗研究》，2001 年第 1 期。

4. 戴成萍：《女性人类学与中国女性人类学研究现状分析》，《内蒙古社会科学》（汉文版），2003 年 9 月。

5. 丁宏：《中国妇女人类学管窥》，《中央民族大学学报》（社会科学版），2000 年第 3 期。

6. 高丙中：《民间的仪式与国家的在场》，《社会学研究》，2001 年第 1 期。

7. 高丙中：《中国人的生活世界：民俗学的路径》，《民俗研究》，2010 年第 1 期。

8. 高宣扬：《常人方法论的新发展》，《当代社会理论》，2005 年第 6 期。

9. 郭于华：《民间社会与仪式国家》，《读书》，1999 年第 9 期。

10. 郭于华：《口述历史——有关记忆与忘却》，《读书》，2003 年第 10 期。

11. 户晓辉：《民俗与生活世界，文化遗产，2008 年第 1 期。

12. 金少萍：《宗教文化中的社会性别建构——白族女性与本主崇拜》，《中央民族大学学报》（社会科学版），2008 年第

1 期。

13. 贺萧，王政：《中国历史：社会性别分析的一个有用范畴》，《社会科学》，2008 年第 6 期。

14. 李猛：《常人方法学四十期：1954—1994》，《国外社会学》，1997 年第 2，3，4 期。

15. 李霞：《女性主义人类学与汉人亲属制度研究》，《妇女研究论丛》，2002 年第 3 期

16. 李霞：《人类学视野中的中国妇女——海外人类学之汉族妇女研究评述》，《国外社会科学》，2002 年第 2 期。

17. 刘少杰：《走向生活世界：后现代注意哲学的总体趋向》，《天津社会科学》，1996 年第 2 期

18. 刘晓峰：《节俗如何结构了特殊的文化空间：从端午节俗的内在逻辑联系谈起》，《文化艺术研究》，2009 年第 3 期

19. 刘晓春：《从“民俗”到“语境中的民俗”：中国民俗学研究的范式转换》，《民俗研究》，2009 年第 2 期。

20. 刘岳，张玉忠：《常人方法学理论探析》，《哈尔滨市委党校学报》，2002 年第 7 期。

21. 吕微：《民间文学，民俗学研究中的“性质世界”，“意义世界”与“生活世界”：重新解读〈歌谣〉周刊的“两个目的”》，《民间文化论坛》，2006 年第 3 期。

22. 罗红：《白族社会性别结社与族群认同》，《云南民族大学学报》，2008 年第 11 期。

23. 纳日碧力戈：《作为操演的民间口述和作为行动的社会记忆》，《广西民族大学学报》（社会科学版），2003 年第 5 期。

24. 彭兆荣：《人类学仪式理论的知识谱系》，《民俗研究》，2003 年第 2 期。

25. 彭兆荣：《人类学仪式研究评述》，《民族研究》，2002 年第 2 期。

26. 彭兆荣：《神话叙事中的“历史真实”——人类学神话理论述评》，《民族研究》，2003 年第 5 期。

27. 王铭铭：《象征的秩序》，《读书》，1998 年第 2 期。

28. 王铭铭，刘铁梁：《村落研究二人谈》，《民俗研究》，2003 年第 1 期。

29. 项萌：《家族祭祀制度中的女性：对桂东南客家家族某村落的考察》，《妇女研究论丛》，2005 年第 5 期。

30. 邢莉：《口头非物质文化遗产的物质层面——兼谈口头和非物质文化遗产的保护》，《中央民族大学学报》，2006 年第 6 期。

31. 邢莉：《谈非物质文化遗产的群体传承性与文化精神》，《中央民族大学学报》，2008 年第 3 期。

32. 薛艺兵：《对仪式现象的人类学解释》（上），《广西民族研究》，2003 年第 2 期。

33. 薛艺兵：《对仪式现象的人类学解释》（下），《广西民族研究》，2003 年第 3 期。

34. 杨文安，段学彪：《现代化进程中白族家族文化的变迁——以云南巍山的一个白族村为例》，《云南民族大学学报》，2003 年第 2 期。

35. 易小松：《民俗文化视野中的女性研究》，《西南民族大学学报》（人文社科版），2003 年第 3 期。

36. 赵静：《白族妇女宗教信仰的社会功能》，《中南民族人学学报》，2006 年第 6 期。

37. 张翠霞：《美国女性民俗学研究述论》，《民族研究》，2012 年第 5 期。

38. 张翠霞：《民俗学“生活世界”研究策略——从研究范式转化及常人方法学的启示谈起》，《民俗研究》，2011 年第 4 期。

39. 张曙晖：《村治中的宗族政治表达——以大理周城白族村为例》，《学术探索》，2006 年第 3 期。

40. 张文勋：《一个白族村寨的民俗文化实录》，《云南大学学报》，2004 年第 1 期。

41. 郑萍：《村落视野中的大传统与小传统》，《读书》，2005 年第 7 期。

42. 周福岩：《日常生活的民俗形式》，《沈阳师范学院学报》（社会科学版），2001 年第 1 期。

43. 庄英章：《家族模式与生育模式：一个渔村的田野调查分析》，《中央研究院民族学研究所集刊》，1986 年第 59 期。

44. 朱丙祥：《社会文化变迁中的白族农民——大理周城村民段元参个人生活史研究》，《民族研究》，2007 年第 2 期。

45. 邹丽娟：《多元文化互动语境下的大理白族传统习俗》，《贵州民族研究》，2009 年第 2 期。

五、学位论文

1. 何志魁：《白族母性文化的道德教育功能研究——以莲池会为个案》，博士学位论文，成都：西南大学教育学博士学位论文，2008 年。

2. 张翠霞：《白族中元节仪式研究——以云南大理龙龛村“七月十四”为例》，硕士学位论文，北京：中央民族大学民俗学硕士学位论文，2009 年。

3. 刘珩：《在本主的庇荫下》，博士学位论文，北京：中央民族大学民族学博士学位论文，2002 年。

4. 西村真志叶：《日常叙事的体裁研究——以京西燕家台村的“拉家”为个案》，博士学位论文，北京：北京师范大学民俗学博士学位论文，2007 年。

5. 张宏宏:《平地女性与山地女性——大理地区不同生态环境下女性地位的变迁》，博士学位论文，北京：中央民族大学民族学博士学位论文，2000 年。

六、外文文献

1. Amy Shuman, *Gender and Genre*. In Feminist Theory and the Study of Folklore, eds. Susan Tower Hollis, Linda Pershing, and M. Jane Young. Urbana: University of Illinois Press, 1993.

2. Andrew J. Cherlin, *Public & Private Families: An Introduction*. Mc Graw – Hill. 2002.

3. Ardner Edwin, *Belief and the Problem of Women*. In the Inter-Pretation of Ritual, ed. J. S. La Fontaine. Lonndon, Tavistock, 1972, p. 152

4. Arthur Wolf, *Gods, Ghosts and Ancestors*, in Arthur Wolf, ed. , Religion and Ritual in Chinese Society. Stanford: Stanford University Press, 1974.

5. Beth Ellen Notar, *Wild Histories: Popular Culture, Place and the Past in Southwest China*. PhD. Diss. The University of Michigan. 1999.

6. Beverly J. Stoeltje, *Bow – legged Bastard: A Manner of Speaking' Speech Behavior of a Black Woman*, Folklore Annual, 4 and 5, 1973, p. 152 – 178.

7. Beverly J. Stoeltje, *a Helpmate for Man Indeed: The Image of the Frontier Woman*, Journal of American Folklore 88, 1975, p. 25 – 41.

8. Beverly J. Stoeltje, *Gender Representations in Performance: The Cowgirl and the Hostess*. Journal of Folklore Research 25, 1988,

p. 219 –41.

9. Beverly J. Stoeltje, *Introduction*: *Feminist Revisions*. Journal of Folklore Research 25, 1988, p. 141 –54.

10. Bonvillain Nancy, Women and Men: Culture Constructs of Gender, Upper saddle River, N. J. : Prentice – Hall, 2001.

11. Deborah Kodish, *Absent Gender*, *Silent Encounter*. In Feminist Theory and the Study of Folklore, eds. Susan Tower Hollis, Linda Pershing, and M. Jane Young, Urbana: University of Illinois Press. 1993. p. 41 –50.

12. Elaine Lawless, *Holy Women*, *Wholly Women*: *Sharing Ministries through Life Stories and Reciprocal Ethnography*. Philadelphia: University of Pennsylvania Press, 1993.

13. Elizabeth Warnock Fernea, Guests of the Sheik Garden City, N. Y: Doubleday. 1969. p. 327.

14. Eric Wolf, *Europe and the People without History*. Berkeley: University of California Press, 1982.

15. Farrer R. Claire ed. *Women and Folklore*: *Images and Genres*. The Journal of American Folklore. Vol. 88. No. 347, 1975.

16. Farrer R. Claire ed. *Women and Folklore*. Austin: University of Texas Press, 1975.

17. Farrer R. Claire ed. *Women and Folklore*: *Images and Genres*. The Journal of American Folklore. Vol. 88. No. 347. 1975.

18. Garfinkel Harold, *The Perception of the Other*: *A Study in Social Order*. Ph. D. diss. Harvard University. 1952.

19. Garfinkel Harold, *Studies in Ethno – methodology*, Englewood Cliffs, NJ: Prentice – Hall. 1976. p. 48 –49

20. Helen Siu, *Agent and Victims in South China*: *Accomplices in Rural Revolution*. New Haven: Yale University Press, 1989.

21. Joan Newlon Radner ed. *Feminist Messages*: *Coding in Women's Folk Culture*. Urbana: University of Illinois Press, 1993.

22. Kate Millett, *Sexual Politics*. New York: Doubleday Press, 1970.

23. Lila Abu – Lughod, *Writing Women's Worlds*: *Bedouin Stories*. Berkeley: University of California Press, 1993.

24. Lila Abur – Lughod, *Can There Be a Feminist Ethnography*, Women and Performance: A Journal of Feminist Theory5, 1990, p. 7 –27.

25. Liz Locke, Theresa A Vaughan, Pauline Greenhill eds., *Encyclopedia of women's folklore and folk life*, Westport, Conn.: Greenwood Press, 2009.

26. Mariamne H. Whatley and Elissa R. Henken, *Did You Hear About the Girl Who...*: *Contemporary Legends*, *Folklore and Human Sexuality*. New York: New York University Press, 2000.

27. Margaret Mills, *Feminist Theory and the Study of Folklore*: *A Twenty Year Trajectory toward Theory*. Western Folklore 52, 1993, p. 157 –8,

28. Margaret Yocom, *Woman to Woman*: *Fieldwork and the Private Sphere*. in Rosan Jordan, and Susan Kal č ik, eds. Women's Folklore, Women's Culture. Philadelphia: University of Pennsylvania Press, 1985.

29. Margery Wolf, *the House of Lim*: *A Study of Chinese Farm Family*, Englewood, Cliffs. NJ: Prentice – Hall, 1968.

30. Margery Wolf, *Women and the Family in Rural Taiwan*. Stanford: Stanford University Press, 1972.

31. Marta Weigle, *Spiders and Spinsters*: *Women and Mythology*. Albuquerque: University of New Mexico Press, 1982.

32. Marta Weigle, *Review of women and folklore*, ed. Clair,

R. Farrer. Sighs：Journal of Women in Culture and Society 2，1977，p. 911 –913.

33. Nicole Kousaleos，*Feminist Theory and Folklore*，Folklore Forum 30，1999. p. 24 –28.

34. Pauline Greenhill，Diane Tye and Norma E. Cantu，“*Women's Folklore*”，in Liz Locke，Theresa A Vaughan，Pauline Greenhill eds.，Encyclopedia of Women's Folklore and Folk Life. Westport，Conn.：Greenwood Press，2009.

35. Personal Narratives Group，eds. *Interpreting Women Lives*：*Feminist Theory and Personal Narratives.* Bloomington and Indianapolis：Indiana University，1989.

36. Richard Bauman and Charles Briggs，*Genre*，*Intersexuality and Social Power.* Journal of Linguistic Anthropology 2，1992，p. 131 –172.

37. Rosan Jordan and Susan Kal č ik，eds. *Women's Folklore*，*Women's Culture.* Philadelphia：University of Pennsylvania Press，1985.

38. Sherry B. Ortner，“*Is Female to Male as Nature is to Culture?*” in Women，Culture and Society，ed. Michel Rosaldo and Louise Lamphere，Stanford：Stanford University Press，1974. p. 67 –87

39. Steven Sangren，History and Magical Power in a Chinese Community，Stanford：Stanford University Press，1987.

40. Susan Tower Hollis，Linda Pershing，and M. Jane Young，eds. *Feminist Theory and the Study of Folklore.* Urbana，IL：University of Illinois Press，1993.

41. T. F. Thiselton –Dyer，Folklore of Women. Chicago：A. C. McClung，1906.

附录一　主要访谈人信息

1. HZL，女，白族，1929年生，大理龙龛村人。龙龛村“莲池会”的“经母”。访谈时间：2009年8月12日、2010年5月13日、2010年7月13日、2011年8月17日；访谈地点：龙龛村HZL家中。访谈内容：龙龛村村落沿革；庙宇、家庭、土地等的变迁；村落传说；妇女村落生活个人口述史；个人学经历程、“莲池会”经文、各种会期、庆典、祭祀仪式及家庭日常事务等。

2. WJZ，女，白族，1926年生，大理龙龛村人。访谈时间：2009年8月14日。访谈地点：龙龛村WJZ家中。访谈内容：村落基本情况、村落日常管理、村落节庆活动的组织与参与、对“莲池会”的评价及看法等。

3. ZZH，女，白族，1940年生，大理龙龛村人。龙龛村“莲池会”的“经母”。访谈时间：2011年7月6日；访谈地点：龙龛村ZZH家中。访谈内容：龙龛村村落沿革；庙宇、家庭、土地等的变迁；村落传说；妇女村落生活个人口述史；个人学经历程、“莲池会”经文、各种会期、庆典、祭祀仪式及家庭日常事务等。

4. ZYL，女，白族，1940年生，大理龙龛村人。龙龛村“莲池会”的“经母”。访谈时间：2011年6月4日；访谈地点：龙龛村ZYL家中。访谈内容：龙龛村村落沿革；庙宇、家庭、土地等的变迁；村落传说；妇女村落生活个人口述史；个人学经历程、“莲池会”经文、各种会期、庆典、祭祀仪式及家庭日常事务等。

5. ZQ，男，白族，1943 年生，大理龙龛村人。大理地区远近闻名的塑佛匠人。访谈时间：2007 年 8 月 16 日、2010 年 8 月 16 日；访谈地点：龙龛村 ZQ 家中。访谈内容：地方传说、历史沿革、村落历史、个人口述史、土地种植、本主庙修建、村落祭祀仪式“耍香龙”、本主会、中元会、家庭日常生活等。

6. ZFX，男，白族，1949 年生，大理龙龛村人。龙龛村“洞经会”会长。访谈时间：2011 年 8 月 13 日、2010 年 7 月 22 日；访谈地点：龙龛村 ZFX 家中即本主庙内。访谈内容：龙龛村历史沿革、“洞经会”的组织和管理、“洞经会”参与的村落祭祀仪式、“洞经会”经文及谈经、“洞经会”及“莲池会”的关系及对女性“莲池会”的看法及评价等。

7. ZZC，男，白族，1940 年生，大理龙龛村人。访谈时间：2010 年 8 月 27 日；访谈地点：龙龛村老年协会。访谈内容：村社组织的组织和管理、村落祭祀仪式及对“莲池会”及其妇女祭祀仪式的评价和看法。

8. ZWC，男，白族，1945 年生，大理龙龛村人。访谈时间：2011 年 7 月 15 日；访谈地点：龙龛村 ZWC 家中。访谈内容：地方传说、历史沿革、村落历史、个人口述史、土地种植、本主庙修建、村落祭祀仪式“耍香龙”、本主会、中元会、家庭日常生活等。

9. ZTB，男，白族，1956 年生，大理龙龛村人，龙龛村第 4 村民小组组长。访谈时间：2011 年 8 月 10 日。访谈地点：龙龛村 ZTB 家中。访谈内容：村落基本情况、村落日常管理、村落节庆活动的组织和参与、对“莲池会”的评价及看法等。

10. ZYB，男，1953 年生，大理龙龛村人。访谈时间：2010 年 8 月 23 日；访谈地点：龙龛村 ZYB 家中。访谈内容：村落田园种植、家庭教育、日常家庭经营及对家户“莲池会”妇女入会、做“搭头”及轮值事务等的评价及看法等。

11. HXZ，女，白族，1958 年生，大理龙龛村人。访谈时间：2011 年 7 月 5 日；访谈地点：龙龛村 HXZ 家中。访谈内容：村落妇女入会仪式、学习经文、“莲池会”祭祀仪式；大家庭分家、小家庭的家庭经营、娘家与婆家关系、日常家庭事务等。

12. HJM，女，白族，1953 年生，大理龙龛村人。访谈时间：2011 年 5 月 12 日、2011 年 7 月 6 日；访谈地点：龙龛村 HJM 家中。访谈内容：“莲池会”日常祭祀仪式、节庆会期、祭祀；家庭教育、大家庭分家及日常家庭事务等。

13. LSF，女，白族，1953 年生，大理龙龛村人。访谈时间：2010 年 8 月 24 日；访谈地点：龙龛村 LSF 家中。访谈内容：“莲池会”祭祀仪式；大家庭分家、小家庭的家庭经营、娘家与婆家关系、日常家庭事务等。

14. ZSS，男，白族，1980 年生，大理龙龛村人。访谈时间：2011 年 7 月 9 日；访谈地点：龙龛村 ZSS 家中。访谈内容：大家庭家庭分家、个体家庭经营、生计方式及对“莲池会”看法及评价等。

15. HYC，男，白族，1932 年生，大理龙龛村人。访谈时间：2008 年 8 月 12 日。访谈地点：龙龛村老年协会内。

16. YCS，男，白族，1958 年生，大理龙龛村人。龙龛上登村党支部书记。访谈时间：2012 年 4 月 25 日。访谈地点：龙龛村 YCS 家中。访谈内容：村落基本情况、村落日常管理、村落节庆活动的组织与参与、对“莲池会”的评价及看法等。

17. ZFY，男，白族，1935 年生，大理龙龛村人。访谈时间：2010 年 8 月 12 日。访谈地点：龙龛村本主庙内。访谈内容：地方传说、历史沿革、村落历史、个人口述史、土地种植、本主庙修建、村落祭祀仪式“耍香龙”、本主会、中元会、家庭日常生活等。

18. DRL，女，白族，1937 年生，大理龙龛村人。访谈时间：2011 年 7 月 18 日；访谈地点：龙龛村 DRL 家中。访谈内容：村落基本情况、村落日常管理、村落节庆活动的组织与参与、对“莲池会”的评价及看法等。

19. HH，男，白族，1968 年生，大理龙龛村人。访谈时间：2011 年 7 月 18 日；访谈地点：龙龛村 HH 家中。访谈内容：村落田园种植、家庭教育、日常家庭经营及对家户“莲池会”妇女入会、做“搭头”及轮值事务等的评价及看法等。

20. DFZ，女，1948 年生，大理龙龛村人。访谈时间：2011 年 5 月 2 日；访谈地点：龙龛村 DFZ 家中。访谈内容：家庭教育、家庭经营、“莲池会”日常活动、祭祀仪式及其节庆活动等。

21. HYX，女，白族，1961 年生，大理龙龛村人。访谈时间：2011 年 7 月 6 日；访谈地点：龙龛村 HYX 家中。访谈内容：“莲池会”祭祀仪式；大家庭分家、小家庭的家庭经营及日常家庭事务等。

22. ZCL，女，白族，1973 年生，大理龙龛村人。访谈时间：2011 年 7 月 5 日；访谈地点：龙龛村 ZCL 家中。访谈内容：家庭教育、家庭经营及“莲池会”家庭祭祀等。

23. LYH，女，1963 年生，大理龙龛村人。访谈时间：2011 年 6 月 27 日，访谈地点：龙龛村 YDF 家中。访谈内容：家庭教育、家庭经营及“莲池会”家庭祭祀等。

24. YDF，女，1968 年生，大理龙龛村人。访谈时间：2011 年 6 月 27 日，访谈地点：龙龛村 YDF 家中。访谈内容：家庭教育、家庭经营及“莲池会”家庭祭祀等。

25. HGH，女，白族，1970 年生，大理龙龛村人。访谈时间：2011 年 7 月 18 日；访谈地点：龙龛村 HGH 中。访谈内容：

家庭教育、家庭经营及“莲池会”家庭祭祀等。

26. ZYH，女，白族，1948 年生，大理龙龛村人。访谈时间：2011 年 5 月 26 日；访谈地点：龙龛村 ZYH 家中。访谈内容：访谈内容：家庭教育、家庭经营、“莲池会”日常活动、祭祀仪式及其节庆活动等。

27. YYQ，女，白族，1976 年生，大理龙龛村人。访谈时间：2011 年 7 月 6 日；访谈地点：龙龛村 YYQ 家中。访谈内容：家庭教育、家庭经营及“莲池会”家庭祭祀等。

28. HF，男，白族，1977 年生，大理龙龛村人。访谈时间：2011 年 7 月 25 日；访谈地点：龙龛村 HF 家中。访谈内容：大家庭经营、分家及小家庭日常生活等。

29. HYJ，女，白族，1982 年生，大理龙龛村人。访谈时间：2009 年 8 月 24 日；访谈地点：龙龛村 HYJ 家中。访谈内容：家庭经营、个人经历的祭祀口述等。

30. ZGZ，男，白族，1953 年生，喜洲庆洞庄人。庆洞庄神都本主庙庙管会会长，曾担任庆洞村委会主任。访谈时间：2011 年 4 月 23 日，2011 年 5 月 5 日。访谈地点：喜洲庆洞庄 ZGZ 家中。访谈内容：地方传说、历史沿革、“绕三灵”节日及对村落“莲池会”的看法及评价等。

31. DSC，男，白族，1938 年生，喜洲河矣城村人。擅长白族调演唱及霸王鞭舞蹈，为云南省“绕三灵”非物质文化遗产歌舞传承人。访谈时间：2011 年 5 月 7 日。访谈地点：喜洲河矣城村 DSC 家中。访谈内容：地方传说故事、个人口述史及对村落“莲池会”的看法及评价等。

32. HYQ，男，白族，1931 年生，喜洲河矣城村人。访谈时间：2011 年 5 月 29 日。访谈地点：河矣城村 HYQ 家中。访谈内容：地方传说、历史沿革、“绕三灵”节日及对村落“莲池会”的看法及评价等。

33. ZDD，女，白族，1943年生，喜洲庆洞庄人。庆洞村四社“莲池会”的“经母”。访谈时间：2011年4月20日、2011年5月10日。访谈地点：喜洲庆洞庄ZDD家中。访谈内容：访谈内容：地方及村落传说；妇女村落生活个人口述史；个人学经历程、“莲池会”经文、各种会期、庆典、祭祀仪式及家庭日常事务等。

34. ZZW，女，白族，1935年生，大理下鸡邑村人。下鸡邑村“莲池会”经母。访谈时间：2011年5月27日。访谈地点：马久邑村外“花园子”。访谈内容：地方及村落传说；妇女村落生活个人口述史；个人学经历程、“莲池会”经文、各种会期、庆典、祭祀仪式及家庭日常事务等。

35. ZYF，男，白族，1939年生，大理马久邑村人。马久邑村“洞经会”会长。访谈时间：2011年5月27日。访谈地点：大理马久邑村护国祠内。访谈内容：地方及村落传说、村落历史沿革、“洞经会”的组织和管理、“洞经会”参与的村落祭祀仪式、“洞经会”经文及谈经、“洞经会”及“莲池会”的关系及对女性“莲池会”的看法及评价等。

附录二　大理洱海周围村落
“莲池会”分布图

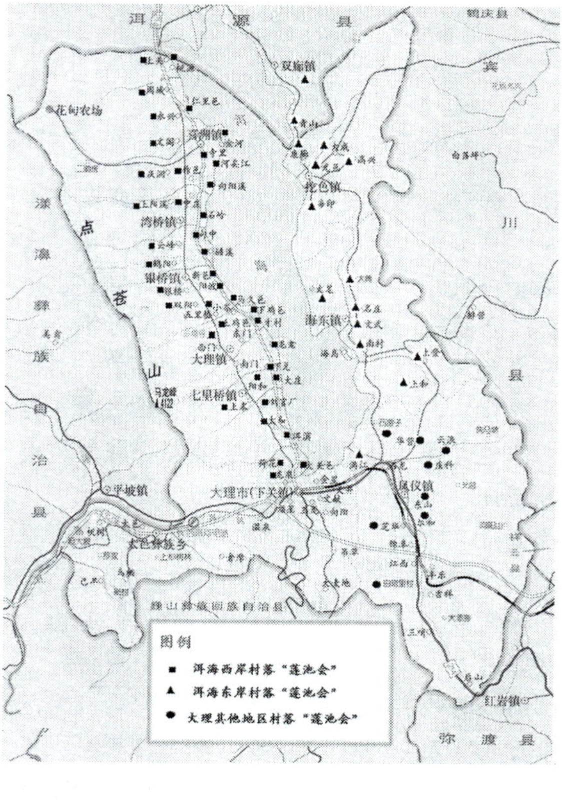

附录三　大理龙龛村“莲池会”部分经文选录

开坛经

志心朝，贺贺礼
朝礼
我敬佛前一照灯
香花灯烛亮晶晶
文昌右边坐
谁便两边分
长年祖师两边排
是六位高升
五福莲花台
千手千眼观世音
好好好好弥也
菩要好好佛
我敬佛前一碗井水亮堂堂
天地日月放红光
九龙吐水有明现
甘露蜜水玉枣汤
观音菩萨散井水
散出白莲花
好好好好弥也
菩要好好佛
我敬佛前一对蜡
莲花抬头看一看
看见金龙紫竹英
世间龙显化
你也见我心欢喜
请菩萨出发
好好好好弥也
菩要好好佛
菜籽修行圆又圆
菜籽结果亮英英
菜籽做油浇蜡烛
供到南海普陀观世音

好好好好弥也
菩要好好佛
一进寺们拜观音
拜佛之人要诚心
行善之人要拜佛
阿弥陀佛进度生
观音菩萨来救难
拿起草索背石岩
石岩背起游山村
把兵马吓散
有人起建观音堂
菩萨坐在石岩上
每日香火不断绝
把菩萨报答
好好好好弥也
菩要好好佛
一把升子是四方
一块玉石按中央
香烟渺渺上天堂
敬佛为菩萨
好好好好弥也
菩要好好佛
一张桌子木做成
先雕狮子后雕麟
雕麟狮子来供宝
桌围挂上花瓶供起
供起如来是天尊
好好好好弥也
菩要好好佛
我敬花瓶一枝花
我拜花开是无根
孝养父母要留心
家中父母你不孝
你去朝山拜佛尊
寺尊还有寺尊佛
家中还有活观音
好好好好弥也
菩要好好佛
茶树修行圆又圆
我在山上五百年
大会小会来请我
观音在后茶敬前
好好好好弥也
菩要好好佛
谷子修行量无边
千兵万马吃味苦
大事小物来请我
敬到佛前敬仙酒
好好好好弥也
菩要好好佛
果子修行亮堂堂
供到佛前敬菩萨
果子修行开白花
温成果汤敬菩萨
好好好好弥也
菩要好好佛

一串谷子千朵花
长江露水养育它
等你百日谷成熟
温成糯米供菩萨
好好好好弥也
菩要好好佛
黄豆修行开金花
剥了皮子碾出浆
酸水点出白豆腐
菜刀切出白莲花
糯米做出干拉片
香油煎出粉糖花
好好好好弥也
菩要好好佛
我敬佛前一炉香
敬天敬地敬三官
保佑合会增福寿
合会之人每平安
好好好好弥也
菩要好好佛
我敬佛前一棵蒿
枝枝叶叶发大烧
人人说我年纪小
哪家佛前不烧蒿
一里一面一成香
好好好好弥也
菩要好好佛
一照金灯照东方
照得东方好当路
普陀山上望家乡
好好好好弥也
菩要好好佛

地母经

朝礼我拜地母经
地母普陀观世音
地母十月十八午时生
坐也坐在地母上
吃也吃在地母生
踩也踩在地母根
有人传我地母经
保佑五谷得丰收
时而得安生
一进寺门对之心
两边挂地走马灯
本府本县当堂坐
是六位高升
六位高升得佛位

行善之人保长生
天有灯寿有灯万年灯
庆贺地母笑哈哈
地母面前一炉香
敬天敬地敬五方
敬了日月真如来
二敬日月桂花香
桂花生在莲池会
莲池会上保平安
地母面前一照灯
灯台蜡烛亮晶晶
我请文昌右左边坐
玄帝请了右边分
地母安在正中间
是六位高升
地母生出一枝莲
我与地母多少缘
自从地母分过后
世上有了几千年
鳌鱼地土官神
四月十六巳时生
天下正太平
鳌官六神显化金纹
人心点显是大变
十分鳌官保精神
天有天神兴世界
地有地神世界生
自由天地重用我
众神顶到万物生

十二时烧香经

子时烧香点明灯
手捧细香敬观音
观音坐在南海岸
十二大运度度生
丑时烧香鸡要鸣
念佛之人心要真
时刻不离弥陀佛
林山佛祖念精神
寅时烧香你自尊
佛是西天大圣神
若有重生前心者
恶劣自然放瘟神
卯时烧香日照上
士农工商不得闲
劝君早把弥陀念
有事不去地狱门
辰时烧香拜林尊
一朝天子一朝人

文武百官华华坐
都是龙华会上人
巳时烧香走忙忙
为儿为女做爹娘
哪个儿替爹娘
午时日照中
每天星斗照长空
丢下红尘百般事
一柱清香得救出
未时烧香日偏西
富贵平均有高低
个人身事各人了
教俊早把上菩提
申时烧香人行止
光阴能有几多时
阎王丢下生死簿
谁能躲过十阎君
酉时烧香供庙堂
切莫反悔变心肠
一句弥陀起百句
冥间才好到西方
戌时烧香走的忙
荣华富贵瓦上霜
真心修行为第一
哪个不死得久长
亥时烧香念弥陀
念佛之人家务忙
光阴世上容易过
哪个躲得十阎罗
十二时中好烧香
初一十五记心上
烧香化木常念佛
为人莫要错时光
差福一拜无丙中
弥陀记载汝心中
苦海尽头无边岸
要想人生及早修
差福二拜行和善
女者修行修到家
西方路上福祸种
一行一步登高山
二福三拜心中全
袖珍木鱼安身边
一步跳出红尘外
脚踏莲花朵朵开

观音经妙难求

观音修行妙难求
清净瑞元吕接尊
修千处请出处千线
奈何桥上度仁宗
南海岸上普陀山中
远通教主福德莲池会
广法洪盛大运心
度进元逢世上人
有缘千里来相会
无缘对面不相逢
浩元通元自在观音
如来广法洪盛院
大海风波万丈深
落前山上起祥音
枝先圣前祥围绕
逍遥自在女观音
一面新无光艾
光音如来常君南海宴
一日得病生卧床
不要医人点要康
自身长命观自在
自然身体得安康
自说婆有人现
观音如来能除为显宴
五湖四海波浪中
东南西北要相逢
自身多有为显见
一心合掌拜光音
降妖魔除妖怪
观音如来能除为显宴
火气腾空起黑烟
众生有难告灵天
观音菩萨真法院
一下克放温神
清清平春杨柳
观音如来赶路三心运
为人他要利道月
不行因果不看经
从来不长长远利
谁是观音平寿心
望海岸行为背
观音如来长心平寿运
奈何桥上苦难心
铜壁铁沟进来春
观音菩萨真法院
事业三同运
放法朝行
在狱上苦难

人在枷锁苦难心
自身维持三圣佛
自然枷锁解他念
菩萨造下一金桥
长方保介绕金桥
观音菩萨来接应
接应西方院
菩萨造下一条船
风波吹到南海边
观音菩萨为船生
不渡无缘渡有缘
造法船游空海
观音如来渡进众生显
舍身盘命去出家
修行修道在恒上
五湖四海把成就
菩萨对的万光霞
天亮寿福易见
光音如来弥陀记寿显
迦南福国到西天
每日斋生结善缘
本度有个善男子
供到西方进度边
无量寿
福鼎见观音如来果修十二院

烧香经

清早爬起慌又慌
慌慌忙忙去烧香
清水盆中洗一把
明灯台上水金光
化自来
必自诰
烧香化水平心过
不烧香
一时错
佛在心中解百个
烧香经
弥陀经
奉请弥陀观世音
月月打开金锁门
我是龙华会上人
天门神
地门神
神里哪
哪里神
一切灾难化为神

太阳经

太阳出来一瓶花
福到西天在王家
文武百官来朝拜
双凤朝阳照四方
太阳明明来光佛
烧要行来不自停
行得快来催人老
行得迟来莫当存
家家门前都照到
自身糊涂叫小名
哪料太阳归西去
饿死芸芸苦众生
天上少我无昼夜
地上少我无收成
位位神圣有人敬
哪个敬我太阳经
太阳冬月十九生
家家念佛点明灯
有人敬我太阳经
合家大小免灾星
有人不敬太阳经
眼前就是地狱门
念得阳光红一遍
顶得金刚经十遍
每日虔心念一遍
生死不做地狱门
前今年放何光
出发往西方
前今年放何光
接引往西方
朝礼阳光菩萨下来
天地日月九重开
七万八千知宝塔
菩萨正坐两边排
脚踏乌云里
清凉遍地开
头顶无量宝塔
眼观说佛四宇
耳听诸佛说法
身披金龙江山
一年难免增福寿
七代祖先早超生
板桥狮子归顺义
春祥原笔福柄增
一来报答天和地
二来报答父母恩
天门神
地门神

拜寿经

志那心那朝
朝贺礼礼
朝礼
寿九平平山
寿花朵朵开
寿山敬寿海
福寿万万年
寿占公平买亦卖
寿九宝塔金龙山
寿享福禄千年外
寿值风华遇它山
寿比南山山加寿
福如东海万年青
四十八万田家屋
福寿阴阳是中秋
好好好好弥也
寿要好好大
志那心那朝
朝贺礼礼
朝礼
新王立位民安乐
一对双龙抱新柱
一对狮子朝贺你
四方金龙拜天下
四字牌坊万年青
好好好好弥也
寿要好好大
志那心那朝
朝贺礼礼
朝礼
正月拜寿是新年
香烟渺渺上天台
玉皇正坐灵香殿
金童玉女接香烟
南阿摩
无量寿
佛星君
望望万寿上天君
志那心那朝
朝贺礼礼
朝礼
二月拜寿是春风
经母坐在瑶池宫
当初撒下莲花子
及早莲子上天宫
南阿摩
无量寿
佛星君

望望万寿上天君。
志那心那朝
朝贺礼礼
朝礼
三月拜寿是清明
弥勒佛尊下凡尘
手掌仙花来度世
采得仙花转回程
南阿摩
无量寿
佛星君
望望万寿上天君
志那心那朝
朝贺礼礼
朝礼
四月拜寿夏至来
观音造下度人船
艄公掌舵为船主
不度无缘度有缘
南阿摩
无量寿
佛星君
望望万寿上天君。
志那心那朝
朝贺礼礼
朝礼
五月拜寿是端阳
香烟渺渺上天堂
八仙拜寿巃中降
白鹤威威绕经坛
南阿摩
无量寿
佛星君
望望万寿上天君
志那心那朝
朝贺礼礼
朝礼
六月拜寿热难当
阿弥陀佛在西方
手提数珠百零八
口念弥陀往西方
南阿摩
无量寿
佛星君
望望万寿上天君。
志那心那朝
朝贺礼礼
朝礼
七月拜寿是初秋
善男信女早行修
及早诚信把姑做
王母造下度人舟
南阿摩
无量寿
佛星君
望望万寿上天君

志那心那朝
朝贺礼礼
朝礼
八月拜寿团圆节
寿星骑鹤下凡来
白鹤威威堂前绕
香烟渺渺敬西天
南阿摩
无量寿
佛星君
望望万寿上天君
志那心那朝
朝贺礼礼
朝礼
九月拜寿是重阳
准是观音来下凡
拜寿堂前来点化
点化地主富龙皇
南阿摩
无量寿
佛星君
望望万寿上天君。
志那心那朝
朝贺礼礼
朝礼
十月拜寿小阳春
福禄寿星下凡间
王母设下蟠桃会
天长地久百年开
南阿摩
无量寿
佛星君
望望万寿上天君。
志那心那朝
朝贺礼礼
朝礼
冬月拜寿是立冬
八母开会极乐宫
屡次设下龙华会
王母烧香上云中
南阿摩
无量寿
佛星君
望望万寿上天君
志那心那朝
朝贺礼礼
朝礼
腊月拜寿满一年
天上地下度完船
回头是岸见娘面
娘见儿女大团圆
南阿摩
无量寿
佛星君
望望万寿上天君

后　记

有人说民俗学是“眼睛向下的学问”，也有人说民俗学是“感受之学”，而此刻我还真切地对这样一句话感同身受——“民族志工作者在观察他者的同时也在反观自身”。如今，漫长的田野调查和论文写作已经完成，我由衷地庆幸自己选择了这样一门学问，让我这个涉世未深的年轻人在为人为学方面都成熟了不少。

首先我要感谢大理的家乡父老，感谢他们在田野调查过程中给予我的无私帮助。尤其是龙龛、庆洞、河矣城、金圭寺、文阁、周城、马久邑、上鸡邑等村“莲池会”和蔼可亲的老奶奶们，她们对我这个“孙女儿”的关爱让我时刻心存温暖。我知道她们中的很多位已然离开人世，而此篇论文却是与她们共同写作完成，如今付梓深表缅怀！

我要特别感谢恩师邢莉教授。承蒙导师厚爱，收下我这个天资不敏的弟子，十一年孜孜不倦地教诲，让我得以在为人和治学方面都有所长进。论文的选题、结构安排以致写作细节都得到导师的悉心指导。学生愚钝，作为关门弟子，不知是否实现了导师之于我的期盼，对此我亦心有惴惴，不得而知。如今只能奉上此篇拙文以为答卷，诚谢恩师无私教诲。

我还要感谢博士联合培养导师美国俄勒冈大学民俗学系的 Lisa Gilman 教授，感谢她对我在美学习期间的关心与帮助。Lisa 教授在女性民俗学研究领域成果卓著，她对本论文的写作提出了诸多意见和建议，与她的多次谈话也让我受益匪浅；感谢在论文开题时给予我指导的孟慧英教授、丁宏教授、林继富教授和苏日娜教授，以及在我学习成长道路上给予我帮助的陶立璠教授、毕桪教授、李绍尼教授和佘纪纲老师，受益于诸位良师的指导，才能使我在做人为学方面不断进步；感谢帮助论文校对的学友罗正鹏和在我论文写作过程中师兄师姐们对我的关怀和指导，同门之谊，永生难忘！

最后，我将最深的谢意献给我的家人。感谢至今还在家乡辛苦奔忙的父母双亲，女儿的点滴进步是你们在远方永远的守望，是你们伟大而无私的爱陪伴我走过了人生的一站又一站。感谢我的丈夫谷成杰一直以来与我风雨同行，读携手逐梦，实属无憾！

张翠霞

2013 年 5 月于中央民族大学 8 号楼